职业教育中小企业创业与经营专业国家级数字资源库配套教材

中小企业人才培养系列教材

中小企业市场营销

主　编　　李　英

副主编　　杨晓凌

中国青年出版社

图书在版编目（CIP）数据

中小企业市场营销 / 李英主编；杨晓凌副主编 . —北京：
中国青年出版社 , 2023.6

ISBN 978-7-5153-6864-1

Ⅰ . ①中… Ⅱ . ①李… ②杨… Ⅲ . ①中小企业－市场营
销学 Ⅳ . ① F276.3

中国版本图书馆 CIP 数据核字（2022）第 251456 号

责任编辑：彭岩
出版发行：中国青年出版社
社　　　址：北京市东城区东四十二条 21 号
网　　　址：www.cyp.com.cn
编辑中心：010 – 57350407
营销中心：010 – 57350370
经　　　销：新华书店
印　　　刷：中煤（北京）印务有限公司
规　　　格：787mm×1092mm　1/16
印　　　张：20
字　　　数：340 千字
版　　　次：2023 年 8 月北京第 1 版
印　　　次：2023 年 8 月北京第 1 次印刷
定　　　价：48.00 元

如有印装质量问题，请凭购书发票与质检部联系调换
联系电话：010 – 57350337

前　言

教育部办公厅关于印发《"十四五"职业教育规划教材建设实施方案》的通知（教职成厅〔2021〕3号）中明确提出："鼓励专业课程教材以真实生产项目、典型工作任务等为载体，体现产业发展的新技术、新工艺、新规范、新标准。"为了顺应这一新时期的新要求，适应市场营销课程建设、教学模式与方法改革创新等方面的客观需要，适应项目学习、案例学习、模块化学习等不同学习方式要求，我们在广泛调研行业企业专家、科研专家、职教专家基础上，采用"项目引领、任务驱动"方式编写了本书。

本书立足中小企业创业与经营特点，突出市场营销岗位职业能力与职业素质培养，力求在以下几个方面进行突破：

1. 聚焦性：内容紧扣中小企业创业与经营市场营销实际

本书全文围绕中小企业市场营销面临的特殊问题，通过市场调研现状，融入中小企业市场环境分析实例，带领读者沉浸式剖析中小企业当前面临的新发展、新趋势，掌握STP营销战略、顾客满意战略、品牌战略、产品战略、定价与促销战略、渠道战略，全文内容聚焦、系统完整。

2. 实战性："项目－任务式"锤炼中小企业市场营销能力

本书以"项目－任务式"模式，按照"任务导入－任务分析－知识准备－任务实施－任务小结"学习流程组织内容，配套安排了"技能提升训练""思考与练习"。一方面，学生可以按照书本流程自行训练，自查知识与技能掌握程度；另一方面，教师使用本书教学，可以直接使用这些配套资料。以学生为中心，注重培养学生分析问题、解决问题的实际能力，培养创新精神、创业素质和创造技能，为中小企业输送具备创意营销策划能力与创业营销实战经验的高素质复合型营销人才。

3. 立体性："可听、可视、可练、可互动"数字化组织内容

本书充分考虑"00后"大学生思维特点和学习需求，注重培育新时代营销思维和技能。书中在案例、故事、视频等材料的选择上，尽量选择近10年的文献资料；将动画、视频、微课用二维码插入相应理论中，将书本变轻变薄，让信息变丰富变多样，让书变立体，实现理论与实践并重、线上与线下一体。全书深入浅出、图文并茂、形式多样，编排方式科学、配套资源丰富、呈现形式灵活、信息技术应用适当。

本书由福建信息职业技术学院李英教授主编，杨晓凌副教授担任副主编，具体分工编写：李英（项目九、项目十）、杨晓凌（项目三、项目八）、魏建萍（项目一、项目二、项目六）、陆凌（项目四、项目五）、林清香（项目七）。

本书在编写过程中参考借鉴了国内外专家和学者的一些著作和论文，在此表示感谢！由于编者水平有限，书中难免有不足之处，恳请批评指正！

编者

2023 年 2 月

目　录

项目一
走进市场营销

▶ **学习目标**

(一) 知识目标

1. 掌握市场、市场营销内涵;

2. 掌握市场营销的核心概念;

3. 了解市场营销观念的演变;

4. 熟悉中小企业市场营销特征。

(二) 能力目标

1. 能辨析市场营销在各行各业中的应用;

2. 能分析中小企业市场营销及其特征。

▶ **学习任务**

任务一　认识市场与市场营销;

任务二　树立现代市场营销观念;

任务三　剖析中小企业市场营销特征。

任务一　认识市场与市场营销

▶ **任务导入**

流行美的成功营销

流行美作为一家经营时尚饰品的中小型连锁企业，经过 23 年的发展，销售网络已经覆盖全国 30 多个省、自治区、直辖市，通过一直致力于消费者的体验感，打造女性形象服务业，成为深受消费者依赖的品牌。流行美一举成为该行业的领先品牌，得益于其对消费者的洞察、准确的品牌定位，通过对女性经常出入的不同场合，比如婚礼、节庆、职场、购物、聚会、约会等场合，分别精心设计不同的发饰产品，让每一位女性在不同场合，都能发现别样的惊喜。随后在消费升级的大浪潮下、高速增长的颜值经济下，针对新一代消费群体对"快美"旺盛，又推出了"轻美容"，以"日常产品搭配保养 + 快捷式周期性到店护理"的方式，只需 30—45 分钟就可以让顾客面部肌肤得到充分养护，通过有效实现抗衰修复的独特服务模式，来不断满足女性美丽需求，从而不断成功地占领了市场。流行美时刻关注顾客需求，通过富有创新服务模式，不断满足女性美丽需求。营销的本质，正是在于创造卓越的客户价值，在客户价值的基础上兑现公司价值，无论在传统时代，还是在数字时代，这些都是不会变化的。

请思考以下问题：

流行美的市场营销成功表现在哪些方面？

资料来源：BINF 流行美官方网站

▶ **任务分析**

市场是社会分工和商品生产的产物，哪里有社会分工和商品交换，哪里就有市场。有了市场，营销就有存在的必要。每个品牌的市场营销各有特点，我们可以通过多种方法深入调研"流行美"，再分析其市场营销成功之处。作为未来中小企业市场营销从业者，必须清楚市场营销所包括的内容，并且能够分析不同品牌的市场营销成败之处。

▶ **知识准备**

一、市场

（一）什么是市场

市场起源于古时人类对于固定时段或地点进行交易的场所的称呼，是指买卖双方进行交易的场所。从经济学意义上说，所有产权发生转移和交换的关系都可以称为市场。市场的主要功能包括平衡供求矛盾、商品交换和价值的实现，还包含了收益分配，即市场通过价格、利率、汇率、税率等经济杠杆，对市场上从事交易活动主体的生产者、消费者、中间商进行收益分配或再分配。

从营销学角度来看，市场就是商品交换关系的总和。市场上各种商品的交换关系，形式上表现为物与物的交换，实质上体现着交换双方当事人之间的经济利益关系，反映一定的社会关系，是某种产品的现实及潜在购买者的集合，也就是说市场是指那些有特定需要或欲望，而且愿意并能够通过交换来满足这种需要或欲望的全部购买者的总和。

（二）市场三要素

市场的构成要素可以用一个等式来描述：市场 = 人口 + 购买力 + 购买欲望，即市场三要素是人口、购买力和购买欲望。市场是三个要素的综合体现，即是三个变量的函数。关系式表示如下：

Market=f（x，y，z），其中

x——人口（消费者）

y——购买力（收入）

z——购买欲望（消费需要或欲望）

人口是构成市场的最基本要素，消费者人口的多少，决定着市场的规模和容量的大小，而人口的构成及其变化则影响着市场需求的构成和变化。因此，人口是市场三要素中最基本的要素。

购买力是指消费者支付货币，进行购买商品或服务的能力，是构成现实市场的物质基础。一定时期内，消费者的可支配收入水平决定了购买力水平的高低。购买力是市场三要素中最物质的要素。

购买欲望是指消费者购买商品或服务的动机、愿望和要求，是由消费者心理需求和生理需求引发的。产生购买欲望是消费者将潜在购买力转化为现实购买力的必要条件。

市场的这三个要素是相互制约、缺一不可的，它们共同构成企业的微观市场，而市场营销学研究的正是这种微观市场的消费需求。

▶ 想一想 ◀

人口、购买力、购买欲望三要素之间有什么区别与联系？

二、市场营销

（一）市场营销定义

在很多人的观念里，营销就是卖东西和做广告，因为我们每天都在受到各种形式的广告或推销的轮番轰炸，特别是在网络时代，各种短视频、直播推销无所不在。但实际上，这些推销方式仅仅是营销的一小部分。现代营销之父菲利普·科特勒认为市场营销是个人或组织通过创造并与他人进行交换产品或价值，以获得所需所欲的一种社会和管理过程。这里的营销包括了建立并管理与顾客之间的营利性的交换关系。

（二）市场营销过程

市场营销是一个过程，它是通过对商品、服务和创意的观念、定价、促销和分销进行计划和执行，以创造能符合个人目标和组织目标的交换的一种过程。菲利普·科特勒描绘了一个简单的五步营销模型（见图1.1-1）。

听一听：
市场营销概念

微课堂：
市场营销概念

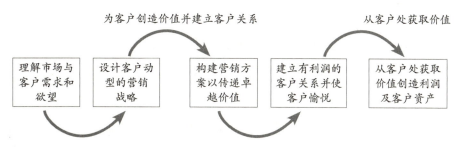

为客户创造价值并建立客户关系   从客户处获取价值

图 1.1-1 市场营销过程的简单模型

从该模型中可以看到市场营销重点是要关注顾客关系，即理解顾客需求、建立顾客关系和从顾客处获取价值，其核心是了解顾客的需求，这就是许多企业所提出的"以顾客为中心"的理念。

要了解顾客的需求和欲望以及所处的市场，需先了解市场营销的五个核心概念，包括需要、欲望与需求，市场供应品，顾客价值与满意，交换和关系及市场。

1. 需要、欲望与需求

（1）需要。需要是指人们在生存和发展的过程中，感受到的生理和心理上对客观事物的某种要求。具体包括基本的生理需要，如食物、衣服、温暖和安全等，还有对归属和情感的社会需要，对知识和自我表达的个体需要。这些需要不是由营销活动创造的，需要的产生受着许多因素的影响，主要包括个体产生需要时的生理状态、情境和认知水平。

（2）欲望。欲望是指想得到这些基本满足需要的具体满足物的愿望。这些需要经过文化和个体个性呈现出来的表现形式是不同的。需要一旦可被满足，即成为欲望。一个人的欲望是由其所处的社会塑造的，可以由满足需要的产品来描述。

（3）需求。当人们有了购买力支持的时候，欲望就会变成需求。需求是指人们在某一特定的时期内在各种可能的价格下愿意并且能够购买某个具体产品的需要。

微课堂：
需要、欲望和需求

微动画：马斯洛
需求层次理论

2. 市场供应品

市场供应品是指提供给市场，用以满足某种需要和欲望的产品、服务、信息和体验的组合。市场供应品不局限于实体产品，还包括用来销售的服务、活动或者所提供的利益。比如商品房，房地产商不仅提供商品房，还要包括购房的全过程，是否能顺利办理房产证、装修时能否顺利进行、入住后物业服务是否得力等，也就是说业主购买商品房后能否愉快地入住、愉快地生活。"人民对美好生活的向往，就是我们的奋斗目标"，帮助顾客解决问题，就是营销的价值。

3. 顾客价值与满意

消费者的选择是建立在他们所认知的所有产品或服务所传递的价值和满意度的基础上的，如何让顾客满意，中小企业营销者要设定正确的期望标准，往往满意的顾客会重复购买并将自己的良好体验告诉其他人，而不满意的顾客则会转向竞争者并向其他人表述这种产品的不良体验。因此，营销者要具有忧患与危机意识，要对顾客的不满或抱怨时刻保持关注，当不满达到一定的标准时，要及时调整营销策略，防范可能出现的风险。

▶ 故事分享 ◀

很久以前，有个国王请两个木匠镌刻老鼠，两个工匠手艺高明，雕得惟妙惟肖、栩栩如生。国王也不知道如何选择，最后想凭感觉判第一名木匠胜出。第二名木匠提出抗议，认为老鼠雕得像不像，应该让猫来判断。国王一听也认为有道理，于是让人带来三只猫。结果，三只猫都不约而同扑向第二名木匠雕的老鼠。国王大惑不解，第二名木匠是怎么做的呢？谜底很简单，他的老鼠是用鱼骨雕的。

故事感悟：营销的成败不是看其营销技巧有多好，只有真正体现目标顾客需要的价值，获得顾客的满意才是好的营销。

资料来源：营销品牌官 .10 个营销小故事 [J]. 企业观察家，2020（1）：110–111.

---

4. 交换和关系

交换是通过提供某种东西作为回报，从别人那里取得自己想要的物品的过程。顾客对产品满意后，就会决定通过交换来满足需要或欲望，这时营销就会发生。营销发生后，中小企业营销者就会和目标受众建立并保持某种交换关系。中小企业营销者不仅要让顾客发生交易行为，还要同目标顾客建立并保持良好的交换关系，并让交易不断发生，这就需要能够长久提供顾客所需的价值来维系良好的顾客关系，而这些关系就形成营销的市场。所以营销是管理市场并带来能够产生利润的交换关系。

5. 市场

市场是交换关系的总和。经济学家将市场定义为买卖双方就某一特定产品和品类进行交易的集合。营销者将卖家称为行业，将买家称为市场，也就是需求市场。菲利普·科特勒认为市场是某种产品的现实及潜在购买者的集合。也就是说只有存在对某种产品具有需求的购买者才有市场，如果说某产品有市场，实际上就是指有对该产品有需求的消费者，包括有这种需要和欲望的全部潜在顾客群体。

> ▶ 活学活用 ◀
> 请举例说明你对市场营销过程五个核心概念的理解。

（三）市场营销内容

市场营销主要有十个类型的实体，具体如下：

1. 产品

产品是生产和销售的主要营销对象。每天都有成千上万的产品在交易，比如生产企业所需的铁矿、钢材、塑料、木材等各种原材料、半成品和成品，消费品市场上的蔬菜、水果、服装、电器、汽车等都是满足人们生活需求的必需品。

2. 服务

随着我国经济进入高质量发展阶段，服务业占我国 GDP 比重不断提高，已成为国民经济的"半壁江山"。常见的服务企业有航空公司、酒店、汽车租赁公司、理发店、会计师事务所、律师事务所等。

3. 事件

营销人员推广常会使用具有时效性的事件，比如节日、公司周年庆、重大庆典等。企业除了利用传统节日，还会通过创造节日进行推广，比如"双十一"不仅受中国网民追捧，还成为全球购物节。而一些全球性活动也被企业所利用，如奥运会、世界杯。

4. 体验

企业通过精心策划一些商品和服务，向公众展示各种体验，从而达到促进销售的目的。营销者通过为消费者提供各种体验经历来销售产品，如随着机器人技术的高速发展，在各种发布会、展会现场有机械臂带来的各种炫酷表演，为购买者展示其操作的灵活性和智能性。

5. 人物

现在"名人营销"已经成为营销的重要手段。国内许多企业家十分注重名人营销，如格力的董明珠。名人营销不仅会为企业带来效益，也可以为社会造福，如"当代活雷锋"郭明义用自己的行动感动世人，还成立"无偿献血志愿者服务队""郭明义爱心联队"等带动更多的人加入社会公益活动中。

6. 地点

为了推动地方经济发展，需要吸引投资商、游客、企业入驻，大量的地方营销是必不可少的。许多地方政府在中央台的黄金时段，宣传本省本市的风土人情。浙江义乌国际商贸城将其打造成中国首个 AAAA 级购物旅游区，被联合国、世界银行等国际权威机构确定为世界第一大市场，如今的义乌俨然成为全球最大的小商品集散中心，吸引着全球商人，义乌被塑造成"小商品之都"。

7. 组织

表演艺术组织、宗教组织和非营利性组织都通过营销来提升自己的公众形象，争夺观众和获得赞助。例如，中国红十字会整合传播红十字会的"人道、博爱、奉献"的组织精神，树立良好的公众形象，吸引社会和公众的关注。

8. 信息

信息是一种特殊的商品。随着互联网、大数据、云计算等数字技术的迅速发展，人类社会已进入数字化时代，数字技术正改变人类的生产方式和生活方式。

9. 财产

财产是对有形资产或金融资产的无形所有权。比如房地产代理商为房屋所有者的卖家代理出售工作，或自己购买或出售住宅或商业地产，投资公司和银行则是出售证券或理财产品给机构或个人投资者。它们之间的购买和出售，这些交换都需要通过市场营销来实现。

10.观念

每个市场产品都包含一个基本观念。作为中国洗衣液市场领导品牌的蓝月亮，其传递愿景是"让每一个家庭生活在蓝月亮的世界里，洁净、健康、舒适、体面、快乐"。所有产品和服务是用来传递某种观念和创意的媒介。

（四）营销管理任务

营销管理的任务是围绕着市场消费者的需求而展开的，因此营销人员就不仅要发现和激起消费者对其产品的需求，还要设法去影响需求的水平、时机和构成，使消费者需求符合组织的目标。

1.负需求

负需求是指消费者拒绝购买某种产品，甚至宁愿花钱回避也不愿意拥有。比如榴莲，有的人一见到就立即躲得远远的。营销管理的任务是要分析负需求的原因，针对目标顾客的需求重新设计产品或价格，制定更积极的促销策略，或改变顾客对某种产品的信念，将负需求转为正需求。

2.无需求

无需求是指消费者对某个产品不知晓或不感兴趣。通常情况下，无需求可能是消费者认为是无价值的废旧物资、在特定市场无价值的东西或平常不熟悉的物品等。比如家庭里已经有洗衣机了，可能就会对洗衣板没有需求。营销的任务就是要刺激需求，通过有效的市场营销措施来创造需求，提供的产品价值要与人们的需要和兴趣联系起来。

3.潜在需求

潜在需求是指消费者可能有某种强烈的需求，而现有产品并不能满足。潜在需求是由于各种原因还没有明确显示出来的需求，当条件成熟时，潜在需求就会转化为显现需求。营销管理的任务是要捕捉市场的潜在需求，采取行之有效的营销措施，积极将这种

微动画：
什么是潜在需求

潜在需求转化为显现需求。

4. 下降需求

下降需求是指消费者逐渐减少购买或不再购买某种产品。消费者对一些产品或劳务的兴趣和需求，会有发生动摇或下降的时候。比如一家酒店，如果长期保持它的菜式及口味不变，随着时间推移，人们的品位变化，必然会出现对其需求减少的情况。营销管理的任务就是要通过市场营销管理，了解顾客需求下降的原因，通过改变产品特色、开拓新的目标市场或开发有效的产品和服务，重新刺激需求，实现恢复性增长。

5. 不规则需求

不规则需求是指市场上某种产品或服务的需求在时间上并不均衡，表现为时超时负的现象。如在每年的旅游旺季，一些旅游景点人满为患，但在旅游淡季却门可罗雀，还有一些季节性产品的需求也是如此。此时营销管理的任务就是协调需求，通过灵活定价、广告宣传、增加合理的产品储存或鼓励淡季消费等措施，促使消费者对企业产品或服务的需求均衡，稳定销售。

6. 充分需求

充分需求是指某种产品或服务的需求水平和时间等于预期的需求水平和时间的一种需求状况。在充分需求情况下，营销管理的任务是维持需求，即努力保持产品质量，关注消费者满意程度，保持合理价格水平，维持需求水平，确保企业的工作成效。

◁ 知识加油站 ▷

旅游景区淡季营销策略

（一）树立淡季营销观念

"没有淡季的市场，只有淡季的思想"，海尔集团总裁张瑞敏的话提醒我们，旅游景区必须从根本上冲破淡季的思维定式，做好淡季营销策略的同时加强员工管理和培训，提升景区淡季销售收入。如果在旅游淡季进行促销，既可以避开锋芒，减少不必要的浪费，同时也可以取得较好经营业绩。但也要注意到，在旅游淡季促销有可能对促销人员工作热情产生不良影响，没有动力去开发市场。

（二）推出符合淡季旅游需求的特色产品

首先，对于旅游景区而言，旺季型游客多属上班族，而在淡季景区的主要销售对象为那些不受时间限制的顾客，比如老年人、教师、医生、自由工作者等群体，另外还有一些将旅游作为奖励的企业为了节约费用也会选择在淡季出游。因此根据这些目标群体需求，再结合景区本身宁静、宽松的淡季特征而推出的特色产品，就会对目标消费群体产生足够吸引力。其次，可以提供下一代产品。下一代产品就是对原有产品采用实质性改动而开发的新产品。最后，对于竞争力较弱的产品，在景区淡季时要及时改变策略，在考虑控制支出的原则下，把竞争力弱的产品替换为满足大多数客的产品。同时利用景区淡季游客数量少，便于游客轻松、舒适旅游的特点，找出市场细分中合适的旅游者，既可以举办老年人夕阳红市场活动，也可以举办商务旅游市场活动，这与淡季景区安静和宽松的环境相匹配。

（三）采用组合式门票提高产品附加值

为了降低门票降价对景区经营带来的不利影响，在景区淡季时使用提高产品附加值的方法吸引游客。比如：可以联合景区周边的酒店实行捆绑套票，可以联合周边景区运用优惠联票共同营销，还可以出售多次进入门票增加游客在景区内的消费项目和数额等。既让消费者感到了淡季带来的实惠，景区的品牌形象也不会因此受到损害。

（四）拓宽销售渠道

营销渠道的短、宽化，是旅游景区营销在渠道发展上的趋势。在淡季，景区可以绕过众多中间商直接面对顾客，掌握市场信息，进行更积极的营销。比如网络渠道的运用包括我们熟知的建设景区网站、搜索引擎和 SNS 网站；还有一些新兴渠道像微电影、微博以及微信等。这些渠道都使得景区企业在直接面对消费者的同时，增加了景区和游客的福利，使景区销售绕过中间商，获得更高利润，同时迎合微时代受众需求实现精准营销。使景区可以与游客进行更亲密的沟通和互动，有助于加强联系、提高品牌忠诚度和增加销量，而且其成本低、便捷性强，适合旅游淡季节约开支。

资料来源：王秋玉. 旅游景区淡季营销现状及策略探讨 [J]. 商业经济研究，2018（19）：185-186.

> ▶ 考考你 ◀
> 在疫情背景下，旅游业市场营销策略应当做出哪些变化？

7. 过度需求

过度需求是指市场对某种产品或服务的需求水平超过了企业所能供给和愿意供给水平的需求状况，即供给小于需求的状况。过度需求产生的原因有很多，比如暂时性缺货、价格太低、产品长期过分受欢迎等。营销管理的任务是减少需求，通过提高价格、合理分销产品、减少服务和促销手段，暂时或永久地降低需求水平。这是一种低营销，一般的低营销就是不鼓励需求。

8.有害需求

有害需求是指消费者可能会被产生不良社会后果的产品所吸引。如食品和化妆品中包含过量的某种对人体有害的物质，有害公众利益的假药、赌具、毒品、黄色书刊等。营销管理的任务是抵制和消除不良需求，通过对喜欢这类产品的消费者进行劝说，采用手段使之了解这些有害产品或服务的严重危害性，提高价格并停止生产供应。

▶ **任务实施**

此次任务可以通过如下途径实现：

（1）阅读流行美的案例，思考什么是市场？流行美的市场特征是什么？什么是市场营销？流行美的市场营销成功表现在哪些方面？

（2）浏览企业官方网站、微信公众号等，获取流行美市场营销详细信息和案例。

（3）通过文献检索法了解流行美的市场营销做法，查看专家、学者对其市场营销做法的评论。

（4）通过小组讨论分析，总结流行美市场营销的成功之处，派出代表在课堂上进行汇报分析。

▶ **任务小结**

市场就是商品交换关系的总和。市场营销是一个过程，它是通过对商品、服务和创意的观念、定价、促销和分销进行计划和执行，以创造能符合个人和组织目标的交换的一种过程。市场营销过程的五个核心概念，包括需要、欲望与需求，市场供应品，顾客价值与满意，交换和关系以及市场。市场营销主要有"产品、服务、事件、体验、人物、地点、组织、信息、财产、观念"十个类型的实体。营销管理的任务主要是围绕着市场消费者的需求展开，包括负需求、无需求、潜在需求、下降需求、不规则需求、充分需求、过度需求、有害需求。

任务二　树立现代市场营销观念

▶ **任务导入**

国潮化的花西子

花西子是一个以"东方彩妆，以花养妆"为理念的彩妆品牌，其品牌名称来源于苏东坡诗句"欲把西湖比西子，淡妆浓抹总相宜"。西子亦指西施，是中国古代四大美女之首，"花西子"通过探索中国千年古方的养颜智慧，针对东方女性的肤质特点与妆容需求，以花卉精华与中草药提取物为核心成分，运用现代彩妆研发制造工艺，打造健康、养肤，适合东方女性使用的彩妆产品。

2020 年的"618"期间，花西子以 2.35 亿元 GMV 登顶国货美妆榜首。花西子从2017 年正式开始启动，到 2020 年为止，短短三年已经完成了 40 亿元 + 的销售额，2021 年交易总额突破 54 亿元，是国产彩妆品牌中增速最快的。2021 年 3 月，花西子正式登陆日本亚马逊，在亚马逊上架后，花西子的多款产品一上线便被抢购一空，其中"同心锁口红"上线首日便进入了亚马逊口红销售榜前三名。古韵十足的"花西子"走通日本市场后，又瞄向其他海外国家。国外疫情的失控，中国崛起带来的安定感、民族自豪感、国家自信感达到了空前的高度。文化崛起、文化兴国、文化自信、民族自信，促使中国在世界范围内的影响力越来越大，"中国"成为一种品牌化符号。具有中国属性的品牌正在走向世界，文化营销也成为一种营销趋势，国潮化是文化营销的具象化表达，消费者对文化的回归和认同表现出巨大的热情。

请思考以下问题：

花西子的市场营销观念有哪些变化？

资料来源：花西子官网、百度百科、搜狐整理

▶ **任务分析**

企业的市场营销观念决定了企业如何看待顾客和社会利益，如何处理企业、社会和

顾客三方的利益协调。这是企业进行经营决策，组织管理市场营销活动的基本指导思想，是企业的经营哲学。那么市场营销观念经历了哪些阶段呢？作为未来中小企业市场营销从业者，有必要了解市场营销观念的演变历程，对当下的市场营销创新打下基础。

▶ **知识准备**

市场营销观念是一种新型的企业经营哲学。这种观念是以满足顾客需求为出发点的，即"顾客需要什么，就生产什么"。尽管这种思想由来已久，但其核心原则直到 20 世纪 50 年代中期才基本定型，当时社会生产力迅速发展，市场趋势表现为供过于求的买方市场，同时广大居民个人收入迅速提高，可以对产品进行选择购买，企业之间为营销实现产品的竞争加剧，许多企业开始认识到，必须转变经营观念，才能求得生存和发展。企业的市场营销观念决定了企业如何看待顾客和社会利益，如何处理企业、社会和顾客三方的利益协调。

一、市场营销观念的演变

市场营销观念是企业在一定时期、市场环境及生产经营技术条件下，指导市场营销活动的思维方式和行为准则，是企业进行经营决策，组织管理市场营销活动的基本指导思想，是企业的经营哲学。它是随着生产力、科学技术的发展、市场供求关系和市场竞争形势的变化而变化的，在市场经济发展的不同阶段，市场营销观念也有所不同。目前市场营销观念大致经历了生产观念、产品观念、推销观念、市场营销观念、社会市场营销观念这五个阶段。随着企业步入信息化、智能化，市场营销观念继续发展，将进入新的阶段。

（一）生产观念

生产观念大约形成于 19 世纪末至 20 世纪初。它是在社会生产力水平低下，物资短缺，国民收入水平较低，商品供不应求的条件下产生的。生产观念认为，消费者喜欢那些随处能够买到的、价格低廉的产品，在这样的经营思想指导下，企业基本都努力致力于提高生产效率和分销效率，扩大生产，降低成本，进而扩大市场。生产观念是在卖方市场条件下产生的，其经营思想是"我们生产什么，就卖什么"，是一种重生产、轻营销的指导思想。

在资本主义工业化初期，第二次世界大战末期和战后一段时期内，我国正处于计划经济旧体制下，这种生产观念在企业经营思想中颇为流行。具体表现为：工业企业集中力量发展生产，实行以产定销；商业企业集中力量抓资源，工厂生产什么就收购什么，工厂生产多少就收购多少。

（二）产品观念

产品观念是指以产品为中心的营销观念，是生产观念的后期表现，但其实质也还是重生产、轻营销的观念。产品观念认为，消费者最喜欢高品质、多功能和具有某种特色的产品。因此，企业应努力致力于生产优质产品，并不断加以改进，使之日臻完善。产品观念的经营思想是"只要产品好，不愁卖不掉"。

产品观念是在市场产品供不应求的卖方市场条件下产生的，企业的注意力放在产品上，但忽视市场需求的变化，因此经常出现产品质量优良，但产品单一、款式老旧，包装和宣传缺乏，导致"市场营销近视"。中国经营观念中的"酒香不怕巷子深""皇帝女儿不愁嫁""祖传秘方"等就是产品观念最好的例证。

> ▶ 活学活用 ◀
> 请举例说明哪些品牌因为产品观念走向没落。

（三）推销观念

推销观念是指以推销现有产品为中心的企业经营思想。这一观念产生于"卖方市场"向"买方市场"的过渡阶段，盛行于 20 世纪 30 至 40 年代。推销观念认为，消费者通常有一种购买惰性或抗衡心理，若顺其自然，消费者就不会自觉地购买大量本企业的产品，因此要积极大力促销，用话术去劝说，以诱导消费者购买产品。推销观念的经营思想是"我卖什么，就设法让人们买什么"。

推销观念是在市场产品出现过剩时产生的，企业的营销重点是注意运用各种推销手段和广告宣传，向消费者大力推销产品，以期提高市场占有率，扩大产品销售。由于推销观念的实质还是"以产定销"，所以这一阶段的企业营销的目的是推销他们生产的产品，而不是生产市场需要的产品，因此只是生产观念和产品观念的延伸。

推销观念在现代市场经济条件下被大量用于推销那些非寻觅物品，即购买者一般不会想到要去购买的产品或服务，如保险业、百科全书等。

（四）市场营销观念

市场营销观念是以消费者需要和欲望为导向的经营哲学，是商品经济发展史上一种全新的企业经营哲学。市场营销观念认为，实现企业诸目标的关键在于对目标市场的需要和欲望的正确判断，并能以比竞争对手更有效的方式去满足消费者的需求。市场营销观念的经营思想是"以顾客需求为中心，生产消费者想要的产品，从而满足消费者的需要并获取利润"。

市场营销观念产生于 20 世纪 50 年代中期，当时社会生产力迅速发展，市场趋势表现为供过于求的买方市场，同时居民收入水平提高，有可能对产品进行选择，市场竞争加剧。企业意识到实现企业营销目标的关键在于正确确定目标市场的需要和欲望，并比竞争者更有效地传送目标市场所期望的产品或服务。市场营销观念是从根本上区别于原来以产定销观念的营销思想，其不仅改变了传统的旧观念的逻辑思维方式，而且在经营策略上也有很大突破。企业在决定其生产经营时，须进行市场调研，根据市场需求及企业本身条件选择目标市场，组织生产经营，最大限度地提高顾客满意程度。

（五）社会市场营销观念

社会市场营销观念是以社会长远利益为中心的市场营销观念，是对市场营销观念的补充和修正。从 20 世纪 70 年代起，随着全球环境破坏、资源短缺、人口爆炸、通货膨胀和忽视社会服务等问题日益严重，社会市场营销观念应运而生。社会市场营销观念认为，企业的营销任务是确定目标市场需要、欲望和利益，并且在保持和增进消费者和社会福利的情况下，比竞争者更有效率地使目标顾客满意。

微动画：
市场营销不等于推销

读一读：
TCL 营销管理哲学

在知识经济条件下，以满足消费者需求为中心的市场营销观念已经不能完全适应市场环境的变化。市场营销观念由于强调以消费者为导向，尽可能满足消费者需求，忽视营销活动对环境的不良影响，会导致自然资源的过度消耗，造成环境污染，影响企业和人类的持续发展，同时由于轻视非目标市场中消费者的需求，可能助长违背道德、非健康性与变态性的追求，导致过度竞争，造成资源的浪费。

市场营销观念加剧眼前消费需求与长远的社会利益之间的矛盾，忽视企业与人类赖以生存的自然资源、生态环境之间的和谐和平衡。因此，社会营销观念要求企业在制定市场营销策略时，要统筹兼顾三方面的利益，即企业利润、消费者需要的满足和社会利益。

二、市场营销观念的比较

市场营销观念可以分为两大类：传统营销观念和现代营销观念。在营销观念的发展历程中，以20世纪50年代作为时间划分节点，20世纪50年代以前的生产观念、产品观念、推销观念都是以生产为中心，为传统营销观念，20世纪50年代以后的市场营销观念和社会营销观念是以顾客为中心，为现代营销观念。新旧观念的区别可以归纳如下：

（一）营销活动的出发点不同

传统营销观念是以企业自身为出发点，实行以产定销，即产品生产出来后才开始经营活动；现代营销观念是以消费者需求为出发点，了解消费者需求再生产产品或提供服务。

（二）企业营销活动的中心不同

传统营销观念是以卖方市场为中心，主动权掌握在企业手中，由企业决定产品的生

看一看：现代营销观念与传统营销观念的区别

听一听：市场营销活动

产或提供服务；现代营销观念是以买方市场为中心，主动权掌握在顾客手中，企业按照顾客的需要组织产品生产或提供服务。

（三）企业营销活动的方式方法不同

传统营销观念主要用各种推销方式推销既定产品；现代营销观念是从消费者需求出发，利用整体营销组合策略，占领目标市场。

（四）企业营销活动的着眼点不同

传统营销观念着眼于企业自身发展，缺乏长远打算，只能获取短期交易的利润；现代营销观念下企业从战略高度强调有计划、有步骤、系统地开展整体营销活动，除了考虑现实的顾客需要外，还考虑消费者的潜在需要。在满足消费者需要，符合社会长远利益的同时，求得企业的长期利润。

三、市场营销观念的新发展

（一）大市场营销观念

大市场营销观念是 20 世纪 80 年代菲利普·科特勒针对现代世界经济迈向区域化和全球化，企业之间的竞争范围已超越本国本土，形成无国界竞争的态势下提出的。大市场营销是指为了进入特定市场，并在那里从事业务经营，在战略上协调使用经济的、心理的、政治的和公共关系等手段，以获得各有关方面，如经销商、供应商、消费者、市场营销研究机构、有关政府人员、各利益集团及宣传媒介等合作及支持。企业要进入某个特定地理区域时，可能面临贸易壁垒很高的封闭型或保护型市场，因此要想有效开展营销工作，企业需要借助政治技巧和公共关系技巧。因此大市场营销观念是将市场营销组合由 4Ps 组合，即产品（Product）、价格（Price）、渠道（Place）和促销（Promotion）扩展为 6Ps 组合，即加上权力（Power）和公共关系（PublicRelations）。

微课堂：市场营销
发展的五个阶段

读一读：
市场营销学发展

大市场营销观念的核心内容是强调企业的市场营销既要有效地适应外部环境，又要能够在某些方面发挥主观能动作用，使企业朝着有利于外部环境的方向发展。大市场营销是对常规营销的拓展和发扬，突破了过去那种简单发现、单纯适应与满足的做法，注重用动态的观念来面对不断变化的市场，创造目标顾客需要，积极引导市场和消费。

（二）整合营销观念

整合营销是一种对各种营销工具和手段的系统化结合，根据环境进行即时性的动态修正，使交换双方在交互中实现价值增值的营销理念与方法。整合营销理论产生和流行于 20 世纪 90 年代，美国西北大学市场营销学教授唐·舒尔茨提出整合营销就是"根据企业的目标设计战略，并支配企业各种资源以达到战略目标"。整合营销是以消费者为核心，重组企业行为和市场行为，综合协调地使用各种形式的传播方式，以统一的目标和统一的传播形象，传递一致的产品信息，实现与消费者的双向沟通，迅速树立产品品牌在消费者心目中的地位，建立产品品牌与消费者长期密切的关系，更有效地达到广告传播和产品行销的目的。

在当今社交媒体盛行的时代，如微博、博客、微信、论坛、贴吧、直播等网络营销渠道的出现，都带动了行业发展小浪潮，消费者可以在任何时间、任何场所主动或被动地从多种渠道获得信息。但不同渠道的信息不能简单复制，而是要与各渠道的特征匹配，因此整合营销的关键在于找到不同渠道之间的整合点，达到最佳营销效果，使其成为企业延伸品牌的公信度与品牌影响力、增强经济效益的有效途径。让每个营销渠道互相关联促进，相辅相成，达到 1+1>2 的效果。

（三）关系营销观念

关系营销是把营销活动看成是一个企业与消费者、供应商、分销商、竞争者、政府机构及其他公众发生互动作用的过程，其核心是留住顾客，提供产品和服务，在与顾客保持长期互动关系的基础上开展营销活动，实现企业的营销目标。

> ▶ 想一想 ◀
> 为什么"愚者以交易为重点，智者以交易为起点"？

（四）绿色营销观念

绿色营销是指企业从产品设计、生产、营销、回收等过程中合理利用资源，降低对环境的损害，提供满足顾客需求的产品和服务，将企业自身利益、消费者利益和环境保护利益三者统一起来，使企业在发展的同时分担社会环境压力的过程。绿色营销观念是要求企业必须把消费者利益、企业自身利益和环境保护利益三者有机地结合起来，整个营销过程都要考虑到资源的节约利用和环保利益，做到安全、卫生、无公害的一种营销观念。我国大力发展绿色经济、倡导低碳生活，绿色消费越来越受广大消费者青睐，消费者在选购商品时对绿色环保类的消费倾向也越发显著。绿色营销成为许多企业树立环保企业的形象、开拓市场、实施可持续性发展的重要手段之一。中小企业应强化对内部员工的绿色环保的宣传和教育，为全体员工灌输绿色意识，培养企业的绿色文化。

（五）文化营销观念

文化营销是利用文化力进行营销，将商品作为文化的载体，通过市场交换影响消费者的意识，它在一定程度上反映了消费者对物质和精神追求的各种文化要素。文化营销既包括浅层次的构思、设计、造型、装潢、包装、商标、广告、款式，又包含对营销活动的价值评判、审美评价和道德评价。文化营销强调企业理念、宗旨、目标、价值观、员工行为规范、经营管理制度、企业环境、组织力量、品牌个性等文化元素，其核心是理解人、尊重人、以人为本，调动人的积极性与创造性，关注人的社会性。

▶ **任务实施**

此次任务可以通过如下途径实现：

（1）阅读花西子的案例，思考花西子市场营销观念发生了哪些变化，当下现代市场营销观念有哪些？

（2）浏览企业官方网站、微信公众号等，获取花西子市场营销观念演变的信息。

（3）通过文献检索法了解花西子的市场营销做法，查看专家、学者对其市场营销观念的总结。

（4）通过小组讨论分析，总结花西子市场营销的成功之处，派出代表在课堂上进行汇报分析。

▶ **任务小结**

　　市场营销观念是企业在一定时期、市场环境及生产经营技术条件下，指导市场营销活动的思维方式和行为准则，是企业进行经营决策，组织管理市场营销活动的基本指导思想，是企业的经营哲学。市场营销观念大致经历了生产观念、产品观念、推销观念、市场营销观念、社会市场营销观念这五个阶段。市场营销观念可以分传统营销观念和现代营销观念，主要从营销活动的出发点、活动中心、方式方法、着眼点不同进行区别分析。当前市场营销观念的新发展包括大市场营销观念、整合营销观念、关系营销观念、绿色营销观念、文化营销观念。

任务三　剖析中小企业市场营销特征

▶　任务导入

郑州市场的阿五美食酒店的成功

郑州市场的阿五美食酒店，在短短一年时间内连续开了 10 几家连锁店，都获得了成功。阿五美食的掌门人、新派豫菜的研发人之一樊胜武先生是著名的厨师，曾先后在多家五星级酒店任行政总厨，2006 年获得中央电视台金牌厨师金奖。他开发的系列特色菜自成一家，独具特色，是阿五美食生意兴隆的主要原因，也是顾客口碑传播的基础。在阿五美食顾客感受最深的就是不同阶层的官员、名人对阿五师傅厨艺的赞扬。

请思考以下问题：

阿五美食酒店的市场营销有什么特征？

资料来源：职业餐饮网

▶　任务分析

都说船小好掉头，但是中小企业人力物力都很紧张，因此每一次的市场营销都要精心策划。作为中小企业将来的经营者不得不熟悉中小企业市场营销的现状、中小企业市场营销基本特征、中小企业应选择的合理的策略。

▶　知识准备

企业的现代市场营销策略是以顾客为核心，在营销活动中，中小企业应对市场机会进行正确的分析，制定行之有效的营销策略，对营销活动进行有效掌握。

一、中小企业市场营销的现状

（一）市场营销环境严峻，一直处在劣势地位

和大企业相比较而言，中小企业的市场营销手段、方式、活动、销售渠道、组织、

网店以及人员素质结构等方面均处在不利地位。此外，中小企业的市场营销较为随意，主动性偏差，且多数时候处在从属、被动的地位。

（二）市场营销模式落后，多数营销观念滞后

我国大部分中小企业依旧采取的是传统的产品营销策略、市场推销策略模式等，组织效率较低，营销多数采取硬性指标以及规章制度来加强管理，并未建立专门的市场调查部门，营销管理效率低。

（三）营销管理能力不足，忽视产品营销调研

大部分中小企业依靠市场为导向，制定营销战略，但基本未能制订详细的战略计划。中小企业由于受到传统的营销管理思想的影响，缺乏内部、外部的协调管理能力，片面追求眼前的营销成果，还有些中小企业只是利用广告传媒、直销、代销等方式进行产品销售，忽视了产品营销调研。

> ▶ 活学活用 ◀
> 请举例说明你对中小企业市场营销现状的理解。

二、中小企业市场营销的基本特征

（一）产品生产贴近顾客实际需求

中小企业高级管理层、经营管理人员一般会和顾客直接接触，掌握市场基本情况，结合市场实际需求提供服务与产品，所以企业营销策略具备了自发性市场导向特征。这对于促进中小企业的发展发挥着决定性影响。

─────────── ▶ 案例分享 ◀ ───────────

　　杭州信丰磁性材料有限公司是一家专业从事永磁材料研究、生产、应用开发的高新技术企业，产品广泛用于汽车、仪器仪表、镀膜设备、风力发电、电机电声、纺机、磁选机、航天航空等高科技领域。经过多年的发展，信丰公司客户多分布在北美洲、南美洲、欧洲、亚洲、非洲、大洋洲等地区，产品遍布全球各地区，公司致力于发展成为磁性材料行业内有创新能力的优先企业之一。信丰公司的一个制胜的法宝就是根据市场的需求，不断调整策略，

贴近客户要求。为了更贴近客户的需求，信丰公司对业务的开展也进行了调整，为每个客户匹配一个对应全权负责的业务员，客户有任何事情都能够快速找到公司。因为每个业务员都经过专业的训练，简单的问题，业务员自身就能够为客户迅速解决；如果遇到棘手的问题，会由业务员回馈给公司，公司会派出相应的技术连同业务员一起共同为客户解决问题，直到问题得到解决并让客户满意。总之，一切站在客户需求的角度上去考虑，这是信丰公司赢得市场的重要因素之一。

　　资料来源：杭州信丰磁性材料有限公司官网

▶ 考考你 ◀
中小企业在生产产品方面有哪些优势和劣势？

(二) 经营方式灵活但容易盲目发展

这是中小企业掌握市场时机、合理调整本企业经营结构以及业务范围的有利条件。然而我国部分中小企业因为未能够明确自身的战略定位，盲目随意，没有稳定自身的业务发展方向，对市场也未能深入研究，只注意到了市场的短期变化，导致企业常陷入经济困境中。

(三) 业务范围小聚焦市场某个需求

专注于特殊、小型细分市场，是多数中小企业成功的主要特征之一。这种发展战略特征能够让中小企业规避自身财力不强的问题，并寻找到适合自身发展规律的道路。

(四) 业务容易受到市场和外界条件影响

我国中小企业多数实际劳动生产能力较低，市场竞争能力不强，生产成本偏高，多数产品以及生产技术带有模仿性特征，且处在产品周期的衰退阶段，无法和实力雄厚、销售网络广、拥有先进技术的大型企业抗衡，中小企业在竞争中一直处在被动的局面，平均寿命较短，经营风险高。

三、中小企业市场营销策略

(一) 建立并完善营销计划

在市场营销中，中小企业要想提升营销水平，建立科学合理的营销计划是关键一步。建立完善的营销计划，可以从以下三个方面进行着手：第一，中小企业必须首先明确营销目标，深入分析企业产品的各项性能及消费者类型等，并明确标注在营销计划中，以确保计划具有较高的可行性。第二，对行业市场进行深入调查分析，企业营销计划的科学与否，与市场需求之间有必然的联系，所以营销计划制订的前期，必须进行充分的市场调研，全面掌握同类产品的市场营销状况，从而提高营销计划的高效性。第三，要使营销计划具有动态性，营销市场会因为各种因素的调整发生一系列变化，因此对企业营销计划要进行动态调整，以降低由于外界市场变动对企业带来的不良影响。

（二）完善现代化营销管理组织结构

中小企业市场营销组织的建立是非常有必要的，只有建成熟完善的营销组织结构，才能更加高效地开展营销工作，从而完成营销目标。中小企业在建立现代化营销组织结构的过程中，可以从以下四个方面着手：第一，不断完善决策机制，保障中小企业市场营销工作具有可行性；第二，组建高效的营销部门，科学设置营销岗位，完善组织结构，进一步完善现代化企业的管理结构，确保工作有序开展，从而提升组织的决策水平，为营销工作的高效开展打下基础；第三，制定有效的营销激励机制，为中小企业的营销创新夯实基础；第四，提升中小企业营销工作人员的综合能力水平，对其加强管理，为现代化营销管理组织结构的有序运行助力。

（三）选择正确的产品营销策略

随着市场经济的发展，我国中小企业的数量呈逐年增长趋势，无形中加剧了企业之间的竞争，所以中小企业的发展面临着诸多挑战。中小企业要在明确营销目标，深入调研并制订科学有效的营销计划后，选择正确的产品营销策略，这是提升中小企业竞争实力，提升其经济效益的有效手段。中小企业要积极借鉴优秀企业的产品营销案例，并以自身发展实际为基础，选择适宜的营销策略，由此来提升中小企业的营销水平。

▶ **任务实施**

此次任务可以通过如下途径实现：

（1）阅读郑州市场的阿五美食酒店的案例，思考阿五美食酒店的市场营销特征是什么。

（2）通过文献检索法查看专家、学者对中小企业市场营销的现状剖析和策略总结。

（3）通过小组讨论分析，总结中小企业市场营销现状、特征和策略，派出代表在课堂上进行汇报分析。

▶ **任务小结**

中小企业主要面临三大问题：市场营销环境严峻，一直处在劣势地位；市场营销模式落后，多数营销观念滞后；营销管理能力不足，忽视产品营销调研。中小企业市场营销也有四大独特性：产品生产贴近顾客实际需求；经营方式灵活但容易盲目发展；业务范围小聚焦市场某个需求；业务容易受到市场和外界条件影响。做好中小企业市场营销，要建立并完善营销计划，完善现代化营销管理组织结构，选择正确的产品营销策略。

技能提升训练　市场营销观念的新发展及实际应用

▶ **训练目标**

1. 学会分析市场营销新观念的特点及创新性；

2. 掌握搜索材料和筛选材料的能力；

3. 提高演讲能力。

▶ **实施流程**

流程一　阅读市场营销新观念的相关知识

通过网络、图书馆查阅相关知识，记录学术界在现代营销理论和应用原则方面营销新观念。

1. 整理记录在网络搜索的市场营销新观念；

2. 整理记录在图书馆搜索的市场营销新观念。

流程二　搜索市场营销的典型案例

通过在网络和图书中查找与市场营销新观念有关的典型案例，分别写出拟作为汇报材料的案例名称、借鉴意义。

1. 案例名称；

2. 借鉴意义。

流程三　制作并汇报企业市场营销的典型案例

分组讨论企业运用营销新理念的典型案例，按照"是什么、怎么样、怎么看、怎么做"四个环节梳理汇报提纲，撰写汇报演讲稿，安排专人汇报，听取同学建议改进。

1. 案例是什么？

2. 案例怎么样？

3. 怎么看这个案例？

4. 结合案例，谈谈可以怎么做。

思考与练习

一、单选题

1. 市场是由人口、（　　　）和购买欲望三个要素组成的。

A. 购买方式 　　　　　　　　　　　B. 购买力

C. 购买时间 　　　　　　　　　　　D. 购买习惯

2. 具有支付能力并且愿意购买某个具体产品的需要是（　　　）。

A. 愿望 　　　　B. 欲望 　　　　C. 需求 　　　　D. 期望

3. 通过提供某种东西而作为回报，获取需要的产品的方式是（　　　）。

A. 交易 　　　　B. 交换 　　　　C. 中介 　　　　D. 流通

4. 属于现代营销观念的是（　　　）。

A. 生产观念 　　　　　　　　　　　B. 产品观念

C. 推销观念 　　　　　　　　　　　D. 市场营销观念

5. 市场营销观念是一种新型的企业经营哲学，其以满足（　　　）为出发点。

A. 企业生产 　　　　　　　　　　　B. 消费者需求

C. 社会需要 　　　　　　　　　　　D. 消费者满意

6. "皇帝女儿不愁嫁"是一种（　　　）观念。

A. 生产 　　　　B. 产品 　　　　C. 推销 　　　　D. 市场营销

7. 营销管理的任务是围绕着市场上消费者的需求而展开的，但并不是每种需求都要鼓励，以下消费需求需要减少的是（　　　）。

A. 无需求 　　　　　　　　　　　B. 负需求

C. 过度需求 　　　　　　　　　　D. 不规则需求

二、判断题

1. 市场营销中的市场是指人们交易的场所。（　　　）

2. 需求与需要的差异主要在于有无购买能力。（　　　）

3. 市场营销里的供应品指的是实体产品。（　　　）

4. 推销观念在现代市场经济下被大量使用在推销非寻觅品的销售中。（　　　）

5. 生产观念是一种重生产、轻市场的观念。（　　　）

三、填空题

1. 从营销学角度看，市场是某种产品的 ＿＿＿＿＿＿ 的集合。

2. 市场营销是一个过程，其核心是 ＿＿＿＿＿＿。

3. 需要抵制和消除的需求是 ＿＿＿＿。

4. 大市场营销观念是将市场营销组合由 ＿＿＿ 组合扩展为 ＿＿＿ 组合。

5. 营销人员需要营销的内容有：产品、＿＿＿、事件、体验、人物、地点、＿＿＿、信息、＿＿＿、＿＿＿。

四、简答题

1. 简述市场营销核心概念。

2. 简述传统市场营销观念与现代市场营销观念的区别。

3. 市场营销管理的任务是什么？

项目二
开展市场调研

▶ **学习目标**

（一）知识目标

1.了解消费者行为的内涵和购买行为过程；

2.了解市场营销调研的含义和内容；

3.熟悉市场营销调研的步骤、方法；

4.了解市场营销预测的内容和方法。

（二）能力目标

1.能实施市场调研活动；

2.能使用中小企业常用市场调研方法。

▶ **学习任务**

任务一　分析消费者行为；

任务二　实施市场营销调研；

任务三　开展中小企业市场调研。

任务一　分析消费者行为

▶　任务导入

传音手机——非洲手机销售市场之王

据国际数据公司 IDC 在 2020 年发布的《全球手机季度追踪报告》显示，2020 年第三季度非洲智能手机出货量同比增加 14.1%，达到 2.29 亿部，整体手机市场出货量同比下降 6.0%，中国手机品牌依然占据非洲市场主导地位。中国厂商传音在功能手机方面优势更加明显，以 44% 的份额继续占据非洲智能手机市场龙头地位。传音控股的创办人竺兆江在 2006 年创办传音控股公司，国内手机市场竞争激烈，竺兆江把目光瞄准非洲市场。当时的非洲市场拥有 10 亿人口，与中国市场容量相当。但当时中国手机普及率达到了 60%—70%，而非洲的手机普及率不高，比如东非、西非这些地区的国家手机普及率大多在 10%—20%，只有南非和北非的个别国家比较高。非洲市场消费水平低，手机并不普及。非洲人民特别喜欢音乐，他们在任何地点随便跟着一首曲子都能载歌载舞，因此传音手机就在保证音质的情况下加大了扬声器的功率，并在手机包装盒中附赠头戴式耳机。在非洲很多地区的电力供应很差，街边的路灯很少，夜晚大部分地方很黑，所以传音手机就加大手电筒功率，加大夜晚照明亮度，并且采用超大容量电池，号称可以待机一个月。在非洲，不同运营商网络资费差别很大，因此跨网络电话费非常贵。而 SIM 卡的价格又比较便宜，所以非洲人的钱包都会放两三个 SIM 卡。传音手机就根据非洲地区的市场需求，推出了双卡双待，甚至四卡四待的手机，很好地解决了非洲人打电话的痛点。非洲人民的肤色普遍都是黑色，但他们也非常喜欢拍照并且分享。如果是在光线不好的情况下拍照，一般手机的拍照效果就特别差，甚至只能看到眼睛和牙齿。因此传音公司就专门研究了上万张照片，与芯片公司共同研究，开发了针对深肤色的拍照功能，将其应用在旗下 TECNO 系列手机上，最终大卖。传音手机之所以能在非洲手机市场有相当高的占有率，是因为其认真研究非洲消费者的特点，设计出了符合消费者需求的产品。

请思考以下问题：

（1）传音手机成功的原因是什么？

（2）消费者行为分析包含哪些方面？

资料来源：IT之家

▶　**任务分析**

消费者行为是商家的主要研究对象，文化、社会、收入、年龄、态度等因素，都会成为影响消费者习惯的因素。传音手机之所以能够获得大卖，占领非洲手机市场，就是因为其认真研究消费者特点，设计出符合消费者需求的产品。作为未来中小企业市场营销从业者，为了能够获得更多数据去证明营销的有效性，就需要进行消费者行为分析，找出驱动消费者购买的决定性的因素。

▶　**知识准备**

一、消费者行为的概念

（一）消费者的含义

我国《消费者权益保护法》规定的消费者是指为满足生活需要而购买、使用商品或接受服务的，由国家专门法律确认其主体地位和保护其消费权益的个人。消费者与生产者、经营者最本质的区别是其购买商品或接受服务的目的是用于个人或家庭需要。消费者具有四个特征，即非营利性、非专业性、层次性和广泛性。

（二）消费者行为

1.概念

消费者行为是指消费者为获取、使用、处置消费物品或服务所采取的各种行动，包

微动画：消费者行为研究的必要性

括先于且决定这些行动的决策过程。随着对消费者行为研究的深化，人们越来越深刻地意识到，消费者行为是一个整体，是一个过程，获取或者购买只是这一过程的一个阶段。

2. 研究方法

5W1H 分析法是分析消费者行为的一种重要方法，营销人员通常通过大量的观察和了解，要厘清以下六个问题：

市场由谁构成（Who）——购买者

为何购买（Why）——购买目的

购买什么（What）——购买对象

什么时候（When）——购买时间

什么地方（Where）——购买地点

怎样购买（How）——购买方式

3. 消费者行为模式

科特勒和阿姆斯特朗在 2001 年提出了类似刺激 – 反应的消费者行为模式（见图 2.1-1）。他们认为消费者接受营销刺激和环境刺激后，受消费者特征和消费决策过程的影响，做出某种购买决策。

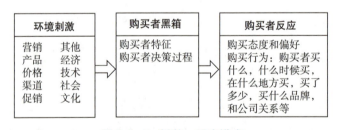

图 2.1-1　刺激 – 反应模式

微动画：
消费者购买行为模型

在购买者黑箱中，购买者对所接收的信息进行处理。在购买者反应阶段，经过黑箱作业，做出购买决策，如产品选择、品牌选择、购买时机和购买数量的选择等。中小企业营销者需要探索如何营销刺激，使其在购买者黑箱中被转换为反应，根据黑盒测试来制订营销计划。

（三）消费者购买行为的构成

消费者行为是由两个部分构成：一是消费者的购买决策过程。购买决策是消费者在使用和处置所购买的产品或服务之前的心理活动和行为倾向，属于消费态度的形成过程。二是消费者的行动。消费者行动更多的是购买决策的实践过程。

在现实的消费生活中，消费者行为的这两个部分相互渗透，相互影响，共同构成了消费者行为的完整过程。

二、消费者的购买决策

中小企业的营销者除需要了解影响消费者购买的各种因素、消费者购买模式外，还必须了解消费者购买决策的过程和特点，以便采取相应的措施，实现企业的营销目标。

（一）概念

消费者购买决策是指消费者为了满足某种需求，在一定的购买动机的支配下，在可供选择的两个或者两个以上的购买方案中，经过分析、评价、选择并且实施最佳的购买方案，以及购后评价的活动过程。它是一个系统的决策活动过程，包括购买需求的确定、购买动机的形成、购买方案的抉择和实施、购后评价等环节。

消费者购买决策受以下几个方面影响：产品质量安全、消费者购买习惯、消费者收入水平、消费者年龄阶段、消费者家庭及周围亲戚朋友、社会消费文化的影响，还会受到社会供给的制约、交通物流、门店消费环境和产品销售及售后情况的影响等。可见，

看一看：
消费者市场及其特征

微课堂：
消费者购买决策

消费者购买决策是受多种方面因素的影响，任何一方面的因素都可能影响消费者是否购买该产品或服务。

（二）消费者购买决策特点

消费者购买决策是消费者谨慎地评价产品或服务，进行选择后，购买能满足某一特定需要的产品或服务的过程，其特点主要有以下五点：

1. 目的性

消费者进行决策，是想要促进一个或若干个消费目标的实现，这本身就带有目的性。在决策过程中，消费者要围绕目标进行筹划、选择和安排，就是实现购买活动的目的性。

2. 过程性

消费者在受到内、外部因素刺激，产生需求，形成购买动机，通过抉择和实施购买方案，购后经验又会反馈影响其下一次的购买决策，从而形成一个完整的循环过程。

3. 需求个性

购买商品行为是消费者主观需求、意愿的外在体现，受许多主客观因素的影响。除集体消费之外，个体消费者的购买决策一般都是由消费者个人单独进行的。随着消费者支付水平的提高，购买行为中独立决策的特点将越来越明显。

4. 复杂性

消费者在做购买决策时不仅要开展感觉、知觉、注意、记忆等一系列心理活动，还必须进行分析、推理、判断等一系列思维活动，并且要计算费用支出与可能带来的各种利益。因此，消费者的购买决策过程一般是比较复杂的。

5. 情景性

由于影响决策的各种因素不是一成不变的，而是随着时间、地点、环境的变化而不断发生变化。因此，对于同一个消费者的消费决策具有明显的情景性，其具体决策方式因所处情景不同而不同。

（三）消费者决策参与者

消费者消费通常以家庭为单位，但参与购买决策的通常是一个家庭的某个成员或某几个成员，其扮演的角色各有不同。

1. 发起者：首先想到或提议购买某种产品或劳务的人。

2.影响者：其看法或意见对最终决策具有直接或间接影响的人。

3.决定者：能够对买不买、买什么、买多少、何时买、何处买等问题做出部分或全部决定的人。

4.购买者：实际采购的人。

5.使用者：直接消费或使用所购商品或劳务的人。

中小企业要了解购买者在购买决策中扮演的角色，并针对其角色地位与特性，采取有针对性的营销策略，较好地实现营销目标。

(四) 消费者购买决策过程

每一位消费者在购买某一商品或服务时，会有一个购买决策过程，而且购买者的类型和产品类型不同，会使购买决策过程有所区别，典型的购买决策过程一般包括五个方面。

1.需要认识

需要认识是消费者确认自己需要什么来满足自己的需求。消费者的需要一般由两种刺激引起：一是内部刺激，如饥饿感；二是外部刺激，如广告宣传等。在这个阶段，营销人员需要对消费者进行研究，了解有哪些需求或问题出现，这些需求和问题是由什么产生的以及要如何促使消费者购买这件特定产品。

2.收集信息

当消费者产生了购买动机之后，便会开始进行与购买动机相关联的活动。如果消费者想购买的商品就在附近，就会实施购买活动，满足需求。但当所想购买的商品不易购买，或需求不能马上得到满足时，则会将这种需求存入记忆中，并注意收集与需求相关的密切联系的信息，以便进行决策。

消费者可以从多种渠道获取信息。这些渠道包括个人来源（家庭、朋友、邻居和熟人）、商业来源（广告、销售人员、零售商、包装或展销）、公共来源（大众媒体或消费者组织、互联网搜索）、经验来源（处理、检查或使用商品）等。这些信息来源的相对影响会随着产品的类别和购买者的特征变化而变化。

3.方案评价

消费者得到的各种有关信息可能是重复的，甚至是互相矛盾的，因此还会根据产品或服务的属性、利益和价值组合，形成各种购买方案，并确认购买态度，这是决策过程中的决定性环节。

在消费者的评估选择过程中，有以下几点需要注意：（1）产品性能是购买者所考虑的首要问题；（2）不同消费者对产品的各种性能给予的重视程度不同，导致评估标准不同；（3）多数消费者的评选过程是将实际产品同自己理想中的产品相比较完成的。

4. 购买决策

消费者对商品信息进行比较和评选后，在不同方案之间形成购买意图和偏好。一般来说，消费者的购买决策应该是购买自己最喜欢的品牌，但有两个因素会对其购买决策产生影响。一是他人的态度。如某些对消费者购买决策有重要影响力的人提出不同意见时，会使购买决策产生变化。二是意外事件。如失业、意外急需、涨价等，则很可能改变购买意图。因此，偏好甚至购买意向也不一定会形成实际的购买决定。

5. 购后行为

产品卖出后，营销人员的任务并没有结束，消费者在购买后会体验某种程度的满意感或不满意感。因此，进入了购后时期，中小企业营销者必须监视购后满意程度、购后行为、购后产品的使用和处理。

消费者购后的满意程度取决于消费者对产品的预期性能与产品使用中的实际性能之间的对比。购买后的满意程度决定了消费者的购后活动，决定了消费者是否会重复购买该产品，决定了消费者对该品牌的态度，并且还会影响到其他消费者，形成连锁效应。

满意的顾客会再次购买产品，与别人谈论对产品有益的话，还可能购买公司的其他产品；而不满意的顾客则反应完全不同，坏评价会比好口碑传得更快更远，且会迅速破坏顾客对企业和产品的态度，而大多数不满意的顾客不会告诉营销者他们不满意的原因。

三、消费者购买类型

消费者在购买商品时，会因商品价格、购买频率的不同而介入的程度不同。

（一）根据消费者购买行为的复杂程度和所购产品差异程度分类

根据消费者购买行为的复杂程度和所购产品差异程度分类，可将消费者的购买行为分为四种类型。

1.复杂的购买行为

如果消费者属于高度参与，并且了解现有各品牌、品种和规格之间具有的显著差异，则会产生复杂的购买行为。复杂的购买行为指消费者购买决策过程完整，要经历大量的信息收集、全面的产品评估、慎重的购买决策和认真的购后评价等各个阶段。对于复杂的购买行为，中小企业营销者应制定策略帮助购买者掌握产品信息，运用各种途径宣传品牌的优点，简化购买决策过程，影响最终购买决定。

2.减少失调感的购买行为

当消费者高度介入某项产品的购买，但又看不出各品牌有何差异时，对所购买产品会产生失调感。消费者并不广泛收集产品信息，也不精心挑选品牌，注意力更多地集中在价格是否优惠，购买时间、地点是否便利，购买决策过程迅速而简单，但是在购买以后会认为自己所买产品具有某些缺陷或其他同类产品有更多的优点，进而产生失调感，怀疑自己原先购买决策的正确性。

对于这类购买行为，中小企业营销者要提供完善的售后服务，通过各种途径经常提供有利于本企业产品的信息，使顾客相信自己的购买决定是正确的。

3.寻求多样化的购买行为

消费者在购买商品时，可供选择的品牌很多，购买产品有很大的随意性，并不深入收集信息和评估比较就决定购买某一品牌，在消费时才加以评估，但是在下次购买时又转换其他品牌。也就是消费者并不专注于某一产品，而是经常变换品种，寻求不同的感受。

对于这种类型，市场领导者和挑战者的营销策略是不同的。市场领导者通过占有货架、避免脱销和提醒购买的广告来鼓励消费者形成习惯性购买行为。而挑战者则以较低的价格、折扣、赠券、免费赠送样品和强调试用新品牌的广告来鼓励消费者改变原习惯

微课堂：
消费者购买类型

性购买行为。

4. 习惯性的购买行为

这种购买行为是消费者并未深入收集信息和评估品牌，只是习惯于购买自己熟悉的品牌，在购买后可能评价也可能不评价产品。比如酱油，这是一种价格低廉、品牌间差异不大的商品，消费者在购买它时，大多不会关心品牌，而是靠多次购买和多次使用而形成的习惯去选定某一品牌。

———————————— ◈ 案例分享 ◈ ————————————

海天酱油

作为消费者日常生活中不可或缺的调味品之一——酱油，长期的品牌建设赋予海天美味、健康、诚信、首选的形象，使海天具有极高的品牌号召力，吸引了无数的忠诚消费者，以及大批卓有实力的经销商，并获得行业主管部门首肯。企商携手，政府支持，消费者信任，使海天酱油、蚝油、鸡精等产品的市场占有率和入户使用率都保持稳步快速的增长，在一些重点市场，海天产品以高达 95% 以上的占有率创造出营销奇迹。

"有人烟处，必有海天。"海天健全而缜密的营销网络，全面覆盖中国市场，搭建出海天产品到达消费终端的绿色干线。2016 年，海天酱油独家冠名江苏卫视益智攻擂节目《一站到底》，该节目与海天酱油对产品品质坚持到底的理念不谋而合，给海天品牌注入更多活力"智造"的内涵。使海天酱油获得消费者更高的熟悉度，成为消费者购买酱油时的首选。

资料来源：百度百科、海天酱油官网

> ▶ 考考你 ◀
> 消费者购买海天酱油的行为有什么特征？

（二）根据消费者购买目标选定程度分类

可以将消费者购买类型分为全确定型、半确定型以及不确定型。

1. 全确定型

消费者在购买商品以前，已经有明确的购买目标，对商品的名称、型号、规格、颜色、式样、商标以至价格的幅度都有明确的要求。这类消费者进入商店以后，一般都是有目的地选择，主动地提出所要购买的商品，并对所要购买的商品提出具体要求，当商品能满足其需要时，则会毫不犹豫地买下商品。

2. 半确定型

消费者在购买商品以前，已有大致的购买目标，但具体要求还不够明确，最后购买需经过选择比较才能完成。如购买空调是原先计划好的，但购买什么牌子、规格、型号、式样等没有决策。这类消费者进入商店以后，一般要经过较长时间分析、比较才能完成其购买行为。

3. 不确定型

消费者在购买商品以前，没有明确的或既定的购买目标。这类消费者进入商店主要是参观游览、休闲，漫无目标地观看商品或随便了解一些商品的销售情况，有时感到有兴趣或合适的商品就会购买，有时则观后离开。

（三）根据消费者购买频率分类

可以将消费者购买类型划分为经常性购买、选择性购买及考察性购买。

1. 经常性购买行为

经常性购买行为是购买行为中最为简单的一类，是指购买者购买频繁，一般购买人们日常生活所需、消耗快、价格低廉的商品，如油盐酱醋茶、洗衣粉、味精、牙膏、肥皂等。购买者一般对商品比较熟悉，加上价格低廉，人们往往不必花很多时间和精力去收集资料和进行商品的选择。

2. 选择性购买行为

这一购买行为是指消费者购买频率不高，一般这类消费品单价比日用消费品高，多在几十元至几百元，而且购买后使用时间较长，如果产品的品种、规格、款式、品牌之间差异较大，消费者购买时往往愿意花较多的时间进行比较选择，如服装、鞋帽、小家电产品、手表、自行车等。

听一听：消费者购买行为类型

3. 考察性购买行为

如果购买价格昂贵、使用期长的高档商品，消费者购买时就会十分慎重，会花很多时间去调查、比较、选择。消费者往往很看重商品的商标品牌，大多是认牌购买，比如购买轿车、商品房、成套高档家具、钢琴、电脑、高档家用电器等。已购消费者对商品的评价对未购消费者的购买决策影响较大，消费者一般选择在大商场或专卖店购买这类商品。

四、消费者购买心理

购买心理是指人作为消费者时的所思所想。任何一种消费活动，都是既包含了消费者的心理活动又包含了消费者的消费行为。准确把握消费者的心理活动，是准确理解消费行为的前提。最为常见的有六种消费者购买心理。

（一）求实心理

求实心理是一种以注意商品的实际使用价值为主要特征的心理。在面对琳琅满目的品牌和产品时，有一部分消费者拥有足够的理智，无论广告和营销做得多么花哨，他们只选择那些效果能够看得见的，实实在在的产品。这些人多分布在消费层级的中层和底层，他们不看重产品的外表，更注重它们的实用价值，讲求经济实惠、经久耐用、使用方便等。

（二）求名心理

求名心理是一种以追求名牌或高档商品为主要特征的心理。很多消费者购买产品并不注重产品的价格和质量，他们更注重品牌能够带给他们的荣耀感以及满足感。通过花大价钱购买高档奢侈品牌或者畅销的大品牌，一方面是为了在普通人面前炫耀他们的消费，另一方面则是来彰显自己的社会地位。

微课堂：
消费者购买心理

（三）求新求异心理

求新求异心理是指消费者购物过程中追求标新立异与众不同的心理。这是与从众心理相反的一种心理现象，他们追求一种与社会流行不同的消费倾向。这种消费心理多见于青年人，他们喜欢追求新奇，赶时髦，总是充当先锋消费者，希望与别人的不一样。如今，个性化、高度定制的文旅产品受到游客青睐。比如，首都博物馆等老牌文化场馆再度走红网络，后疫情时代，随着文旅行业逐步复苏，网红打卡地成为城市居民日常出游的重要目的地之一。消费者对各类网红打卡地需求不同，但都注重体验，强调个性，满足消费者求新求异的心理诉求。

（四）从众心理

消费者在很多购买决策上，会表现出从众倾向。在从众心理诱导下的购买动机具有跟随性，购买行为具有无目的性、偶然性、冲动性等特点。一般人购物时喜欢到人多的商店，常常表现为群体购买；在品牌选择时，会偏向那些市场占有率高的品牌；而在选择旅游地点时，则偏向热点城市和热点线路。

（五）求廉心理

这类消费者在购买商品时，对其价格特别重视，希望购买到既实用又价廉的商品。购买商品的过程中喜欢对各类商品或同类商品的价格进行反复比较，然后决定是否购买。求廉心理在不同收入水平的消费者中都存在，只是程度不同，这种程度上的差别不仅受其收入差别的影响，还受其他方面因素的影响。比如近年崛起的拼多多，正是因为充分利用消费者求廉的购物心理，通过"拼单买更便宜"这个核心定位解决了"如何低成本继续生活的问题"，拼多多成立不到三年，就成了仅次于阿里巴巴的第二大电商巨头。

微动画：
消费者心理过程

（六）求便心理

这种心理是指消费者购买时，图购买方便或携带方便，求得方便的形式表现为以下三种：一是商品可以减少或减轻消费者的劳动强度，节省体力；二是商品具有一些方便消费者使用的功能，减少使用中的麻烦；三是可以减少消费者购买过程的麻烦。人们的生活节奏越来越快，求便的心理动机也越来越强烈。不论消费者哪种购物心理，量入为出、适度消费、勤俭节约是应该倡导的合理消费观。

◆▷ 案例分享 ◁◆

便利店与求便心理

便利店产生的历史就是当今著名的便利店"7-11"的发展史。"7-11"的主要经营策略是：（1）准确定位。它的服务对象是那些早出晚归、贪图方便、收入较高的职业人群，经营的商品都是一些畅销的名牌日常用品，价格高于一般的平价商店。（2）集中开店。"7-11"便利店通过特许经营方式拓展分店，它总是在一个地区取得市场支配地位之后，才进入下一个地区，而不是追求全面开花，从而能降低经营成本，迅速实现盈利。（3）提供多种服务。7-11便利店除销售食品和日常用品，还提供多种服务，如宅急便、冲洗相片、代收水电费、代售邮票、代售音乐会票、代售飞机票、代办旅游事务、代售滑雪索道券、代售温泉券。甚至还介入了金融商品服务领域，在便利店内安装 ATM 设备，提供存取款服务。在零售业连续低迷不振时，便利店在同期的发展却较为顺利，特别是"7-11"的发展，它现如今已成为全球最大的便利店企业。

资料来源：百度百科、7-11 官网

五、消费者新特性

时代进步，消费迭代，随着"90后""00后"登上消费主场，市场将目光聚焦和锁定在当代新兴消费者身上。在商品相对稀缺的时代，消费者的选择不多，因此更注重产

微课堂：
消费新特性

品的实用性。而随着时代的发展，中国的消费者正在面临着越来越多的选择，因此出现了很多细分的领域。

（一）品质消费，追求商品的本质

我国社会主要矛盾已经转化为人民日益增长的美好生活需要和不平衡不充分的发展之间的矛盾。美好生活促使中国全面步入"品质时代"，主流消费群体的消费需求从"物质型"向"品质型"跃迁，消费升级的大幕已然拉开。新兴消费者更加倾向于理性消费模式，他们只选适合自己的，不选最贵的，他们更加注重品质的升级以及性价比，"品质"是真正打动新中产消费的最基本的底线。

（二）品位消费，专业化精细化消费成新潮流

随着社会的发展，中国逐步进入新中产消费时代，更多"90后""00后"进入富足化阶段，成为最具消费实力的新中产人群，他们在巨大的工作压力和快生活时代，闲暇之中更加注重内在的自我提升，比如学习品酒、面点、茶艺等，增加生活的品位。这些新兴消费者会在户外活动、健身运动、旅游、厨房用品、游戏等不同领域购买专业的产品或装备。这些领域的产品也都在不断地细分化、垂直化、专业化，甚至很多领域都在做出"跨界的极致单品"，比如满足洁面需求的黑科技美容仪、无人破壁豆浆机、无线骨传导耳机等。甚至出现一些满足年轻人的网红照相馆，比如海马体，通过最美证件照，提升年轻人的仪式感。数据显示，海马体照相馆自成立以来，在全国覆盖66座城市的核心商圈，开设300多家线下门店，通过打造IP化产品成功吸引了年轻人的注意力，引领了轻快简模式照相馆的潮流。

（三）健康及文化娱乐消费提高

越来越多的"90后"开始走向养生之路，他们对于高含糖量、高热量等食品的偏好度持续走低，饮食方面特别注重低糖、低脂肪、低热量、零添加、全麦等指标，在追求健康的同时他们还希望通过食物来提升自己的体质。

近年来经济快速发展，居民可支配收入提升，人均文化娱乐支出金额也在不断提高。我国正迎来新一轮消费升级的浪潮，消费对于GDP的拉动作用逐年提升。消费者的消费行为从传统的生存型物质性消费逐步转向发展型、服务型等新型消费。在消费升级背景下，随着移动互联网的进一步发展，手机网民规模已突破7亿人，多个新兴付费行业崛起，娱乐领域付费规模快速增长，新一代"90后""00后"为代表的用户付费意

识与意愿大幅提升，将进一步推动文娱消费。

（四）国际化和国潮化

现在是互联网＋时代，也就是我们常说的地球村时代，真正地做到了万物互联，新零售打破了时间、空间的概念，包括我们大国崛起，已经与国际接轨，很多进口食品，包括全球化的品牌也都来到了国内，目前消费呈现出国际化的趋势。现在的"80后""90后""00后"，衣食住行大部分都在线上消费，因此他们很容易实现与国际接轨。

近几年，消费者也不再盲目追求国外品牌，国产品牌越来越得到认可。相比于一线大牌，国潮更崇尚新锐时尚，不追求过高的价格与太过奢侈的感受，强调拥有某种象征性的意义和态度，国潮趋势已经不可阻挡。越来越多的"国潮""国风""古风"受到年轻人的青睐，同时众多的国际大厂纷纷响应并融入中国元素，这正是年轻人审美多元化的一种体现。

> ▶ 想一想 ◀
> 新时代下消费者还呈现出何种特性？

▶ 任务实施

此次任务可以通过如下途径实现：

（1）阅读传音手机的案例，思考什么是消费者？消费者行为的构成是什么？什么是消费者心理？新时代消费者行为又呈现哪些新特性？

（2）浏览企业官方网站、微信公众号等，获取传音手机分析消费者行为的详细信息。

（3）通过文献检索法了解传音手机吸引消费者的做法，查看专家、学者对其消费者行为分析的评论。

（4）通过小组讨论分析，总结传音手机的成功之处，派出代表在课堂上进行汇报分析。

▶ **任务小结**

　　消费者行为是指消费者为获取、使用、处置消费物品或服务所采取的各种行动，我们可以通过5W1H分析法来分析消费者行为。消费者购买决策具有五个特点：目的性、过程性、需求个性、复杂性、情景性。消费者在购买商品时，会因商品价格、购买频率的不同而介入的程度不同。根据购买者在购买过程中介入程度和品牌间的差异程度，可将消费者的购买行为分为四种不同的类型。消费者的购买心理主要有：求实心理、求名心理、求新求异心理、从众心理、求廉心理、求便心理。

任务二 实施市场营销调研

▶ **任务导入**

如家酒店的市场调研

2021年9月底，首旅如家酒店集团在国内600多个城市运营近6000家酒店，覆盖"高端""中高端""商旅型""休闲度假""社交娱乐""联盟酒店"全系列的酒店业务。2001年，携程网创始人季琦注意到一位网友抱怨预订酒店的价格太贵。于是，他对携程网上订房的数据作了分析，发现中国遍布星级酒店，但在高档和低档之间，缺乏既干净又能让人信任的价格经济的酒店，而这在中国正有巨大的市场需求。由此在2002年携程和首都旅游国际酒店集团战略合作创立了如家连锁酒店。如家酒店通过市场调研准确将其定位为"干净、简洁、现代、经济、温馨"，即"一张舒服的床，有热水，干净整洁的房间，温馨的环境，交通相对便利"。到2009年如家在中国87个城市开业酒店数达到500家，入住率为95%，位居中国经济型酒店第一位。2008年如家酒店集团尝试进入中高端商务酒店，并于该年底在上海开设了一家试验性的和颐酒店。在进一步开发和颐品牌的过程中，如家做了更深度的市场调查，同时也了解了顾客评估，仔细总结了首家和颐的运营经验，和国内、国际设计公司进行了紧密的合作，进行了全新的设计和包装。经过几个月的调研、测评和论证等细致工作，明确了和颐酒店的产品定位、营销渠道、发展计划和实施方案。和颐酒店是如家在酒店产业发展的又一次创新和探索，是如家集团未来成长发展的潜力。

请思考以下问题：

（1）如家酒店的市场调研对企业发展的意义如何？

（2）中小企业市场调研包含哪些内容？

资料来源：百度百科、首旅如家酒店集团官网

▶ **任务分析**

好的产品计划和营销计划需要对顾客需求做全面的了解，还有竞争者、经销商和其

他各种市场因素的综合考虑，即：营销调研。那么什么是市场营销调研？中小企业市场营销调研主要包含哪些内容？作为未来中小企业市场营销从业者，了解市场调研对企业发展的重要意义，并开展调研是很有必要的。

▶ **知识准备**

一、市场营销调研内容

（一）市场营销调研概念

市场营销调研是针对企业特定的营销问题，采用科学的研究方法，系统地、客观地收集、整理、分析、解释和沟通有关市场营销各方面的信息，为营销管理者制定、评估和改进营销决策提供依据。市场营销调研任务就是研究市场特性、潜在市场的开发、市场占有率的分析及销售分析、竞争分析等。

（二）市场营销调研作用

市场竞争日趋激烈，拥有市场比拥有一个工厂更为重要。现在越来越多中小企业认识到市场营销调研在现代企业营销活动中的非凡作用。

1.有助于中小企业制定科学的营销策略

当中小企业发现在某一市场上原来深受用户喜爱的产品现在被用户冷落了，这时管理者或决策者要向调研部门提出调研课题，研究分析是产品质量或服务质量下降，还是消费者或用户的偏好有所变化而导致的。然后中小企业营销者可以根据调研了解市场信息，制定有效的应对策略。

2.有助于中小企业制定理性的产品策略

寻找新的市场机会是中小企业发展的动力，特别是在做出要把某一产品投入市场的

微课堂：
市场营销调研概念

决策之前，要通过市场调研，了解哪些是消费者新的需要和偏好，哪些产品已进入其生命周期的尽头等。营销者根据这些调研信息制定决策，并在其实施过程中进行监测、评价和调整。市场营销调研可以帮助分析此项新的产品策略是否会使中小企业的市场营销活动向更为有利方向发展。

3. 有助于中小企业开展客观的市场预测

市场营销调研可以为预测未来市场发展提供资料依据，其调研的质量很大程度上取决于对市场预测的准确性。通过对研究对象过去和现在的市场情报资料进行调研，分析其发展变化的规律，运用一定的方法估计未来一定时期市场状况，对中小企业未来的营销发展趋势提供了基础。

--- ◈ 案例分享 ◈ ---

为了摸清蜂蜜消费市场情况，贵州省农业科学院草业研究所、贵州省科技创新中心有限责任公司、六盘水市农业科学研究院李娟等学者对贵阳市 6 个超市、1 个蜂产品专柜的蜂蜜产品的种类、产地、品牌、包装、价格等进行调研，分析蜂蜜市场价格特征及形成原因。累计获取170 个样本信息，其中国产蜂蜜样本 141 个。国产蜂蜜产品主要包括洋槐蜜、油菜蜜、枣花蜜等 16 种，进口蜂蜜产品主要包括麦卢卡蜜、百花蜜、洋槐蜜等。贵阳的蜂蜜产品主要来源于贵州，占比 32.94%；其次是广西，占比 14.70%；再次是江西，占比 12.94%；其他蜂蜜产品来源于新疆、云南、福建等 9 个省（区）。进口蜂蜜产品主要来自新西兰、德国、澳大利亚、法国、丹麦等国家。目前超市仍是蜂蜜销售的主要渠道。主要销售的蜂蜜品牌有贵州的地方品牌夜郎蜂业等，还有山之馈、花多力、捷氏蜂社、心之源、养蜂农、智仁、冠生园、田趣等国内品牌，以及康维他、新溪岛等国外品牌。从蜂蜜包装调查结果来看，直立塑料瓶最多，占比40.59%；其次是直立玻璃瓶，占比 31.18%。随着人们生活水平的提高，人们对于产品包装实用性等方面的要求也逐渐提高。贵州蜂蜜市场的包装也逐渐多样化，出现了直立塑料挤压、倒立塑料、礼盒、盒装（小包）、塑料袋（小包）、矿泉水瓶（带嘴）、桶装、塑料盒等。国产蜂蜜最高售价为 4733.33 元 /kg，是百花蜜；最低售价为 23.80 元 /kg，是产自桂林的洋槐蜂蜜。进口蜂蜜产品最高售价为 1596.00 元 /kg，是产自新西兰的麦卢卡蜂蜜 UMF20+；最低售价为108.00 元 /kg，为百花蜜。进口蜂蜜平均价格高于国产蜂蜜。国产蜂蜜中百花蜜、白刺花蜜、树参蜜、五味子蜜平均价格都在 200 元 /kg 以上，其中百花蜜平均价格最高，但其价格差距最大，最高价是最低价的 182.8 倍。由于所调查的蜂蜜中白刺花蜜、五味子蜜的样本数量少，最高价和最低价差距不大。蜂巢蜜、野玫瑰蜜、野菊花蜜、雪脂莲蜜平均价格都在 100—200 元 /kg。洋槐蜜、紫云英蜜、枇杷蜜、椴树蜜、油菜蜜、荆条蜜、枣花蜜、枸杞蜜、桂花蜜的平均价格在69—100 元 /kg。将所调查的蜂蜜价格分为 7 个档次，分别为 20—60 元 /kg、61—100 元 /kg、

101—140 元 /kg、141—200 元 /kg、201—500 元 /kg、501—1000 元 /kg、≥ 1001 元 /kg。蜂蜜价格在 61—100 元 /kg 的占比最高，达到 28.14%；其次是 20—60 元 /kg，占比 21.56%；再次是 201—500 元 /kg，占比 17.96%；蜂蜜价格在 501—1000 元 /kg 的占比最小，为 1.20%。

资料来源：李娟，牟琼，等 . 贵阳市蜂蜜市场调研分析 [J]. 现代农业科技，2022（21）：211–214.

> ▶ 想一想 ◀
> 以上调研结果对国内蜂蜜企业的市场营销有什么作用？

（三）市场营销调研内容

1. 社会环境分析

中小企业营销环境包括微观环境和宏观环境，他们通过直接的和间接的方式结合给企业的营销活动带来影响和制约。微观环境包括中小企业内部、营销渠道、顾客、竞争者和社会公众等；宏观环境包括人口、经济、自然生态、科学技术、政治与法律以及社会文化环境等。这类环境分析可采用 PEST 模型进行。

2. 消费者调查

消费者调查是对消费者的消费行为进行的调查，是针对消费者的使用习惯和态度的调查，又称 U&A 研究。其主要包括消费者的需求量调查、消费结构调查和消费行为研究。这类调查广泛应用于家电、食品、饮料、化妆品、洗涤用品等快消品行业。

3. 产品调查

产品调查涉及范围较广，一般包括产品生产能力、实体、包装、产品生命周期、产品价格等方面的调查。

读一读：
市场营销调研内容

听一听：
市场营销调研内容

4. 市场营销活动调查

市场营销活动调查主要包括对竞争对手的调查、分销渠道调查、服务调查和促销活动调查研究。

（四）市场营销调研的分类

市场营销调研主要分为四个类型：探测性调研、描述性调研、因果关系调研和预测性调研。

1. 探测性调研

探测性调研是对企业或市场上存在的不明确的问题进行调查，即回答"是"与"非"的问题。主要包括两个方面：大的方面是对企业的发展方向和规模所进行的调查；小的方面是对市场上或企业中某一个问题所进行的调查。

探测性调研的资料来源有三个方面：现有资料、请教有关人士、参考以往类似的实例。其中用现有资料来寻找问题的方法是最节省费用的一种，并且花费时间短。现有资料是已有的资料，如行业协会公布的资料、消费者的来信、其他企业年报等。有的问题并不能从现有资料中找到，这样就得请教具有专门经验的人，如销售商、生产经理、销售经理等，经过交谈对问题的了解将深入一层。从以往的实例中可以找出一些有关因素得到启示，不过旧的实例资料只能作参考而不能乱加套用，要尽量避免产生主观上的错误。

2. 描述性调研

现在多数的市场调研为描述性调研，描述性调研是对市场上存在的客观情况如实地加以描述和反映，从中找出各种因素的内在联系，即回答"是什么"的问题。描述性调研的特点是对调查的情况通过描述来寻找解决问题的答案。

市场潜在需求量调查、市场占有率与市场基本面的调查、推销方法与销售渠道的调查、消费者行为调查、竞争状态调查、产品调查等都属于描述性调研的范围。以其中的

微动画：
市场调研类型

消费者行为调查为例，主要调查本企业产品的顾客是哪些人、年龄、收入、购买时间、购买方式等。通过调查，把市场活动的面貌如实地描述出来。描述性调研的内容很广，是市场调研的重要组成部分，对于取得市场信息资料十分重要。描述性调研可以帮助企业取得市场信息资料，但描述性调研只能说明"怎样"或"如何"的问题，并不能解释"为什么"的问题。

3. 因果关系调研

因果关系调研是为了研究市场现象与影响因素之间客观存在的联系而进行的市场调查。通常在描述性调研的基础上，对影响市场现象的各种影响因素进行资料收集，研究影响市场现象间的相互联系的趋势和程度，进而研究这种联系的规律性。

无论变量所处的环境如何，当且仅当一个变量的变化将导致另一变量的变化，可以认为两个变量之间是因果关系。因果关系研究就是探索并建立变量之间可能的因果关系。在市场调查的各种方法中，实验法是因果关系研究的重要工具。

4. 预测性调研

市场营销所面临的最大问题是需求问题，市场需求的预测对每个企业来说关系重大，预测性调研是在取得过去和现在的各种市场情报资料的基础上，经过分析研究，动用科学的方法和手段，估计未来一定时期内市场对某种产品的需求量及其变化趋势的调研。预测性调研所需的资料主要根据描述性调研与因果关系调研所提供。

▷ 故事分享 ◁

白圭——中国古代十大商人之一

《史记·货殖列传》记载：白圭喜欢观察市场行情和年成丰歉的变化，奉行"人弃我取，人取我与"的经营方法，丰收年景时，买进粮食，出售丝、漆。蚕茧结成时，买进绢帛绵絮，出售粮食。

资料来源：《史记·货殖列传》

二、市场营销调研方法

（一）市场营销调研原则

科学的市场营销调研需要符合科学性、时效性、经济性、客观性、系统性、准确性的原则。

1. 科学性

科学性原则要求市场营销调研工作必须遵循规范的流程。调研的工作流程是在实践中被反复证实其合理性,是实践的经验总结,体现了科学研究活动的逻辑顺序。规范的流程可以衡量市场营销调研活动的合规,可以节约资金和人力成本,能够保障较为合理的调研时间。

2. 时效性

由于市场总是在动态地变化,过去的信息可能不适用当前的市场。时效性要求从调研开始到得出调研结论的时间要适中,只有时效性强的调查资料才能够为企业适时调整营销策略提供依据,而时效性差的调查资料不仅失去自身的价值,还有可能误导企业的营销决策。

3. 经济性

市场营销调研本身是一种投资行为,要使市场营销调研的投入与产出的比例恰当,即以尽可能少的成本投入取得价值较高的信息产出。这就要求注重调研方式和调研数据分析方法的选择,如能够使用抽样调查来完成任务,就不要使用全面市场调查;能够运用基础性数据分析提炼信息,就不要使用复杂的数据分析方法。

4. 客观性

市场营销调研资料要如实反映市场现象和描述市场活动,这就要求调研信息必须是客观的,不存在偏见。营销调研要注重市场调研方法和具体市场调研手段的运用,在调研过程中,调研人员要保持公正和中立,不能带着市场预期去左右调查过程。即使最终调研资料不符合最初的期望,也要正视事实,客观地接受调研结果。

看一看:
市场调研 1

看一看:
市场调研 2

5. 系统性

市场调研的系统性要求调研人员将市场视作一个完整的系统，既要收集消费者和企业自身的信息，也要收集社会环境的信息，还要收集竞争对手的信息，尽最大可能提供反映调研项目的客观情况，保障所收集的市场信息对于要解决的问题来说是全面和完整的。

6. 准确性

市场调研的准确性要求市场调研的主体单位、调研时间、调查地点准确无误，调研数据的计量范围、计量单位可靠，调研资料的分析过程稳健，不人为造假，不虚构数据，更不能为达到某种要求编造调研结论。

（二）市场营销调研流程

经过长期发展，市场调研已经演变成一项结构化工作，具有规范流程。市场营销调研要取得成功，就必须遵循相应流程化步骤。市场调研流程一般分以下五步：

1. 市场调研主题的设定

市场调研主题是明确市场调研活动的总目标和中心任务，也就是要先明确市场调研需要了解的问题。市场调研目标根据企业的不同需要、所处的不同发展阶段而有所不同，如企业实施经营战略决策时，就须调研宏观市场环境的发展变化趋势，特别是所处行业未来的发展状况；当企业制定市场营销策略时，则要调研市场需求状况、市场竞争状况、消费者购买行为等；若在企业经营中遇到了问题，则应针对存在的问题和产生的原因进行市场调研。

2. 市场调研方案的制定

调研方案的制定是通过制定市场调研计划，针对整个调研活动的实施做出的整体安排。市场调研计划是重要的书面文档，它对调研的目的和任务、调研对象和调研单位、样本数量、调研内容、调查问卷、调研时间、调查方式、数据处理、调研进度、调研经

微动画：
调查问卷设计原则

费预算、调研的实施及管理、调研报告的形式做出具体的规定。

3. 调查技术及现场工作

营销资料根据资料收集人和资料收集目的的不同分为原始资料（也称一手资料）和二手资料。一般二手资料比较容易获取，可优先利用二手资料，在二手资料难以提供决策所需信息的情况下就需要去收集原始资料。中小企业要根据市场调研方案，对准备收集的第一手资料用到的量表、问卷、抽样技术进行设计和规范。现场工作是实地采集市场调研数据的主要途径，须由经过严格挑选并加以培训的调研人员按规定进度和方法去收集所需的原始资料。

4. 资料整理及数据分析

现场工作后，调研人员首先要对原始资料实施有效性检查，对原始资料的完整性和准确性进行查验，删除不准确、错误的资料，对有遗漏的资料尽可能实施补充调查。然后再对调研数据进行核对和再检查，并开展汇总分析。最后，运用统计方法和营销决策分析模型，展开相关分析、回归分析和预测分析等，揭示调查对象的实际情况，找出影响营销决策的各种因素，给出调研数据的结论，预测未来的趋势，最终提出切实可行的对策。

5. 调研报告的撰写

市场营销调研最后阶段的工作是根据营销调研的结果撰写调研报告，为营销决策提供依据。调研报告通常具有一定的格式要求和行文规范，不同性质的调查项目和不同类型的调研报告，委托方一般会对其调研报告提出不同的要求。

（三）市场营销调研方法

市场营销调研是系统地设计、收集、分析和提出数据资料以及提出跟企业目前所面临的特定的营销状况有关的数据和研究结果。市场营销调研方法是针对收集第一手数据

微课堂：市场营销
调研的方法

而言的，主要方法有观察法、实验法、调查法、专家评估法。

1. 观察法

观察法是指研究者根据一定的研究目的、研究提纲或观察表，用自己的感官和辅助工具去直接观察被研究对象，从而获得原始资料的一种方法。观察法可以观察到消费者真实的行为特征，但只能观察到外部现象，无法观察到被观察对象的动机、意向及态度等内在因素。观察法一般分为人工观察和非人工观察。人工观察，主要是调查人员通过观察消费者行为来测定品牌偏好和促销的效果。随着现代科学技术的发展，人们设计了一些专门的仪器来观察消费者的行为。如门店通过监控摄像头进行人脸识别实现客流统计、展示客流状况、门店周边客流量、客人进店率、门店热力区域图等，这些方法就属于非人工观察。

2. 实验法

实验法是指将选定的刺激措施引入被控制的环境中，进而系统地改变刺激程度，以测定顾客的行为反应。实验法就是事先进行一种营销方法的小规模实验，然后分析这种实验性的营销方法是否值得大规模推广的一种方法。其目的是通过排除所有可能影响观测结果的因素来获得现象间真正的因果关系。实验法需要选出参与实验的配对的被试小组，并分别给予不同的处理，控制外生变量，然后检查所观测变量是否具有统计意义上的显著性差异。

3. 调查法

调查法是收集原始资料最普遍的方法，也是最适合收集描述性信息的方法，适用于描述性调研。调查法可以通过面谈、电话、邮件、网络的方式来调查任何营销问题，并依此制定相应的营销决策。随着互联网兴起，可以通过邮箱、微信、App等方式进行，线上调研可以通过大数据准确定位合适的人群来参与调研，发放给受访者，低成本、高效率。但调查法也存在一些问题，比如受访者是否愿意配合，或者受访者能否提供调查者所需要的信息来帮助调查者。

▶ 案例分享 ◀

2020年元气森林开始运营微信私域，进行"体验官"活动，在"元气会员店"小程序里发布新品测评活动，经常活跃在元气森林小程序的多是忠诚用户，他们便会主动申请试用，待中签后仅支付运费便可拿到商品。用户在收到商品后，在专门的试听交流群内，元气森林的产品助理会引导大家填写问卷，即可获得有价值的测评数据。

　　资料来源：IT 之家

4. 专家评估法

专家评估法也称专家调查法，专家评估法是以专家为索取未来信息的对象，组织各领域的专家，运用专业方面的知识和经验，通过直观的归纳，对预测对象过去和现在的状况、发展变化过程进行综合分析与研究，找出预测对象的变化发展规律，从而对预测对象未来的发展与实际状况做出判断。专家评估法一般分为个人判断法、专家会议预测法和德尔菲预测法等。

▶ **任务实施**

此次任务可以通过如下途径实现：

（1）阅读如家的案例，思考什么是市场营销调研？市场营销调研的内容包含什么？如何正确开展市场营销调研？

（2）浏览企业官方网站、微信公众号等，获取如家酒店市场营销的具体措施。

（3）通过文献检索法了解如家酒店的市场营销调研做法，查看专家、学者对其市场营销调研的评论。

（4）通过小组讨论分析，总结如家酒店市场营销调研的成功之处，派出代表在课堂上进行汇报分析。

▶ **任务小结**

市场营销调研是针对企业特定的营销问题，采用科学的研究方法，系统地、客观地收集、整理、分析、解释和沟通有关市场营销各方面的信息，为营销管理者制定、评估和改进营销决策提供依据。市场营销调研的四个内容，包括社会环境分析、消费者调查、产品调查、市场营销活动调查。市场营销调研的流程主要包括市场调研主题的设定、市场调研方案的制定、调查技术及现场工作、资料整理及数据分析、调研报告的撰写。

任务三　开展中小企业市场调研

▶ **任务导入**

未来健康服务大有可为

世界卫生组织的一项国际性调查表明，世界上处于真正健康状态的人占 5%，被诊断患有疾病的人占 20%，其余 75% 的人处于亚健康状态。随着城市生活节奏的加快，焦虑症、抑郁症等心理疾病正困扰着大部分都市人群。由此来看，国际健康服务业存在较大的市场需求。

在如此庞大的亚健康人群下，国际健康服务产业的产值也呈高速发展趋势。

根据 Marketline2017 年发布的《医疗健康产业报告》，2016 年国际健康服务产业产值达到 7.442 万亿美元，2012 年至 2016 年的年复合增长率为 4.9%。据 Marketline 初步测算，2021 年国际健康服务产业产值约为 9.608 万亿美元，较 2016 年增长 29.1%，年复合增长率约为 5.2%。

国际亚健康人口基数仍较为庞大且保持上升趋势，对于健康的管控存在较大的缺口。健康服务行业是全球性的朝阳产业，其市场广阔，增长速度惊人，预计未来健康服务业将继续保持规模化发展。除此之外，由国际健康服务发展领先的国家——美国布局来看，已有很多大企业和健康保险公司采用了维护健康、管理健康的健康服务模式，预计未来健康服务将成为健康产业的重要发展领域。

请思考以下问题：

结合上述数据，中小企业如果要在健康服务产业上拓展业务，应该如何开展市场调研？将会遇到什么困难？

资料来源：前瞻网

▶ **任务分析**

市场调研是一个令很多中小企业营销管理者感到迷茫的问题：人力上，既没有专职的市场调研人员，更没有独立的市场部门；财力上，请不起专业的市场调研公司，那么中小企业如何做市场调研？作为未来中小企业市场营销从业者，有必要了解目前市场调研的现状，掌握执行市场调研的基本方法。

▶ **知识准备**

市场调研对于中小企业就像是生命不能没有水一样。市场调研是否科学有效关系着企业的生死存亡。

一、中小企业市场调研现状

市场调研已是每一个企业必不可少的经营战略之一。然而对中小企业来说，由于规模上的限制，成立不了专门的市场调研部门，缺乏专职市场调研人员，也请不起专业的市场调研公司，中小企业自己开展的市场调研不尽如人意，比较明显的问题有：

（一）调研目的不明，致使调研无果

市场调研的目的相当于航行的方向，关系着调研工作这条"船"向哪里"走"，怎么"走"，能不能到达目的地，中小企业的调研工作中常出现调研目的不明的情况，主要表现在：一是调查目的模糊，决策者不明白自己要干什么、要了解什么、调查要起到什么作用，为调查而调查使市场调查无的放矢；二是调研目标锁定过多，决策者希望一次调查能解决很多问题，涉及的内容多而泛，其实这样的调查也是没有方向的，因为它的"目的"太不明确了，最终不能解决任何问题，使得调研失去价值。

（二）调研内容不当，致使调研失效

市场信息包罗万象，调查什么应根据调查目的来确定，但一些中小企业的调研，调查者不能紧扣主题对内容进行筛选，要么什么都调查，收集一堆用不上的信息，白白浪费了时间和金钱，要么设计的内容过窄，满足不了调查的需要，或是调查的内容文不对题，如需要了解产品口味却在调查内容中过多涉及产品价格和包装内容，如需要了解企业市场份额下降的原因，但调查内容却设计为产品调研内容。调查内容过宽或过窄，或与调查目的不符，都会导致调查工作质量下降甚至调查无法进行，调查结果无效。

（三）调查人员不力、技术欠缺，致使调研质量下降

市场调研是一项复杂细致，专业性极强的工作，没有扎实的专业知识和工作责任心是难以做好调研工作的。中小企业由于资金短缺，对调研工作的投入不足，没有设置专业化的市场调研机构，市调人员多为兼职，极少专职，这些人员缺乏市场调研专业素养和实践经验，只能勉强完成原始数据的收集，对资料的汇总整理缺乏条理化和系统化，更不用说分析预测和撰写调查报告，处理数据的技能低下，不懂得运用先进成熟的方法和电脑信息技术，数据的真实性和有效性难以保证，对企业的经营决策很难起到参考作用。

二、中小企业市场调研的执行方法

市场调研是一项繁杂的工作，即使是具备独立条件的市场部门或有专职的市场调研人员的大企业，市场调研工作也不是调查人员对全过程的具体工作全权包办。其工作要求负责策划、组织、指导、控制调研活动，对中小企业而言，具体执行工作还可借助于销售人员等。

（一）由销售人员在工作中执行调研任务

销售人员由于直接和经常性地与客户接触，能掌握第一手的、对中小企业发展有价值的重要信息。借助销售人员一方面可以节省人力、财力和物力，起到事半功倍的效果；另一方面可以督促销售人员加深对市场的了解。

（二）借助企业经销商或代理商来完成调研

经销商或代理商在做好本地市场这一基本愿望上是与企业完全一致的，为此中小企业可以鼓励并指导经销商或代理商配合企业做好本地区的市场调研工作，以便获得关于该地区基本状况、竞争品牌状况、消费者状况等，这些都是企业最想了解的信息。而且这样不仅解决了调研的难题，也有助于巩固双方的合作关系。

（三）收集研究二手信息

有条件的中小企业要充分利用现代网络技术来快捷地查询各种有用信息，有条件的可以更进一步建立自己的网站来进行市场调研。中小企业应关注几种综合性、权威性的专业报刊、公众号、抖音号等，以尽快地了解业界动态。另外，地方报纸及营销类杂志也不可缺少。因为很多中小企业的产品仅供当地及周边市场，地方报纸有助于了解发生在身边的人和事。营销类杂志则向企业打开了学习别人市场调研和营销经验的窗口。为

获得二手信息，还有一个不可忽视的渠道就是参加展览会。中小企业可以根据自身的规模和产品特点有选择地参加展览会。对企业无能力或没必要参加的展览会，最好也派相关人员到展会现场获得对企业有益的资料、信息或对企业有启发的创意，以备后用。

三、中小企业市场调研资料收集的影响因素

中小企业快速、准确收集资料的影响因素主要有以下几个方面：

（一）市场调研方法的适用性

市场调研方法选择适用性要考虑其产品特点、行业特点及对想获得信息的要求和样本容量大小等，这样做有助于中小企业在选择时有的放矢。

（二）企业人力物力的实际情况

专家评估法和电话访问需要费用较多，实验法和调查法对其进行场所有一定限制，而且需要一定数量和相应素质的工作人员参与。观察法也需要不少的工作人员。因此，如果中小企业资金不充足，规模有限或生产任务等原因，使得企业不能派出足够的工作人员参与市场调研活动，那么最好选择小组和个别访谈法及置留问卷来获取相关信息。

（三）获取信息的时效性和准确性

采用小组和个别访谈法、观察法和实验法、调查法，由于这些方法有调查人员对现场情况的细节的掌握和了解，因此获得数据和信息的可靠性比较高。由于专家评估和置留问卷及邮寄调查需要的周期较长，因此对时效性强的信息回寄到企业时可能就失去了数据所具有的意义。个别访谈由于是每次参与的只有一个调查者，这也有耗时的弊端。因此，从时效性获取信息的角度考虑，电话访谈、小组访谈可作为首选。

（四）市场调研对象情况

被调查者自身的素质、文化程度、经济条件、生活条件等会对调查的结果产生一定的影响。如在经济欠发达地区，由于受电话普及程度的影响，电话访谈很难进行。

▶ 任务实施

此次任务可以通过如下途径实现：

（1）阅读未来健康服务前景的案例，思考中小企业如果要在健康服务产业上拓展业

务，应该如何开展市场调研？将会遇到什么困难？

（2）通过文献检索法了解健康服务产业相关市场调研现状，查看专家、学者提出的该产业中小企业市场调研的执行方法和市场调研资料的采集方法。

（3）通过小组讨论分析，总结目前健康服务产业中小企业市场调研的方法和困难，派出代表在课堂上进行汇报分析。

▶ **任务小结**

目前中小企业调研现状主要有调研目的不明，致使调研无果；调研内容不当，致使调研失效；调查人员不力、技术欠缺，致使调研质量下降等特点。可以通过销售人员、企业经销商或代理商以及收集二手信息等方法开展市场营销调研。市场调研资料的收集会受到市场调研方法的适用性、企业人力物力的实际情况、获取信息的时效性和准确性、市场调研对象情况等因素的影响。

技能提升训练 某超市的市场营销调研

▶ **训练目标**

1. 学会分析消费者行为的特征，掌握观察消费者行为、记录消费者行为和分析消费者行为的能力；

2. 学会制定市场营销调研方案；

3. 掌握收集信息和分析问题的能力。

▶ **实施流程**

第一部分：调研消费者购买行为

流程一 观察消费者购买行为

选择某超市作为调研对象，观察不同人群购买特点，分析他们的购买行为特点。

1. 分别记录四名购物者（可分别为男生、女生、年轻教师、年长教师）依次选购商品时的表现；

2. 分别记录这四名购物者购买的具体商品。

流程二 模拟购物者以不同身份进入服装店的购物行为

1. 根据所了解的消费者购买行为特点，假定你的身份是认真学习的学生、谈恋爱的学生、应聘的毕业生，设想分别进入服装店的购物需求有哪些；

2. 分别描述不同身份购买服装的特点，可能购买的服装类型。

流程三 总结并汇报消费者因所扮演不同角色对消费行为的变化

通过实地观察和模拟购物，分析消费者在不同角色时的购买行为特点，撰写汇报的演讲稿，阐述消费者的消费行为因所扮演的特定角色而发生的变化。

第二部分：调研超市经营现状

流程一 市场调研主题的设定

针对上个环节所选的超市在企业经营中遇到的问题，针对存在的问题和产生的原因进行市场调研。

流程二　市场调研方案的制定

（1）明确调研目的和任务；

（2）明确调研对象和调研单位；

（3）梳理调研内容；

（4）设计调查问卷；

（5）确定调研时间；

（6）讨论调查方式；

（7）预设数据处理；

（8）规划调研进度；

（9）预算调研经费；

（10）实施调研细节预测；

（11）讨论调研报告的形式。

流程三　调查技术及现场工作

（1）根据市场调研方案，对准备收集的第一手资料用到的量表、问卷、抽样技术进行设计和规范；

（2）由经过严格挑选并加以培训的调研人员按规定进度和方法去收集所需的原始资料。

流程四　资料整理及数据分析

（1）对原始资料实施有效性检查，对原始资料的完整性和准确性进行查验，删除不准确、错误的资料，对有遗漏的资料尽可能实施补充调查；

（2）对调研数据进行核对和再检查，并开展汇总分析；

（3）运用统计方法和营销决策分析模型，展开相关分析、回归分析和预测分析，揭示调查对象的情况，找出影响营销决策的各种因素，给出调研数据的结论，预测未来的趋势；

（4）提出切实可行的对策。

流程五　调研报告的撰写

（1）按照一定的格式要求和行文规范撰写调研报告；

（2）制作成汇报课件；

（3）选派代表上台汇报。

思考与练习

一、单选题

1. 消费者购买过程是复杂的过程，购买决策的最后阶段应该是（　　　）。

A. 引起需要　　　　　　　　　　　B. 方案评价

C. 购买决策　　　　　　　　　　　D. 购后评价

2. 消费者购买商品时特别重视价格、对于价格的反应特别灵敏的购买行为属于（　　　）。

A. 习惯性购买　　　　　　　　　　B. 冲动型购买

C. 经济型购买　　　　　　　　　　D. 疑虑型购买

3. 消费者在购买活动中表现出的求美、求新和求荣的心理倾向，属于消费购买的（　　　）。

A. 时尚动机　　　　　　　　　　　B. 理智动机

C. 惠顾动机　　　　　　　　　　　D. 感情动机

4. 消费者行为模式认为消费者接收营销刺激和环境刺激后，受购买者特征和（　　　）的影响，做出某种购买决策。

A. 购买时机　　　　　　　　　　　B. 购买态度

C. 购买者决策过程　　　　　　　　D. 购买行为

5. 属于以调查某一时期某种产品的销售量为何大幅度滑坡为目的的市场调查研究的是（　　　）。

A. 探测性调研　　　　　　　　　　B. 描述性调研

C. 因果关系调研　　　　　　　　　D. 预测性调研

二、判断题

1. 消费者与生产者购买行为的最大区别是购买商品的主体不同。（　　　）

2. 了解影响购买决策的参与者中的购买者的特性，对其采取有针对性的营销策略，就能实现营销目标。（　　　）

3.购买行为发生后，营销人员的任务并没有结束，需要收集消费者的购后反馈。
（　　　）

4.同一个消费者的消费决策会因所处情景不同而不同。（　　　）

5.市场营销调研的质量对预测的准确性很重要。（　　　）

三、填空题

1.消费者具有四个特征，非营利性、（　　　）、层次性和广泛性。

2.购买决策是消费者在使用和处置所购买的产品和服务之前的心理活动和行为倾向，属于（　　　）的形成过程。

3.面对减少失调感的购买行为营销者要提供完善的（　　　）。

4.消费者调查主要包括对消费者的（　　　）、消费结构调查和消费行为研究。

5.用来检验因果关系的研究方法是（　　　）。

四、简答题

1.简述消费者行为模式。

2.简述消费者的购买决策过程的步骤。

3.简述市场营销调研的内容包括哪些方面。

项目三

分析营销环境

任务一　认识市场营销环境

▶ **任务导入**

邮局跨界进入咖啡市场

中国邮政第一家咖啡店"邮局咖啡"在福建厦门正式落地试运营。"天涯海角都能送达"的中国邮政，竟然跨界开起了咖啡馆，该消息很快引来众多关注。中国邮政入局咖啡市场，最重要的原因当然是这个行业的前景确实值得看好。相关数据显示，2020年中国咖啡行业市场规模达3000亿元，中国咖啡行业市场规模预计将保持27.2%的上升态势，远高于全球2%的平均增速。企业显然不想错过这一机遇。积极适应不断变化的市场环境，调整自身经营策略，才有可能在新的时代里找到适合自身的发展之路。邮政业务受到互联网技术的剧烈冲击。谋求转型，走上多元化业务之路，将目光转向增值服务，寻找新的利润增长点，是中国邮政一直思考的持续发展问题。此前中国邮政就已成功孵化出了邮储银行，还以网点为载体，卖过药品、果蔬、化肥、饲料等。中国邮政进军咖啡行业不光是"赶时髦"，也给我们留下了深刻启示。

请思考以下问题：

邮局跨界咖啡市场拓展前应该分析哪些市场营销环境要素？

资料来源：中华工商时报

▶ **任务分析**

市场营销环境作为一种客观存在，是不以企业的意志为转移的，有着自己的运行规律和发展趋势。那么什么是市场营销环境？市场营销环境的特点包括什么？作为未来中小企业市场营销从业者，必须清楚市场营销环境所包括的内容，并且能够分析不同的市场营销环境。

▶ 知识准备

一、市场营销环境的内涵

市场营销环境，泛指一切影响、制约企业营销活动最普遍的因素，包括所有有助于企业建立、维持与目标客户之间良好关系的，存在于营销活动之外的因素和力量。菲利普·科特勒认为："营销环境由营销以外的那些能够影响与目标顾客建立与维持成功关系的营销管理能力的参与者和各种力量所组成。"

中小企业应通过对营销环境深入持续的研究，自觉地识别和利用市场机会，规避环境威胁，充分发挥自身的优势，克服劣势，制定正确的营销决策，以实现营销目标。

二、市场营销环境的特点

（一）动态性

市场营销环境是动态的，随着时间的推移经常处于变化之中，如消费者收入水平的提高会引起购买行为的变化，进而影响企业的营销管理的内容。构成营销环境的因素是多方面的，而每一个因素又会受到诸多因素的影响，而且会随着社会经济的发展而不断变化，因此有许多不确定性。

（二）差异性

由于企业所处的地理环境、生产经营的性质、政府管理制度等方面存在不同，这导致营销环境的差异性。不仅表现在不同企业受不同环境的影响，而且同样一种环境对企业的影响也不尽相同。

（三）不可控性

影响营销环境的因素既多又复杂，如一个国家的政治法律制度、人口变化及一些社

微课堂：
市场营销环境概述

听一听：
营销环境特点1

听一听：
营销环境特点2

会文化习俗等，这些因素企业是不可能随意改变的，表现出企业的不可控性。不过营销环境的很多变化虽然不以企业的意志为转移，但可以被企业影响和利用。比如，为了保护世界环境，我国在 2021 年全面施行的禁塑令，对大量使用塑料包装的快递行业来说，无形中就会增加成本，但却又为其他产品提供了机会和市场。因此企业要认真研究分析和预测市场营销环境的变化，将不利于企业的变化转化为有利的发展机遇。

> ▶ 想一想 ◀
>
> 市场营销环境还具有什么特点？

三、市场营销活动与市场营销环境

中小企业市场营销活动与市场营销环境的关系表现在以下几个方面。

1. 中小企业市场营销环境通过其内容的不断扩大及其自身各因素的不断变化，对中小企业营销活动产生影响。首先，市场营销环境的内容随着市场经济的发展而不断变化；其次，自身的市场环境因素也时常处于变化之中。

2. 中小企业营销环境是中小企业营销活动的制约因素，营销活动依赖于这些环境才得以正常进行。

（1）中小企业营销管理者虽可以控制企业的大部分营销活动，但必须注意营销决策对环境的影响，不得超越环境的限制。

（2）营销管理者虽能分析、认识营销环境提供的机会，但是无法控制所有有利因素的变化，更无法有效地控制竞争对手。

（3）由于营销决策与环境之间的关系复杂多变，营销管理者无法直接把握企业营销决策实施的最终结果。

虽然中小企业营销活动必须与其所处的外部和内部环境相适应，但营销活动绝非只能被动地接受环境的影响，营销管理者应采取积极、主动的态度能动地适应营销环境。

四、市场营销环境的构成

市场营销环境包括宏观环境和微观环境。宏观环境指影响微观环境的一系列巨大的社会力量，也称作间接市场营销环境，主要是人口、经济、政治与法律、科学技术、社会文化及自然生态等因素。微观环境指与企业紧密相连，是直接影响企业营销能力的各种参与者，包括企业本身、营销渠道企业（供应商、中间商）、顾客、竞争者以及社会公众。微观环境直接影响与制约企业的营销活动，也称直接市场营销环境。宏观环境一般以微观环境为媒介去影响和制约企业的营销活动，在特定场合，也可直接影响企业的营销活动，如 3.1-1 所示。

图 3.1-1 市场营销环境

▶ **任务实施**

此次任务可以通过如下途径实现：

（1）阅读邮局咖啡的案例，思考邮局跨界咖啡市场拓展前应该分析哪些市场营销环境要素。

（2）浏览企业官方网站、微信公众号等，获取邮局咖啡市场营销环境相关信息和

看一看：
微观营销环境

看一看：
宏观营销环境

案例。

　　（3）通过文献检索法了解邮局咖啡转型的做法，查看专家、学者对其做法的评论。

　　（4）通过小组讨论分析，总结邮局跨界咖啡市场拓展前的营销环境分析要素，派出代表在课堂上进行汇报分析。

▶ **任务小结**

　　市场营销环境，泛指一切影响、制约企业营销活动最普遍的因素，包括所有有助于企业建立、维持与目标客户之间良好关系的，存在于营销活动之外的因素和力量。市场营销环境具有动态性、差异性、不可控性的特点。市场营销环境包括宏观环境和微观环境。宏观环境指影响微观环境的一系列巨大的社会力量，也称作间接市场营销环境，主要是人口、经济、政治法律、科学技术、社会文化及自然生态等因素。微观环境指与企业紧密相连，是直接影响企业营销能力的各种参与者，包括企业本身、营销渠道企业（供应商、中间商）、顾客、竞争者以及社会公众。

任务二　分析市场营销环境

▶ **任务导入**

董明珠的直播有什么不同？

　　从开启首场直播，到同年"双十二"收官，2020年董明珠完成了13场大型直播活动，格力电器在线下拥有3万家门店，是全国肯德基＋麦当劳店铺总数的3倍。这些门店在很长一段时间内是格力的王牌渠道。但2020年以来，线下的销售、安装均受到较大冲击。格力在2020年2月、3月的空调销售量几乎为零，通过对自身优劣势的分析，结合市场竞争环境，格力开启创新之路，以"格力董明珠店"为平台，董明珠通过亲身的直播示范，与销售公司、经销商的合作联动，共同探索具有格力特色的"新零售"模式。格力借助直播这一年轻化的形式，让更多年轻人感受到了中国制造业的创新实力和科技感，也让更多制造企业看到了"制造业＋新零售"的新可能，为新形势下的制造业转型做出了示范。

　　请思考以下问题：

　　格力面临的市场营销环境是什么样的？董明珠亲身示范直播意义是什么？

　　资料来源：仲才.2020"格力式直播"背后的逻辑[J].协商论坛，2021（3）：39-40.

▶ **任务分析**

　　市场分分秒秒都在变化，只有时刻进行关注分析才可以了解市场，了解市场才可以更好地做营销。因为营销是灵活的，所以分析非常有必要。作为未来中小企业市场营销

看一看：
营销环境分析

从业者，有必要了解市场营销环境分析的作用，掌握开展市场营销环境分析的方法。

▶ **知识准备**

一、市场营销环境分析的作用

中小企业加强市场营销环境的分析工作，对不断提高中小企业营销效果有着直接的重要作用。

（一）环境分析是中小企业市场营销活动的基础性工作之一

中小企业营销活动受营销环境的约束，营销成败的关键就在于中小企业能否适应不断变化的营销环境。成功的中小企业都十分重视营销环境的分析；反之，忽视营销环境分析，中小企业必然陷入困境。

（二）环境分析有助于中小企业发现机会与规避威胁

营销环境的变化既可能帮助中小企业识别机会、利用机会，在不稳定的环境中谋求稳定发展，同时也可以帮助中小企业克服环境变化的不利影响，化解或消除各种威胁，采取适当的营销策略，迎接挑战。

（三）环境分析有助于中小企业制定正确营销决策

环境分析是营销决策的基础和前提。它可以帮助中小企业对营销环境做出客观的判断，对其自身条件做出正确的分析，明确自身的优势和劣势，使企业的内部条件、营销目标与营销环境实现动态的平衡，为提高中小企业营销效果创造有利的条件。

任何中小企业的营销活动都不会在真空中进行，总是在一定的环境下进行。特别是在现代市场经济条件下，中小企业营销工作时刻充满风险和威胁。环境会影响和制约中小企业的营销活动，而中小企业又无法控制它。因此，中小企业必须努力去了解它、预测它和适应它。市场营销活动实质上是企业适应环境变化，并不断对变化着的环境做出反应的动态过程。正所谓"观天下而后知己任"。

二、市场营销环境分析构成

（一）宏观市场环境

根据企业对环境的可控度，企业营销环境可分为宏观市场营销环境和微观市场营销环境。宏观市场环境是指企业不可控制的并能给企业的营销活动带来市场机会和环境威胁的主要社会力量，包括人口环境、经济环境、自然生态环境、科学技术环境、政治与法律环境以及社会文化环境。企业及其微观营销环境的参与者，无不处于宏观市场营销环境中。

1. 人口环境

人口是构成市场的主要因素之一，人口的多少直接决定市场的潜在容量。而人口规模、年龄结构、人口分布、家庭状况、受教育程度等特征会对市场格局产生深刻影响，并直接影响企业的营销活动。因此中小企业应重视对人口环境的研究，密切关注人口特性及其发展动向，进而及时地调整营销策略以适应人口环境的变化，才能不失时机地抓住市场机会。

（1）人口规模

人口数量是构成市场潜量的第一要素。人口及人口的增长对企业营销主要会产生两方面的影响。一方面可能刺激商品需求的扩大。如果收入水平不变，人口越多，对食物、衣着、日用品的需求量也就越多，市场也就越大；另一方面，人口增长可能导致人均收入下降，限制经济发展，反而使市场吸引力降低。因此中小企业营销首先要关注营销对象所在国家或地区的人口数量及其变化，尤其对人们生活必需品的需求内容和数量的影响变化。

（2）人口结构

人口结构，又称人口构成，是将人口以不同的标准划分而得到的占比状况。这些标准主要包括年龄结构、性别结构、教育与职业结构、家庭结构、社会结构、民族结构等。人口结构对购买需求的影响深刻，这一因素可以反映一定地区、一定时点人口总体内部，各种不同的数量比例关系。

（3）年龄结构

不同年龄阶段的消费者对商品和服务的需求是不一样的。中小企业只有了解不同年

微课堂：影响中小
企业的人口环境

微动画：中国手机
品牌在非洲"称王"

龄结构所具有的需求特点，才可以决定企业产品的定位，寻找相应的目标市场。随着人们生活水平的提高，卫生保健条件的改善，人均寿命的增加，人口老龄化程度进一步加深（图3.2-1）。另一方面，生育政策调整取得了一定的成效，我国少儿比重会有所回升，未来一段时期会面临人口均衡发展的可能。

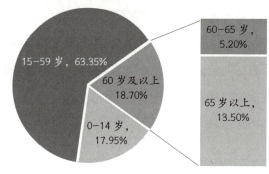

60-65岁，5.20%
15-59岁，63.35%
60岁及以上 18.70%
65岁以上，13.50%
0-14岁，17.95%

图 3.2-1　我国第七次全国人口普查人口年龄占比

（4）性别结构

第七次全国人口普查结果显示2020年我国男性人口为72334万人，占比51.24%；女性人口为68844万人，占比48.76%。总人口性别比（以女性为100，男性对女性的比例）为105.07，与2010年基本持平，略有降低。性别差异会给人们的消费需求带来显著的差别，首先反映到市场上就会出现男性用品市场和女性用品市场，当然主要在购买习惯和购买行为上也表现出较大的差别。另外男女消费的差别并非在消费能力的大小上，可能存在于消费品类上，比如男性偏向个人爱好的产品，如数码类产品，而女性则会更多偏向健康美容等自我投资的产品。

不过即使是同一类别的需求，男性和女性也会有明显差异，比如2021年初央视财经新媒体联合《中国美好生活大调查》发布中国青年消费大数据。大调查发现2021年消费榜单中保健养生项目排在第二位，18—25岁男青年会通过购买绿色食品、打疫苗和消费除菌防护用品来保持自己的健康状态；而18—25岁女青年会通过加强健身运动、定期体检与合理饮食、规律生活的方式来保持自己的健康状态。可见不同的性别结构会给企业带来营销内容的差异，因此中小企业可以研究分析制定不同的营销策略。

（5）家庭结构

家庭是商品购买和消费的基本单位。一个国家或地区的家庭单位的多少以及家庭平均人员数量的多少，可以直接影响到某些消费品的需求数量。目前，我国家庭规模趋于小型化，平均每个家庭户的人口为 2.62 人，比 2010 年的 3.10 人减少 0.48 人。另外，受我国人口流动日趋频繁、住房条件改善及年轻人婚后独立居住等因素的影响，导致家庭户规模的持续缩小。由于非家庭住房的增加，如单身、集体户，这些对家具、住房、家用电器等行业提供巨大商机。

（6）民族结构

我国是一个多民族的国家。民族不同，其文化传统、生活习性也不相同。具体表现在饮食、居住、服饰、礼仪等方面都有各自不同的风俗习惯。因此中小企业营销要重视民族市场的不同特点，开发适合民族特性、受其欢迎的商品。

（7）人口分布

人口分布主要体现在人口地理分布上的区别，人口在不同地区的密集程度是不同的。各地人口的密度不同，则市场大小不同，消费需求特性也随之不同。我国是世界上人口密度较高的国家之一，人口地理分布很不均衡，最显著的特点是东部地区人口多，西部地区人口少，而且相应市场大小也不尽相同，各地资源环境也存在很大差异。

随着我国经济社会持续发展，为人口的迁移流动创造了条件，人口流动趋势更加明显，流动人口规模进一步扩大，出现了人口向经济发达区域、城市群进一步集聚。由于地理位置、气候条件、生活习惯不同而表现出消费习惯和购买行为的差异，因此需要中小企业营销者制定不同的营销策略。

2. 经济环境

经济环境是企业营销活动的外部社会条件，它会直接或间接影响到市场的规模、市场的吸引力及企业的营销活动。市场规模的大小，不仅取决于人口数量，而且更主要的是取决于有效的购买力。而购买力又受到经济发展阶段、收入、消费结构、储蓄和信贷水平等各种因素的综合影响。

（1）消费者收入水平

消费者收入是指消费者个人从各种来源中所得的全部收入，包括消费者个人的工资、退休金、红利、租金、赠予等收入。消费者收入主要形成消费人口的购买力，收入水平越高，购买力就越大。但消费者并不是把全部收入都用于购买商品或劳务，消费者收入水平直接影响市场容量和消费者支出模式。

对营销活动影响较大的是个人可支配收入和个人可任意支配收入。个人可支配收入是指扣除消费者个人缴纳的各种税款（如所得税等）和缴纳给政府的非商业性开支（如工会费、养老保险、医疗保险等）后可用于个人消费和储蓄的那部分个人收入，它构成消费者实际的购买力。

个人可任意支配收入是指个人可支配收入减去消费者用于购买生活必需品（如水电、食物、衣服等）和其他固定支出（如学费等）后剩余部分的个人收入。这部分收入是消费需求中最活跃的因素，也是企业开展营销活动时所要考虑的主要对象。因为这部分收入主要用于满足人们基本生活需要之外的开支，是影响非生活必需品和劳务销售的主要因素，一般可以用于购买高档耐用的消费品，包括旅游等。

（2）消费者支出模式

消费者支出模式是指消费者收入变动与需求结构之间的对应关系，也就是常说的支出结构。西方一些经济学家常用恩格尔系数来反映这种变化。恩格尔系数是指食品支出占全部消费支出的比重，是衡量一个国家、地区、城市、家庭生活水平高低的重要参数。这一参数可以反映出当家庭个人收入变化时，收入中用于食物开支部分的增长速度与用于教育、医疗、享受等方面的开支增长速度的比较。一般一个家庭或个人收入越少，用于购买生存性食物的支出在家庭或个人收入中所占的比重就越大。如果在总支出金额不变的条件下，恩格尔系数越大，说明用于食物支出的所占金额越多；反之，恩格尔系数越小，说明用于食物支出所占的金额越少，二者成正比。按照联合国划分富裕程度的标准，"恩格尔系数"在60%以上的国家为饥寒，在50%—60%的为温饱，在40%—50%的为小康，在40%以下的为富裕。

在几代人的努力下，中国的经济发展迅速，人民生活水平得到很大的提高，国家统计局发布2020年全国居民恩格尔系数为30.2%，其中城镇为29.2%，农村为32.7%，可

微课堂：影响中小
企业的经济环境

见中国已进入收入中等偏上的国家行列。而消费者支出模式不仅与消费者收入有关，还受到家庭生命周期阶段和家庭所在地点的影响。家庭生命周期阶段的影响主要体现在家庭结构的变化，而家庭所在地点的影响，主要是城乡的区别。

（3）消费结构

消费结构是指消费过程中人们所消耗的各种消费资料（包括消费服务）的构成，即各种消费支出占总支出的比例关系。从我国 2020 年中国居民人均消费结构的情况看，居民消费结构按占比依次是食品、烟酒、居住、交通通信、教育文化娱乐、医疗保健、生活用品及衣着、其他用品等。优化的消费结构是优化的产业结构和产品结构的客观依据，作为营销人员需要研究分析消费者的消费结构，这是中小企业开展营销活动的基本立足点。

（4）消费者储蓄和信贷情况

消费者的购买力还受储蓄和信贷的直接影响。消费者个人收入不可能全部花掉，总有一部分以各种形式储蓄起来，这是一种推迟的、潜在的购买力。当收入一定时，储蓄越多，现实消费量就越小，但潜在消费量越大；反之，储蓄越少，现实消费量就越大，但潜在消费量越小。储蓄目的不同，往往影响到潜在需求量、消费模式、消费内容、消费发展方向，比如有些消费者储蓄是为了购买住宅或个人高档耐用消费品，那么消费方向与储蓄目的会接近。因此中小企业营销人员应全面了解消费者的储蓄情况，尤其是要了解消费者储蓄目的的差异。在调查了解储蓄动机与目的的基础上，制定不同的营销策略，可以为消费者提供更有效的产品和劳务。

（5）经济发展水平

经济发展阶段不同，居民的收入不同，顾客对产品的需求也不一样，从而会在一定程度上影响中小企业的营销活动。比如经济发展水平比较高的地区，消费者更多强调产品款式、性能及特色，品质竞争多于价格竞争。而在经济发展水平低的地区，则侧重于产品的功能及实用性，价格因素比产品品质更为重要。

（6）城市化程度

城市化程度是指城市人口占全国总人口的百分比，它是一个国家或地区经济活动的重要特征之一，是影响营销的主要环境因素之一。随着中国经济发展水平的提高，近年来城镇化进程不断加快，城镇化率从 1990 年的 26.4% 上升到 2019 年的 60.6%，据中国社会科学院预测 2025 年将达到 65%，城乡居民之间存在着某种程度的经济和文化上的差别，进而导致不同的消费行为。比如城市居民一般受教育较多，思想开放，容易接受新生事物，一些新产品、新技术往往先被城市居民所接受。但是随着网络经济的快速发展，城乡差别在逐渐缩小，因此中小企业在开展营销活动时还是要相应调整营销策略。

3. 自然生态环境

营销学上的自然生态环境，主要是指自然界提供给人类各种形式的物质财富，如自然资源、气候条件、地理位置、交通条件、环境污染等因素。自然生态环境也处于不断发展变化之中，会给企业的营销活动带来一定的威胁，也给企业创造机会。目前自然环境状况及对企业市场营销的影响有：

（1）某些自然资源短缺或即将短缺

地球上的自然资源有三大类：第一类是生态资源，如空气、水等。世界各地水资源分布不均，而且每年和各个季节的情况各不相同，所以目前世界上许多国家面临水资源的短缺。这种情况不仅会影响人民生活，而且对工农业都将是一种威胁。第二类是有限但可再生的资源，如森林、土壤等。我国的森林覆盖率低，耕地减少，长此发展就会产生严重的问题。第三类是有限又不可再生的资源，如石油和煤、铀、锡、锌等矿物。这就需要营销者不断加强研究与开发新的资源和原料，从而给中小企业创造新的市场机会。

（2）环境污染日益严重

随着工业化和城市化的发展，环境污染程度日益增加。一方面，这对那些造成污染的行业和企业是一种环境威胁，因为它们在社会舆论的压力和政府的干预下，不得不采取措施控制污染；另一方面，也会给研究与开发保护环境，控制污染的行业和企业，比如绿色包装业等提供新的市场机会。

（3）许多国家对自然资源管理的干预日益加强

随着经济发展和科学进步，环境污染日益严重，自然资源日益短缺，能源成本趋于提高，因此越来越多国家的政府为了社会利益和长远利益对自然资源的开采、使用加强干预。从世界范围看，环境保护意识和市场营销观念相结合所形成的绿色市场营销观念正成为 21 世纪市场营销的主流。

"绿水青山就是金山银山"，是习近平总书记统筹经济发展与生态环境保护作出的重要论断，为我们在新时代营造绿水青山、建设美丽中国，转变经济发展方式、建设社会主义现代化强国提供了强而有力的思想指引。

4. 科学技术环境

科学技术是社会生产力最活跃的因素之一，对于社会的进步、经济的增长和人类社会生活方式变革都起着巨大推动作用，直接影响企业内部的生产和经营。同时，进入 20 世纪以来，新科技革命蓬勃兴起，在现代生产中起着领头和主导作用。新技术、新发明层出不穷，更新换代速度加快，产品市场寿命缩短，加速了产品竞争，使社会对企业产品或服务需求发生变化，产品营销周期大大缩短，因此科学技术环境也是影响营销过程及其效率的外部因素之一。所以，中小企业在开展市场营销活动时，必须深刻认识和把握由于科学技术发展而引起的社会生活和消费变化，看准营销机会，积极采取行动，同时要尽量避免科技发展给企业造成的威胁。

5. 政治与法律环境

政治与法律环境是指影响和制约企业营销活动的政府机构、法律法规及公众团体等。政治因素像一只有形之手，调节着企业营销活动的方向，法律则为企业规定商贸活动行为准则。政治与法律相互联系，共同对企业的市场营销活动发挥影响和作用。政治与法律环境的作用在于保护所有权、保护竞争、保护消费者权益、保护社会的长远利益。在任何社会制度下，企业的营销活动都必定要受到政治与法律环境的约束。同时，政治与法律环境的变化往往是突变的，因此中小企业必须密切注意国家的每一项政策和立法及其对市场营销所造成的影响，并相应制定营销活动的策略，确保企业的稳定发展。

（1）政治环境因素

分析政治环境，就是要研究企业市场营销活动的外部政治形势以及国家方针政策的变化对市场营销活动带来的或可能带来的影响。一般分为国内政治环境与国际政治环境

读一读："百事"与"可口"
一进一退说明了什么？

两部分。国内政治环境一般包括党和政府的各项方针、路线、政策的制定和调整。国际市场营销政治环境的研究，一般分为"政治权力"和"政治冲突"两部分。随着经济的全球化发展，我国企业对国际政治环境的研究将越来越重要。

（2）法律环境因素

法律是由国家制订或认可，体现统治阶级意志并以国家强制力保证实施的行为规范的总和。对企业来说，法律是评判企业营销活动的准则，只有依法进行的各种营销活动，才能受到国家法律的有效保护。因此，中小企业开展市场营销活动，必须了解并遵守国家或政府颁布的有关经营、贸易、投资等方面的法律、法规。这些法律、法规可能对企业市场营销活动有制约，也可能给不少企业带来市场营销机会。

我国的市场管理机构比较多，包括工商行政管理局、技术监督局、物价局、医药管理局、环境保护局、卫生防疫部门等机构，分别从各个方面对企业的营销活动进行监督和控制，在保护合法经营，取缔非法经营，保护正当交易和公平竞争，维护消费者利益，促进市场有序运行和经济健康发展方面，发挥了重要作用。因此，中小企业必须知法守法，自觉接受执法部门的管理和监督，自觉用法律来规范自己的营销行为。同时，善于运用法律武器维护自己的合法权益，当其他经营者或竞争者侵犯自己正当权益的时候，要勇于用法律手段保护自己的利益。

6. 社会文化环境

社会文化环境是指在一种社会形态下已形成的信念、价值观念、宗教信仰、道德规范、审美观念以及世代相传的风俗习惯等被社会所公认的各种行为规范。社会文化环境是影响企业营销诸多变量中最复杂、最深刻、最重要的变量。它影响和制约着人们的消费观念、需求欲望及购买行为和生活方式，对中小企业营销行为产生直接影响。影响中小企业的社会文化环境主要有五个方面：价值观念、教育水平、风俗习惯、宗教信仰和审美情趣。

（1）价值观念

价值观念是指生活在某一社会环境下的多数人对事物普遍的态度和看法，它的形成与个人所处的社会地位、心理状态、时间观念以及对生活的态度有关。不同价值观的人具有不同的生活习性和方式、不同的追求，自然会导致不同的消费偏好、不同的购买行为。比如在家尽孝，为国尽忠是中华民族的优良传统，过年大多数人都会回家与父母团聚，因此在中国过年过节时孝敬父母的礼品就特别畅销。

（2）教育水平

人口的教育程度与职业的不同，对市场需求会表现出不同的倾向。根据第七次全国人口普查数据显示，我国高等教育普及率不断上升，2020年我国具有大学文化程度的人口达到2.18亿，15岁及以上人口的平均受教育年限提高至9.91年，文盲率下降为2.67%。受教育状况的持续改善反映了10年来我国大力发展高等教育以及扫除青壮年文盲等措施取得了积极成效，人口素质不断提高。

居民消费结构等级很大程度上受教育水平的影响。随着高等教育规模的扩大，人口的受教育程度普遍提高，收入水平也逐步增加，消费等级可能就越高，用于非基本消费支出占总支出的比重可能就越大。同时，教育也改变了人的文化品位、价值观等，这在很大程度上也会影响消费行为。

（3）风俗习惯

风俗习惯是指个人或集体的传统风尚、礼节和习性，是一种特定社会文化区域内历代人们共同遵守的行为模式或规范，主要包括民族风俗、节日习俗、传统礼仪等。不同的民族有着不同的传统习惯，会导致不同的消费观念、不同的需求、不同的购买行为。如中华民族有着对龙凤呈祥、松鹤延年的美好祈盼，在长辈过寿时会选择松鹤延年玉雕作寿礼。

（4）宗教信仰

从市场营销的角度来看，宗教不仅是一种信仰，更重要的是它反映了消费者的某些理想、愿望和追求。世界各地的许多节日都与宗教有关，节日期间商品销量通常都会大增。所以营销人员必须对不同地区的宗教信仰有一定的理解并尊重，避免触犯禁忌，造成失误，同时做到有的放矢地开展营销活动。

微课堂：影响中小
企业社会文化环境

读一读：
诺基亚手机帝国的衰亡

听一听：
社会文化环境

（5）审美情趣

审美情趣是指对音乐、艺术、形状、色彩等的鉴赏与偏好，这对企业产品的包装、命名、广告、宣传等的设计产生很大的影响。如黛色，是中国传统色，也是千年不褪的中国时尚流行色。杜甫的《古柏行》是这样写的："霜皮溜雨四十围，黛色参天二千尺"，诗中的黛色是指雨中高大的老柏树浓青郁阴的颜色。2018 年，东方彩妆品牌花西子将黛色作为品牌色，也是首个以黛色作为品牌主色的彩妆品牌。如今，黛色已是大众脑海中对花西子品牌色的印象，甚至成为花西子品牌的 DNA，从视觉上与其他彩妆品牌形成强烈的差异度和识别度。这对中小企业开展市场营销活动提供了积极的策略指导。

（二）微观市场环境

微观市场环境是指与企业紧密相连，直接作用于企业营销的环境。直接影响企业营销能力的各种参与者，包括企业本身、市场营销渠道企业（供应商、中间商）、竞争者及社会公众等。

1. 企业本身

企业本身主要针对其自身的内部环境，包括企业资源、企业能力、企业组织结构、企业文化等因素，是企业微观环境中的首要因素。以企业内部组织为例，组织架构是在实现企业目标过程中，通过对企业各种活动和各种职位，按照工作任务和工作要求设计安排合理的结构，进而可以有秩序和协调地使用企业的各种资源，来提高企业的有效性。

一般管理高层确定企业的宗旨和目标，制定企业的总体战略和政策，然后通过设立营销部门开展营销活动，营销部门必须在管理高层制定的战略计划范围之内做决策。而营销部门不是孤立的，它面对着许多其他的部门，这些部门之间的分工是否科学，配合是否默契，都会影响到企业营销决策的科学性和营销方案的实施。

在制定营销计划时，营销部门要兼顾企业的其他部门，如管理高层、财务部门、研发部门、采购部门、生产部门等。财务部门负责为实施营销计划筹集和分配资金；研发部门致力于设计既安全又有吸引力的产品；采购部门关心的是如何取得零配件和原材料等供应物品；生产部门负责生产出规定质量和数量的产品等。所有这些部门对于营销部门的计划和行动都产生影响。因此中小企业要从实际情况出发，处理好分工与协作，企业营销活动才能有效开展。

2.供应商

供应商是指向企业及其他竞争者提供生产产品和服务所需资源的企业或个人。供应商所提供的资源主要包括原材料、设备、能源、劳务、资金等。供应商是影响企业营销的微观环境的重要因素之一，它们的情况如何会对企业的营销活动产生巨大的影响，比如供应商的原材料价格变化或材料出现短缺等都会影响企业产品的交易价格和交货期，进而会影响企业的正常生产经营。因此，中小企业的营销人员必须对供应商的情况进行比较全面的了解和深刻的分析，比较各个供应商的优势和劣势，选择适合企业需要的供应商。

3.营销中介

营销中介是协助企业促销、销售和分配产品给最终买主的那些企业或个人。它们包括中间商、实体分配公司、市场营销服务机构及金融机构等。营销中介是市场营销不可缺少的活动环节，大多数中小企业的营销活动，都必须有他们的协助才能顺利进行。

（1）中间商

中间商是协助企业寻找顾客或促使买卖行为发生和实现的具有法人资格的经济组织或个人。中间商从不同的角度可以分为许多类型：按是否拥有商品所有权，可分为经销商和代理商，其中经销商是指在商品买卖过程中拥有商品所有权的中间商；按其在流通过程中所起的不同作用，又可分为批发商和零售商，其中批发商是不直接服务于消费者的中间商。而广义的中间商还包括金融机构，比如银行、保险公司等，还有运输公司、进出口贸易主和经纪人等。目前就主要的中间商类型来看，一般分为代理商、批发商和零售商三种。

中间商对企业产品从生产领域流向消费领域具有极其重要的影响。在与中间商建立合作关系后，中小企业要随时了解和掌握其经营活动，并采取一些激励性合作措施，推动其业务活动的开展，如果一旦发现中间商不能履行其职责或市场环境变化时，企业应及时解除与中间商的关系。

（2）实体分配公司

实体分配公司是协助公司储存产品和把产品从原产地运往销售目的地的仓储物流公司，仓储物流运输主要包括从事铁路运输、汽车运输、航空运输、驳船运输以及其他搬运货物的公司，它们负责把货物从一地运往另一地。每个中小企业都需从成本、运送速度、安全性和交货方便性等因素，进行综合考虑，确定选用哪种成本最低而效益更高的运输方式。而仓储公司是在货物运往下一个目的地前专门储存和保管商品的机构。每个中小企业都需要确定有多少仓位自己建造，多少仓位向仓储公司租用。只有综合考虑这些因素，并加以运用，才能为中小企业的营销活动带来一定的竞争力。

（3）市场营销服务机构

市场营销服务机构指市场调研公司、广告公司、各种广告媒介及市场营销咨询公司，它们协助企业选择最恰当的市场，并帮助企业向选定的市场推销产品。中小企业决定委托这些服务机构办理这些事务时，必须谨慎地选择，因为每家机构都各有自己的特色，所提供的服务内容不同，服务质量不同，要价也不同。而且中小企业还得定期检查它们的工作，倘若发现它们不能胜任，则须另找其他专业机构来代替。

（4）金融机构

金融机构是指国务院金融管理部门监督管理的从事金融业务的机构，包括银行、信贷公司、保险公司以及其他对货物购销提供融资或保险的各种公司。中小企业的营销活动会因贷款成本的上升或信贷来源的限制而受到严重的影响，因此也要密切和这些机构保持良好的关系，最大限度地确保安全的金融服务。

4. 顾客

一般商场或服务行业称来买东西的人或服务对象为顾客，企业的顾客一般来自消费者市场、生产者市场和中间商市场。市场都是以顾客为中心的经营原则，中小企业要有效地向目标市场提供商品与劳务，就必须对市场进行细分，根据不同细分市场每个顾客的不同需求来制造产品，并开展相应的营销活动，通过提供特色产品和超值服务来满足顾客需求，提高顾客满意度，进而提高中小企业的市场竞争力。

微动画：
竞争者的分类

微动画：
市场营销环境

5. 竞争者

一个企业或组织很少能单独为某一顾客市场服务。任何企业在选择顾客的同时，也就选择了它的竞争对手。对于一个企业来讲，广义的竞争来自多方面，企业与自己的顾客、供应商之间，都存在着某种意义上的竞争关系。狭义地讲，竞争者是指那些与本企业提供的产品或服务相类似，并且所服务的目标顾客也相似的其他企业。在市场竞争中，中小企业需要深入分析竞争者的优势劣势，做到知己知彼、避其锋芒、攻其弱点、出其不意，利用竞争者的劣势来争取市场竞争的优势，有针对性地制定正确的市场竞争战略，实现企业营销目标。

6. 公众

公众是指对企业实现营销目标的能力有实际或潜在的兴趣或影响的任何团体。中小企业所面临的公众主要有融资公众、媒介公众、政府公众、社团公众、社区公众、一般公众和内部公众等。中小企业在争取目标市场时，要与众多对手竞争，竞争过程中的营销活动会影响到公众的利益，因此公众必然会关注、监督、影响和制约企业的营销环境，公众对企业的态度会对企业的营销活动产生巨大的影响。在通常情况下，要善于预见并采取有效措施来满足公众的各种需求，这样有利于中小企业建立良好的信誉和塑造良好的公众形象。

◆ 案例分享 ◀

2021年7月，河南遭遇特大洪灾，在捐赠企业中，有一家企业在自身经营连年亏损的情况下毅然捐款5000万元，后来被网友顶上热搜，这家企业便是鸿星尔克。一时间，鸿星尔克的线上直播和线下门店的商品顿时热销，"野性消费"刷爆社交平台，这个国货品牌迅速翻红，甚至被网友称为"国货之光"。可是好景不长，2021年11月，因为每日万人取关，鸿星尔克爆红百日之后再度冲上热搜。数据显示，鸿星尔克抖音平台粉丝量为1455.6万人，近一个月增量为-26.9万人，几乎每天流失近一万名粉丝，门店线下人流量也大幅减少。可想而知，鸿星尔克品牌公关如坐针毡，从万人追捧的顶流到万人取关的深渊，不得不接受这种过山车似的煎熬以及来自灵魂深处的拷问。

资料来源：封智勇.鸿星尔克河南洪灾捐款事件的反思[J].国际公关，2021（12）：157-159.

▶ 考考你 ◀

鸿星尔克突然之间获得网友支持的原因是什么？

三、市场营销环境分析工具

（一）PEST 分析法

PEST 分析是指对宏观环境的分析，即分析一切影响行业和企业的宏观因素。对宏观环境因素作分析，不同行业和企业根据自身特点和经营需要，分析的具体内容会有差异，但一般都是围绕政治（Politics）、经济（Economic）、社会（Society）和技术（Technology）这四大类主要影响企业的外部环境因素进行分析。按这些英文的首写字母，简称为 PEST 分析法。

1. 政治环境 P

政治环境是指对组织经营活动具有实际与潜在影响的政治力量和有关的法律、法规等因素，包括一个国家的社会制度，执政党的性质，政府的方针、政策、法令等。

不同的国家有着不同的社会性质，不同的社会制度对组织活动有着不同的限制和要求。即使社会制度不变的同一国家，在不同时期，由于执政党的不同，其政府的方针特点、政策倾向对组织活动的态度和影响也是不断变化的。那么，这些政治环境是否稳定，相关的国家政策是否会改变，政府的经济政策是否会变化等，中小企业只有对这些相关的政策环境因素进行积极预测和研究分析，才可以制订有效的市场营销策略来适应环境。

2. 经济环境 E

经济环境主要是指一个国家的经济制度、经济结构、产业布局、资源状况、经济发展水平以及未来的经济走势等。与其他环境力量相比，经济环境对企业的经营活动有着更广泛而直接的影响。财政货币政策的松紧、通货膨胀程度及其趋势、市场需求情况等，都对企业经营发展有着重要的影响。中小企业对不同时期、不同地区、不同阶层消费者收入水平等变化进行研究，并针对性地对这些目标市场开展营销活动，具有重要意义。

3. 社会环境 S

社会环境是指组织所在社会中成员的民族特征、文化传统、价值观念、宗教信仰、教育水平以及风俗习惯等因素。任何人都在一定的社会环境中生活，其认识事物的方式、行为准则和价值观念等都会区别于社会环境中的其他人。比如,由于价值观不同,人们对同一种款式的产品会有不同的评价。另外,人们对生活方式观念不是一成不变的,比如原来追求实用,可能转向追求品质,因此中小企业必须全面了解、认真分析所处的社会环境,才能精准把握消费者的需要、欲望和购买行为,正确选择目标市场,制定科学的营销方案。

4. 技术环境 T

科学技术不仅包括那些引起革命性变化的发明,还包括与企业生产有关的新技术、新工艺、新材料的出现和发展趋势以及应用前景。科学技术的进步给人们的需求带来了更新、更广泛的选择空间,中小企业营销者要积极引导和推进消费行为,开发更大的市场,求得更好的发展。

(二) SWOT 分析法

SWOT 分析作为一种分析方法,主要是着眼于企业自身的实力及其与竞争对手的比较,进行优劣势评价,而机会和威胁分析将注意力放在外部环境的变化及对企业的可能影响上。然后将研究对象密切相关的各种主要内部优势、劣势和外部的机会和威胁等,通过调查列举出来,并依照矩阵形式排列,用系统分析的思想,把各种因素相互匹配起来加以分析,从中得出一系列相应的结论,这些结论通常带有一定的决策性。

SWOT 分析法可以对研究对象所处的情景进行全面、系统、准确的研究,根据研究结果制定相应的发展战略、计划以及对策。SWOT 四个字母分别代表了四个单词,分别是 S(Strength)竞争优势,W(Weakness)竞争劣势,O(Opportunity)机会和 T(Threat)威胁。营销者便可以制定出相应的行动计划,考虑过去,立足当前,着眼未来,扬长避短,将排列与考虑的各种环境因素相互匹配起来加以组合,得出一系列中小企业未来发展的可选择对策。SWOT 分析的步骤如下:

1. 找出机会威胁

寻找机会就是寻找市场上"未满足的需求"。随着经济、政治、文化、自然条件、人口等外部环境的变化,引发旧产品不断被淘汰,同时也需要开发新产品来满足消费者的需求,导致市场会出现许多新的机会。但同一个机会对某些企业可能是有利的商机,而对另一些企业可能造成威胁。环境机会能否成为企业的机会,要看这一环境机会是否与企业的目标、资源及任务相一致,中小企业可以利用环境机会创造出比其他竞争者更大的比较价值。

威胁是指对企业营销活动不利或限制企业营销活动发展的因素。威胁主要来自两方面，一方面是环境因素直接威胁着企业的营销活动；另一方面，是企业的目标、任务及资源同环境机会相矛盾。例如随着我国积极响应"低碳"社会的发展，我国相继出台了《汽车产业调整和振兴规划》《电动汽车科技发展"十二五"专项规划》《节能与新能源汽车产业发展规划（2012—2020 年）》等政策文件，传统的机动车面临着尾气排放、污染问题，这与节能减排、绿色发展的环境机会相矛盾，传统机动车企业就面临威胁，而国家的政策保障和资金保障为新能源汽车企业带来较好的发展机会。

2. 明确优劣势

通过企业内部环境分析，和竞争对手相比较发现优势和劣势，这种分析对企业的经营来说更具有实际意义。中小企业可以通过分析找到自己的核心能力，研究企业究竟是否是局限在已拥有优势的机会中，导致企业发展缓慢，未来是否要去获取和发展一些优势，发挥优势，取长补短，为企业找到更好的营销机会。

3. 形成策略

在内外部环境分析的基础上，通过 SWOT 进行综合评价，可以形成以下四种策略模式供中小企业选择。

（1）SO 策略：依靠内部优势，利用外部机会。这种情形下，企业可以用自身内部优势来迎接外部机会，使机会与优势充分结合发挥出来。当然，机会往往是稍纵即逝的，因此企业必须迅速地捕捉机会，把握时机，才能寻求更大的发展。

（2）WO 策略：利用外部机会，弥补内部劣势。在这种情形下，企业需要提供和追加不足的资源，以促进内部资源的劣势向优势方面转化，进而去迎合或适应外部机会。

（3）ST 策略：利用内部优势，规避外部威胁。当环境状况对公司优势造成威胁时，优势得不到充分发挥，出现优势不优的不良局面。在这种情形下，企业必须规避威胁，以发挥优势。

（4）WT 策略：减少内部劣势，规避外部威胁。当企业内部劣势与企业外部威胁相遇时，意味着企业面临着严峻挑战，如果处理不当，可能直接威胁到企业的生死存亡。

4. 确定战略

对 SO、WO、ST、WT 策略进行甄别和选择，确定企业目前应该采取的具体战略。

单面铜版纸市场的优势劣势分析

随着社会经济快速发展，大量产业实现了快速更新进步，铜版纸业也随之发展，在铜版纸业产能逐步提升趋势下，产能过剩现象不断加剧，使得铜版纸业竞争愈演愈烈。为获取新型盈利来源，铜版纸业开始面向国际市场，投入多余产能，以期能够占据一定的国际市场，有效缓解产能过剩，获取良好的经济效益。在此形势下，基于优势、劣势角度，面向单面铜版纸市场营销现状做了 SWOT 分析，基于此提出了一些有效的营销与推广策略，以期为纸业实现较高市场占有率奠定坚实基础。

1. 优势

（1）生产成本有优势：基于先进生产设备与独立铜版纸生产基地，铜版纸以规模化生产模式独具成本优势。

（2）货源稳定性高：多条生产线同时运作，产能大，品质管控机制完善，可确保产品供货长期稳定性。

（3）竞争力强：通过资源整合与有效应用可有效提高纸业市场竞争力。

（4）能够自主研发新产品：基于研发基地与高级实验室，以及高质量研发队伍，可根据市场实际需要研发新产品。

（5）品牌效应好：充分发挥品牌效应，提高市场知名度。

（6）服务高效：以专业营销服务队伍，根据整个销售过程明确分工，面向客户提供针对性服务。

（7）交通便捷：自给运输码头，水路、陆路交通都十分便利。

2. 劣势

（1）设备有局限性：由于设备局限，产品线难以一一满足客户供货需要。

（2）运输时间过长：通过码头运输耗费时间过长。

（3）市场占有率较低：由于入驻市场较迟，与既有竞品相比，单面铜版纸业市场占有率较低，缺乏客户认知。

（4）销售渠道匮乏：市场营销方式主要是经销商，终端客户掌握不到位，难以基于客户实际需要制定有效策略。

（5）销售人员缺乏营销意识：销售单面铜版纸需耗费过多精力，消耗较长时间，销售人员的营销意识不足。

（6）管控水平较低：由于销售人员处于基层，上层领导难以约束，大量市场营销推广措施并未得到全面执行。

（7）宣传力度不足：市场宣传活动少，导致市场对于纸业与产品认知不足。

资料来源：杨喆.基于 SWOT 分析法的单面铜版纸市场营销策略[J].造纸装备及材料，2022（5）：192-194.

▶ **任务实施** ▨▨▨▨▨▨▨▨▨▨▨▨▨▨▨

此次任务可以通过如下途径实现：

（1）阅读董明珠直播的案例，思考格力面临的市场营销环境是什么样的？董明珠亲身示范直播的意义是什么？

（2）浏览企业官方网站、微信公众号等，获取董明珠直播详细信息和案例。

（3）通过文献检索法了解董明珠直播的市场营销环境分析方法，查看专家、学者对其市场环境分析方法的评论。

（4）通过小组讨论分析，总结格力面临的市场营销环境，分析董明珠亲身示范直播的意义，派出代表在课堂上进行汇报分析。

▶ **任务小结** ▨▨▨▨▨▨▨▨▨▨▨▨▨▨▨

中小企业加强市场营销环境的分析工作，对不断提高中小企业营销效果有着直接的重要作用。根据企业对环境的可控度，企业营销环境可分为宏观市场环境和微观市场环境。宏观市场环境包括人口环境、经济环境、自然生态环境、科学技术环境、政治与法律环境以及社会文化环境。微观市场环境包括企业本身、市场营销渠道企业（供应商、中间商）、竞争者及社会公众等。市场营销环境的分析方法主要有 PEST 分析法、SWOT 分析法。

任务三　剖析"0元云购"营销环境

▶　**任务导入**

为了打破传统，不再赚消费者的钱，给消费者更多的优惠福利，同时让消费者购物更简单、快乐，"0元云购"打造出一种全新的互联网购物模式，提倡用户进行云购物。云购物是一个用0元就可以购物的网上购物平台，即"0元云购"，强调一种创新的购物理念。

请思考以下问题：

"0元云购"面临的市场环境如何？

资料来源：黄骞."0元云购"网站创建市场环境分析[J].湖北函授大学学报，2015（2）：86-87.

▶　**任务分析**

任何企业都面临着若干环境威胁和市场机会。然而并不是所有环境威胁都一样大，也不是所有的市场机会都有同样的吸引力。作为未来中小企业市场营销从业者，有必要掌握市场环境分析的方法，并适时进行市场环境分析。

▶　**知识准备**

"0元云购"市场环境分析

随着电商发展，新的网购模式也在悄悄出现。如"1元云购""2元云购"，虽然这些购物模式比传统电商有所创新，但新模式仍未能突破传统电子商务的盈利模式。为了打破传统，不再赚消费者的钱，给消费者更多的优惠福利，同时让消费者购物更简单、快乐，"0元云购"打造出一种全新的互联网购物模式，提倡用户进行云购物。云购物是一个用0元就可以购物的网上购物平台，即"0元云购"，强调一种创新的购物理念。

（一）"0元云购"是什么

电子商务发展至今，从起步阶段一直到如今的大互联网信息化时代，已经影响到如今人们生活的方方面面。从最初的 e-Bay 进入中国市场，然后由淘宝取代，随之又兴起的天猫、京东、当当、凡客等购物网站，这些都在证明着网购已经成为国内最主流的购物模式。但随着电商的发展，比较时尚、新颖的电商购物模式也在慢慢产生，如"团购""9.9 包邮""整点秒杀"以及后来的"1元云购""2元云购"等。

为了打破传统，突破电商模式的瓶颈，经过一段时间的市场调查及分析，创造出一种更为新颖、时尚的电商购物平台——"0元云购"。"0元云购"，一个专门为产品做宣传的网络，平台对产品的宣传采取一种互动参与、免费领取的形式。云是指网站"云钱包"，云钱包可以装有大量的云币和云券，云币可以用来免费参与购买网站商品，云券是指到用户买商品时的优惠券。互动参与体现在将线上、线下的产品通过一种活动的形式，使广大用户参与其中，在体验的同时，也扮演了一个主人公的形态。免费领取指参与用户可免费获得相应的产品；即在一次产品宣传活动中，商家为了回馈参与用户，会设置不同层次的高价值产品，通过随机抽取形式或者根据用户参与活跃度来评出最后的获奖名单，并免费赠送相应产品。

"0元云购"以"让快乐一起分享！让一切皆有可能！"为理念，打造一个 100% 公平、公正、正品保证；集分享、娱乐、购物于一体的创新型电商购物平台。"0元云购"将网站所有商品定义为 0元，用户不需要支付任何费用，就有机会获取自己喜欢的商品；在购买过程中，用户用网站云币参与报名，报名结束后，网站根据云系统规则，选出一名或多名幸运用户，公布名单，赠送商品。0元云购免费商品采取随机抽取的形式，每次商品开奖，幸运用户可以直接获得商品，没有中奖的用户将会得到网站提供的云券，然后用云券可以在购买相应的商品时享受很大的优惠。当用户用网站赠送的云券购买相应的商品时，会得到商家赠送的云币，这样有助于网站用户继续使用"云币"进行免费购物，从而实现"云币"在"云钱包"与"商家"之间闭环的"云循环"。那云币是如何获取的呢？用户只需要参与到"云互动"中，就可以获取相应的云币。"云互动"主要包括：1. 会员签到；2. 填写调查问卷；3. 观看或分享视频；4. 扫描二维码；5. 注册某网站会员；6. 回答商品的问题；7. 关注微博、微信；8. 参加产品主题互动。

这样就实现了网站对线上和线下商家的闭环引流，持续循环防止网站流量流失。云币的功能是强大的，它利用自己的特点和未来电商的发展趋势，将线上和线下的资源进行了有机的整合，真正实现一个完整的电商生态圈。

(二) 市场环境分析

1. 行业环境分析

目前，有一些类似"1 元云购""2 元云购""1 元申购"的购物平台，以及很多大型购物网站推出了"0 元抢购"的栏目，但真正的免费购物平台并没有实现。像"1 元云购"是指只需 1 元就有机会买到想要的商品。即每件商品被平分成若干"等份"出售，每份 1 元，当一件商品所有"等份"售出后，根据申购规则产生一名幸运者，该幸运者即可获得此商品。

"1 元申购"购物网站虽每次花费少但积少成多，如果消费者对此特别感兴趣购买了很多商品，投的钱也不会少，但机会是有限的，难免出现一次都不中的情况，所以好多会员有上当受骗的感觉。而"0 元云购"是真正的不花一分钱就有机会获得心仪物品的创新型购物模式，购买者只需参加"0 元云购"的互动，就可获得购买报名资格，然后由网站系统（或者软件）来选出谁能幸运地获得商品。为了迎接新电商时代，加大电商购物模式的多样性，使网购变得更放松、便捷和快乐，"0 元云购"将真正实现用户与网购平台的 0 接触，让用户真实地体验购物的便捷、享受购物的乐趣、分享购物的快乐。并且网站力求为线上商家引流的同时，也为线下的传统商家创造机会，提升客流量和销售额。

2. SWOT 法分析

（1）优势

①网站最大的优点是用户免费就可以购物，实现"0 元购物"，这是目前为止任何网站都达不到的；

②网站使用虚拟货币——云币做到线上和线下的 O2O 闭环电商模式；

③网站的商品丰富多样，可以满足不同消费者的需求。

（2）劣势

①由于网站正在筹建阶段，技术方面还不成熟，前期知名度也不高，所以急需风险投资；

②网站被复制概率很高，任何一个企业都能做成，需做好保密工作。

（3）机遇

①目前为止国内免费购物平台并不是真正免费，缺乏互动性，较单一；而"0 元云购"解决了这些问题，发展潜力很大；

②现今政府也非常支持创业以及电子商务模式的创新。

（4）挑战

①网站采用非常创新的购物模式，易吸引消费者，也容易被其他企业模仿；

②"1 元云购""2 元云购"等购物平台造成了不利影响。

3. 目标市场定位

"0 元云购"的前期目标市场定位首先是容易接受新鲜事物的网民，其年龄大致为 20—35 岁，其中白领、学生大约占总体的六成。其次是自由职业者，这一部分群体大多有网购经验，容易接受创新型的网购体验，而且"0 元云购"是真正的免费购物，不需要支付一分钱即有机会获得自己心仪的物品。相信在不久的将来，"0 元云购"的消费群体将不断扩大，网站知名度和信誉度也会不断提高。同时进行大规模的宣传推广以吸引来自不同领域的消费者，相信网站的购物模式一定会打破以往任何一种电商模式，为消费者带来全新的购物体验。

（三）前景预测

综合以上分析，目前我国的创业氛围非常浓厚，在政策上支持电子商务的快速发展以及在相关方面提供大力支持，而电商行业的迅猛发展、网民的不断增加以及网购的普遍化更是为新型网站的兴起提供了契机；在各种购物模式不断涌现的今天，网络购物要注重的不仅是资金、经验、背景等，更重要的是创新和服务。"0 元云购"会吸引大批的消费者来一同参与，将为更多的用户提供新奇、快乐与便捷，最终实现"0 元云购"网站"让一切皆有可能！"的宗旨、"让快乐一起分享！"的理念。

▶ **任务实施**

此次任务可以通过如下途径实现：

（1）阅读"0 元云购"的案例，思考"0 元云购"的市场营销环境如何。

（2）浏览企业官方网站、微信公众号等，收集更多营销环境分析的案例。

（3）通过文献检索法查阅"0元云购"相关文章，查看专家、学者对"0元云购"市场营销环境分析的评论。

（4）通过小组讨论分析，总结"0元云购"市场营销环境分析的重要性，派出代表在课堂上进行汇报分析。

▶ **任务小结**

"0元云购"打造出一种全新的互联网购物模式，提倡用户进行云购物。有一些类似"1元云购""2元云购""1元申购"的购物平台是"0元云购"的竞争平台，但其并非真正的免费。使用SWOT分析可知："0元云购"的优势是用户实现"0元购物"，网站使用虚拟货币做到O2O闭环，商品丰富，可以满足不同消费者的需求。劣势是网站技术方面不成熟，知名度不高，急需风险投资；网站被复制概率很高。机遇是当下国内很多免费购物平台并不是真正免费，缺乏互动性；"0元云购"解决了这些问题，发展潜力大；政府支持创业以及电子商务模式的创新。挑战是采用创新购物模式，易吸引消费者也容易被其他企业模仿；"1元云购""2元云购"等购物平台造成了不利影响。

技能提升训练　产品市场营销环境分析

▶ **训练目标**

1. 培养学生对市场营销环境分析方法的运用能力；

2. 培养学生面对特定环境因素解决问题的能力；

3. 培养学生的组织协调能力、分析归纳能力、团队协作能力；

4. 提升学生文字与语言表达能力。

▶ **实施流程**

流程一　选择一家校内企业，调查其市场营销环境，既包括企业内部环境，也包括企业的外部环境；既要考虑企业的现实环境，也要考虑企业的未来环境。

1. 内部环境调查的记录整理；

2. 外部环境调查的记录整理。

流程二　选取某一分析法分析调研企业的营销环境。确定现有主要产品的优势、劣势、机遇和挑战。分析结果记录如下：

1. 机遇：

2. 挑战：

3. 优势：

4. 劣势：

流程三　各小组围绕如何树立企业形象，以宣传推销企业产品为主题，做营销专题策划活动方案，并推荐一名代表进行总结发言，展开组间交流。

1. 制定目标：详细制定此次策划活动的目标，包括初期目标和最终目标；

2. 设计与选择方案：为实现目标，要合理配置人、财、物等资源，选择正确的实施途径与方法，制定系统的营销方案；

3.编制计划：要依据计划目标与所确定的最优方案，按照计划要素与工作要求，编制营销计划书；

4.团队以 PPT 汇报，其他同学、老师评价计划可行性以及优缺点。

思考与练习

一、单选题

1. 以下不属于中间商的是（　　）。

A. 批发商　　　　　B. 零售商　　　　　　　C. 供应商　　　　　　D. 代理商

2. （　　）指人们对社会生活中各种事物的态度和看法。

A. 社会习俗　　　　B. 消费心理　　　　　　C. 价值观念　　　　　D. 营销道德

3. 消费习俗属于（　　）因素。

A. 人口环境　　　　B. 经济环境　　　　　　C. 文化环境　　　　　D. 地理环境

4. 消费流行属于（　　）因素。

A. 社会文化环境　　　　　　　　　　　　　B. 人口环境

C. 地理环境　　　　　　　　　　　　　　　D. 顾客环境

5. 与企业紧密相连直接影响企业营销能力的各种参与者，被称为（　　）。

A. 营销环境　　　　　　　　　　　　　　　B. 宏观营销环境

C. 微观营销环境　　　　　　　　　　　　　D. 营销组合

6. 在价格变动、新产品开发、分销渠道和促销力量等方面处于绝对主导地位的企业
是（　　）。

A. 市场领导者　　　　　　　　　　　　　　B. 市场挑战者

C. 市场跟随者　　　　　　　　　　　　　　D. 市场补缺者

二、多选题

1. 下列属于市场营销微观环境的是（　　）。

A. 辅助商　　　　　　　　　　　　　　　　B. 政府公众

C. 人口环境　　　　　　　　　　　　　　　D. 消费者收入

E. 国际市场

2. 人口环境主要包括（　　）。

A. 人口总量　　　　　　　　　　　　　　　B. 人口的年龄结构

C. 地理分布　　　　　　　　　　　　　　　D. 家庭组成

E. 人口性别

3. 影响消费者支出模式的因素有（　　　）。

A. 经济环境　　　　　　　　　B. 消费者收入

C. 社会文化环境　　　　　　　D. 家庭生命周期

E. 消费者家庭所在地点

4. 以下属于宏观营销环境的有（　　　）。

A. 公众　　　　　　　　　　　B. 人口环境

C. 经济环境　　　　　　　　　D. 营销渠道企业

E. 政治与法律环境

5. SWOT 分析法是市场营销环境分析的主要方法，其主要是对企业面临的（　　　）进行分析。

A. 优势　　　　B. 劣势　　　　C. 机遇　　　　D. 困难

E. 挑战

6. 企业面对的公众有（　　　）。

A. 融资公众　　　　　　　　　B. 社区公众

C. 中间商公众　　　　　　　　D. 企业内部公众

E. 消费者公众

三、判断题

1. 企业可以按自身的要求和意愿随意改变市场营销环境。（　　　）

2. 公众是指对企业实现市场营销目标构成实际或潜在影响的任何团体。（　　　）

3. 宏观环境是企业可控制的因素。（　　　）

4. 同一个国家不同地区企业之间营销环境基本上是一样的。（　　　）

5. 营销活动只能被动地受制于环境的影响。（　　　）

四、简答题

1. 根据面临的市场机会与环境威胁的不同，企业业务可划分为哪几种类型？采取怎样的营销对策？

2. 企业在进行经济环境分析时，主要考虑哪些经济因素？

3. 市场领导者采取的营销策略有哪些？

项目四
STP 营销战略

▶ **学习目标**

（一）知识目标

1. 理解市场细分、目标市场、市场定位的含义；

2. 熟悉消费者市场细分的依据；

3. 了解目标市场选择的模式及策略；

4. 熟悉市场定位的策略。

（二）能力目标

1. 能综合考虑各要素分析某个中小企业的市场细分；

2. 能根据中小企业实际情况选择合适的目标市场；

3. 能结合中小企业产品、竞争、市场等要素找到精准的市场定位。

▶ **学习任务**

任务一　进行市场细分；

任务二　选择目标市场；

任务三　找准市场定位。

任务一　进行市场细分

特步的市场细分

专注研究某一细分领域，并将其做到极致才能成功。选择好细分市场，必定要向这一领域深耕。据悉，特步 2018 年的鞋类销售占比超过 60%，这一比例甚至高于安踏、李宁。为此，记者重点对特步做了"笔记"。通过查阅了解，特步于同年创建特步运动科学实验室，该实验室立足于鞋、专业运动员、大众跑者三大方面进行研究。在实验室的一整条跑道中，细分出专业田径跑道、普通塑胶跑道、水泥跑道等五条不同材质的跑道，从而模拟跑步环境，且实验室通过先进的检测设备来测试不同跑鞋对跑者的影响，收集数据、测试跑鞋性能。大力研发之下，特步推出了不同系列产品，其中包括面向顶级和精英跑者的跑鞋 160X 和竞速 160，为进阶跑者而设计的竞训 300，双密度精准缓震跑鞋动力巢等，实现了对不同层级市场的全面覆盖。根据特步品牌系统体育营销中心张炜总监介绍，特步从 2016 年起推出了超轻竞技级马拉松跑鞋，且每年都升级迭代，围绕不同层级跑者的运动需求，划分出不同专业程度的"跑鞋矩阵"，为他们提供入门级、训练级、竞技级的运动装备。

请思考以下问题：

以上案例中特步抓住了哪个细分市场？

资料来源：李晓燕. 市场细分正当时：鞋类企业布局市场细分领域 [J]. 中外鞋业，2019（8）：73-78.

我国经济进入了高质量发展期，多数产业已经进入成熟期。成熟市场环境下，市场细分能力是企业创新最基础、最应该具备的能力。作为未来中小企业市场营销从业者，必须明白市场细分的重要性，掌握市场细分的基本方法。

▶ **知识准备**

营销活动的核心是商品，商品的源头来自消费者的需求。因此，需求是一切商业活动的本源。一种产品不可能同时满足所有人的需求，企业也不可能为市场的所有顾客服务。中小企业要基于自身资源及综合实力进行"取舍"，做好市场细分，这是建立营销战略的第一步。

一、认识市场细分

（一）市场细分概念

20世纪50年代中期，美国市场营销学家温德尔·史密斯在对一些企业的成功经验进行调查、分析、提炼、发展的基础上提出了市场细分的概念。当时，在科学技术革命推动下，产品差异化营销已不能解决企业所面临的市场问题，开始由产品差异化营销转向以市场需求为导向的目标市场营销。中小企业首先要分清众多细分市场之间的差别，然后从中确定一个或几个作为目标市场，最后根据每一个目标市场的特点来制定相应的产品计划和营销计划。

市场细分是指营销者通过市场调研，依据消费者的需要、欲望、购买行为和购买习惯等方面的差异，把某一产品的市场划分为若干消费者群体的细分市场的过程。每一个消费者群体就是一个细分市场，每一个细分市场都是具有类似需求倾向的消费者构成的群体。市场细分的前提是做好市场调研，其核心是对消费者进行研究与洞察，包括对顾客需求差异性的分析等。

（二）市场细分的条件

1. 市场细分的前提——消费者需求的异质性

如果所有消费者对某一种产品的需求是完全相同的，或者消费者的需求差异性很

微课堂：
市场细分

小，甚至可以忽略不计，那就没有必要进行市场细分。

但一般情况下顾客的需求千差万别，可以按照一定的标准寻找和发现它们的相似之处，从而形成稳定的细分市场。异质性需求是指由于消费者所处的地理位置、社会环境不同，自身的心理和购买动机不同，造成他们对产品的价格、质量和款式等方面需求的差异性，这种需求的差异性就是中小企业进行市场细分的基础。

2. 市场细分的外在条件——企业资源的有限性和市场竞争的客观性

中小企业自身资源有限，不可能同时满足所有消费者的全部需求。此外，企业面临着激烈的市场竞争，要求企业形成自己的竞争优势，也必须集中资源服务于目标市场，才能获得持续发展。

(三) 市场细分的原则

企业进行市场细分是通过对顾客需求差异予以定位，来取得最大的经济效益。但同时产品的差异化必然导致生产成本和推销费用的相应增长。所以，中小企业必须在市场细分取得的收益与增加的成本之间做权衡。有效的细分市场必须具备以下特征：

1. 可衡量性

划分各个细分市场的标准必须是可以衡量的。如果以消费者购买力和市场规模来划分市场，中小企业就必须通过调研来掌握消费者购买力和市场规模的基本数据。如果很难衡量，就无法界定市场。例如，把"绿色健康环保"的产品需求来作为市场细分时一个有用的客户特性，但这种特性难以衡量，因此把它作为细分依据就毫无意义。

2. 可盈利性

每一个子市场规模要足够大，新选定细分市场容量是否足以使中小企业获利。如果细分市场需求量不足，就是细分过度，就没有必要将其细分为一个子市场。

微动画：
有效市场细分的特征

3. 可区分性

可区分性也就是差异性，细分市场在观念上要能被区别，并且对不同的营销组合因素和方案都要有不同的反应。如已婚女性与未婚女性对香水的反应基本相同，这种细分就没必要进行下去。

4. 可实施性

可实施性是指针对每一个细分的子市场，中小企业都应该能够以最低成本及现存营销手段来进入。中小企业所选定细分市场必须与企业自身状况相匹配，自身应有足够能力针对细分子市场来实施营销计划，但如果超过中小企业能力所及就没有细分必要。例如一家小型啤酒企业把市场划分为八个细分市场，但员工、产能、设备不足，无法为每个细分市场推出相应营销计划，那么营销活动也难以实施。

（四）市场细分的作用

1. 有助于中小企业精准寻找市场机会

运用市场细分手段可以了解目标顾客群存在的需求和满足程度，从而寻找、发现市场机会，避免不必要的"机会损失"。但同样是一个市场机会，是否能为消费者带来立竿见影的利益点至关重要，这种利益点直接决定了市场启蒙教育周期的长短与投入的启蒙教育资金多少，中小企业对此要充分认识研究，因为中小企业耗不起长线作战。

2. 有利于中小企业精准开展市场营销

中小企业通过市场细分确定自己所要满足的目标市场，根据自身资源情况和客观需求的最佳结合点，有针对性地开展营销活动，这样才有利于企业自身进行扬长避短，发挥优势来获取更大差别效益的市场机会。

3. 有利于中小企业精准开发适销对路产品

中小企业确定了细分市场，就能更好地把握和贴合目标市场需求，在质量、包装、

看一看：
市场细分的意义

价格、颜色、服务的深度和广度等方面形成差异化竞争优势，集中人力、物力、财力等资源，生产适销对路的产品，从而提高自身竞争力，取得最大经济效益。

二、市场细分的依据

企业取得成功的关键因素之一是它是否能够选择高效的市场细分方式。一种商品多样化的市场需求往往是由多种因素造成的，这些因素客观上也就成了市场细分的依据。

（一）消费者市场细分依据

细分消费者市场的变量因素有许多，归纳起来主要有地理因素、人口因素、心理因素和行为因素等四大类。

1. 地理因素

地理因素是指按消费者所处的地区、国别、城市大小、人口密度、气候和地形等，将整体市场分为不同的小市场。各地区由于自然气候、交通通信条件、传统文化、经济发展水平等因素的影响，形成了不同的消费习惯和偏好，具有不同的需求特点。比如生活在我国不同区域的人们的食物口味就有很大差异，俗话说"南甜北咸，东辣西酸"，也由此形成了粤菜、川菜、鲁菜等著名菜系。消费者地理因素见表 4.1-1。

表 4.1-1 消费者地理因素

细分变量	具体因素	典型分类
地理因素	地理区域	南方、北方、东北或平原、山区
	气候	寒带、温带、亚热带、热带
	城乡	大、中、小城市，镇、乡、村，郊区和农村
	人口密度	高密度、中密度、低密度

但简单以某一地理特征区分市场不一定能真实反映消费者需求的共性与差异，还需结合其他细分变量因素予以综合考虑。

听一听：STP 战略的三要素之市场细分

2. 人口因素

人口因素是指按消费者年龄、性别、家庭人口、家庭生命周期、收入、职业、受教育程度、宗教、种族、社会阶层等将整体市场分为不同的小市场。消费者人口因素见表4.1-2。

表4.1-2 消费者人口因素

细分变量	具体因素	典型分类
人口因素	性别	男、女
	年龄	老年、中年、青年、少年、儿童、婴儿
	受教育程度	高等教育、中等教育、初等教育、文盲
	职业	公务员、教师、工人、医生、军人、农民、个体户
	民族	汉、满、蒙、回、壮、苗
	种族	黄种人、白种人、黑种人
	宗教	基督教、天主教、佛教、伊斯兰教
	家庭人口	多、少
	家庭生命周期	新婚期、子女婴幼期、子女学龄期、子女就业和结婚迁出期、老两口期
	收入	高、中、低

◆▷ 案例分享 ◁◆

消费升级，零售巨头扎堆儿童零食细分赛道

中华全国商业信息中心发布的《2020年零食市场研究报告》指出，我国鞋服、洗护日用品领域都有专门的儿童品牌。相比之下，国内零食品牌还较少地涉足这块细分市场。在国内市场，除了婴幼儿的产品有严格要求外，3岁以上儿童的零食与成人零食的界限非常模糊，市面上的大部分儿童零食只是将成人零食换了一个可爱、清新的包装，迷惑消费者，当作儿童零食来售卖。目前，中国儿童零食市场进入萌芽期，儿童零食不管在全渠道或是在线上，还是一个比较空白的市场，蕴含着巨大的机会。

资料来源：中华全国商业信息中心

▷ 考考你 ◁
如果是你，将从哪个因素入手做零食的市场细分？

按性别可以将市场划分为男性市场和女性市场。不少商品在用途上有明显的性别特征，如男装和女装。在购买行为、购买动机等方面，男女之间有很大的差异，美容美发、化妆品、珠宝首饰、服装等许多行业，长期以来都是按性别来细分市场。

一个家庭，按年龄、婚姻和子女状况，可分为单身、新婚、满巢、空巢和孤独五个阶段。在不同阶段，家庭购买力、家庭成员对商品的兴趣与偏好也会有很大的差别。

再如民族因素，世界上大部分国家都拥有多个民族，我国更是一个多民族的大家庭，除汉族外，还有 55 个少数民族。这些民族都各有自己的传统习俗、生活方式，从而呈现出各种不同的商品需求。按民族这一细分变量可以将市场进一步细分，进而更好地满足各族人民的不同需求，进一步扩大企业的产品的细分市场。

消费需求、偏好与人口变量有着很密切的关系，而且比较容易衡量及获取，是企业经常以此作为市场细分依据的重要原因。

3. 心理因素

心理因素是指消费者的生活方式、个性特点、动机等心理因素。由于人们对消费、工作、娱乐的特定习惯不同，消费倾向及需求也不同。越来越多的企业，如服装、化妆品、家具、娱乐等行业，重新按人们的生活方式来细分市场。生活方式是人们对工作、消费、娱乐的特定习惯和模式，不同的生活方式会产生不同的需求偏好，如传统型、新潮型、节俭型、奢侈型等。这种细分能显示出不同群体对同种商品在心理需求方面的差异性。而个性是指个人的特性组合，个性模式是导致消费者在生活中力求捍卫和保护的自我形象，其举止、衣着和购买商品必须符合自认为的形象。消费者心理因素见表4.1-3。

表 4.1-3 消费者心理因素

细分变量	具体因素	典型分类
心理因素	生活方式	享受型、地位型、朴素型、自由型
	个性	随和、孤独、内向、外向
	购买动机	求实、求便、求新、求美、求名
	态度	热情、肯定、中间、否定、敌视
	价值观念	物质幸福观、精神幸福观

4. 行为因素

行为因素是指根据消费者对产品的了解程度、态度、使用情况及反应等因素进行划分。具体来说，行为变量包括利益追求、购买时机、购买方式、使用时机、使用方式、使用者状况、使用频率、品牌忠诚、准备程度、对产品态度等。消费者行为因素见表4.1-4。

表 4.1-4 消费者行为因素

细分变量	具体因素	典型分类
行为因素	利益追求	便宜、实用、安全、方便、服务
	购买时机	平时、双休日、节假日
	购买状态	未知、已知、试用、不常买、普通、经常购买
	使用频率与使用状态	大量使用者、中量使用者、少量使用者、非使用者;经常使用者、初次使用者、曾经使用者和潜在使用者
	对市场营销因素的反应程度	对产品、价格、渠道、促销、服务等的敏感
	偏好与态度	极端偏好、中等偏好、没有偏好;热心、积极、不关心、消极、敌意

不同消费者对购买同一产品所追求利益有很大差别。美国学者 Haley 曾运用利益细分法对牙膏市场行进细分,他把牙膏需求者寻求的利益分为经济实惠、防治牙病、洁齿美容、口味清爽四类而获得了很大的成功。牙膏公司要先了解竞争对手有哪些品牌,市场上现有品牌缺少什么利益,然后可以根据自己所服务的目标市场的特点,改进自己现有的产品,或另外再推出新产品,才能适应牙膏市场上未满足的利益需要。

消费者购买和使用产品的时机,包括结婚、购房、搬家、拆迁、入学、升学、退休、出差、旅游、节假日等,按这些时机来细分市场有助于提高品牌使用率,提高营销的针对性。如文具企业在新学期开始时可能准备提供学习用品,还有不少产品,如新郎西服、喜临门酒也是时机细分的产物。

消费者市场细分可以由单一因素细分,如儿童玩具市场,根据年龄可划分为以下若干个子市场,如 1—3 岁、3—5 岁、5—7 岁、7—10 岁、10—12 岁、12 岁以上。中小企业也可以运用两个或两个以上的综合因素,同时从多个角度对市场进行细分,还可以

听一听:购买行为与
目标市场选择

按影响消费者需求的各种因素，由大到小、由粗到细地进行系列划分。

————————————　◆ 案例分享 ◆　————————————

某企业营养强化牛奶细分市场轮廓

某企业根据各种消费需求的不同因素，如消费者追求的利益、人口年龄因素将营养强化牛奶市场进行了细分，并根据不同的细分市场确定产品的属性。该企业营养强化牛奶细分市场轮廓如下：

利益	促进生长发育	益智健体	抗疲劳	美容、减肥	预防维生素和矿物质缺乏症
年龄	3—6岁	7—18岁	20—40岁	成年	中老年
细分轮廓	成长强化奶	学生强化奶	成年强化奶	女性强化奶	预防、治疗配方奶
属性	牛磺酸、β-胡萝卜素、双歧杆菌等	DHA、β-胡萝卜素、牛磺酸等	铁、锌、卵磷脂等	胶原蛋白、维生素C、叶酸等	多种维生素和矿物质、乳糖酶等

市场细分的依据是不断变化的，比如年龄、受教育程度和职业会随着时间的流逝而变化，因此对市场细分应有动态观念，而非一劳永逸。

(二) 生产者市场细分依据

生产者市场的购买者是企业用户，一般都是由有关专业人员做出其购买决策是属于理性行为。虽然消费者市场细分的标准也可适用于生产者市场，但生产者市场有一些不同的细分标准。

1. 用户规模

企业在细分生产者市场时，可将用户分为大客户、中客户、小客户三类。用户的规模决定了用户对产品的需求量，中小企业在一视同仁的前提下，要注意特别关注大客户。根据"20/80"原则，大客户数量少但购买额大，对企业的销售市场有举足轻重的作用，是利润的主要来源，企业应予以特殊重视，应与大客户保持直接的、经常的业务关系；对小客户则可以不直接供应产品，而通过中间商销售。

2. 产品的最终用途

生产者购买生产资料的目的都有特殊的或不同的采购要求，比如有科研、制造、修理、转售等生产业务上的需要。由于对所需的生产资料都有特殊的或不同的采购要求，使用目的不同对产品的性能、质量、规格等会有明显不同的要求，中小企业应该充分考虑买方需求特点或追求利益的重点来形成不同的细分市场。

3. 用户的购买状况

购买决策中由于各类人员的不同情况、不同购买方式的采购决策过程各不相同，因而可将整个市场细分为不同的小市场群。中小企业资源有限，与面向整个市场相比，将有限的资源投放到相对较小的消费群体的效果要好得多。

市场细分，一定要以用户为导向，要洞悉消费者主体的消费需求并准确提炼，不对消费者进行研究，就不能透彻地理解消费者的需求，是不可能进行有效的市场细分的。

互联网信息时代要通过大数据来判断目标用户性别、年龄、收入水平等，还需要做实事求是的市场调研，直接与导购、消费者对话，了解用户基本特征和消费痛点。中小企业可以通过标签技术来直观描绘用户属性特征，同时还要清晰地估算出新的市场细分的消费规模和潜力，作为企业投入的评价依据。

2020年10月，党的十九届五中全会指出，"我国已转向高质量发展阶段"。过去那种低水平的、粗放式的发展，在各行各业都难以为继了。企业之间的竞争愈加激烈，针对不同客户制定相应的营销策略，科学合理地做好市场细分，才能适应新形势新要求，实现中小企业的高质量发展。

▶ **任务实施**

此次任务可以通过如下途径实现：

（1）阅读特步细分市场相关案例，思考什么是市场细分？案例中特步抓住的是哪个细分市场？

（2）浏览企业官网、微信公众号、中国知网等，获取特步市场细分做法，查看专家、学者对其市场细分做法的观点。

（3）通过小组讨论分析，总结特步市场细分的成功之处，派出代表在课堂上进行汇报分析。

▶ **任务小结**

　　市场细分是指营销者通过市场调研，依据消费者的需要、欲望、购买行为和购买习惯等方面的差异，把某一产品的市场划分为若干消费者群体的细分市场的过程。市场细分具备可衡量性、可盈利性、可区分性、可实施性特征。市场细分主要分为消费者市场和生产者市场。细分消费者市场归纳起来主要有地理因素、人口因素、心理因素和行为因素等四大类。生产者市场的购买者是企业用户，一般是由有关专业人员做出其购买决策，属于理性行为。

任务二　选择目标市场

▶ **任务导入**

海天目标市场的选择

海天味业在 2021 中国品牌力指数（C-BPI）榜单中，勇夺酱油、蚝油、酱料、食醋"四冠"。调味品属于刚需，海天味业的酱油坐拥 18% 的市占率、龙头地位难以撼动，加之其渠道优势和议价能力，几次提价后，消费者依然买账。然而，海天味业"酱油界茅台"的称号像一句紧箍咒，除了酱油，公司在调味品其他领域的表现不及预期。酱油作为公司毛利率最高的产品，2021 年贡献营收 141.9 亿元，占总营收的六成。过于聚焦的收入来源，也会增加海天味业的经营风险。

只靠酱油挣钱远远不够，海天味业也在有意开拓新品类。中国食品产业分析师朱丹蓬告诉《21CBR》记者，海天味业的业绩已经触到了天花板，布局预制菜和拓品类的举动恰恰体现出企业自身的危机感。2020 年 8 月，海天味业推出韩式辣牛肉、云南酸汤等四款火锅底料新品；同年 12 月，"快捷方式"系列中式复合调味料悄然上线；2021 年 5 月，公司以"地理印记"系列进军大米市场。2021 年年度业绩发布会上，在回复投资者关于进入预制菜赛道的问题时，海天味业董事会秘书张欣称："（预制菜）这个领域与调味品关联度较高，公司也正在积极调研中。"朱丹蓬说："海天味业用户基数大、利润表现较好，如果能够有效实现品类的纵向延伸，应该对公司的业绩和利润有所加持。"

请思考以下问题：

海天选择目标市场的关键决定因素是什么？

资料来源：方文宇. 海天味业的焦虑[J].21 世纪商业评论，2022（6）：70-71.

▶ **任务分析**

目标市场就是企业决定要进入的那个市场部分，也就是企业投其所好，为之服务的那个顾客群。为了提高企业的经济效益，企业必须细分市场，并且根据自己的使命目标、资源和特长等，权衡利弊，选择目标市场。作为未来中小企业市场的营销从业者，有必要了解影响目标市场选择的因素，并掌握目标市场选择的策略。

▶ **知识准备**

选择目标市场，明确中小企业应为哪一类用户服务，满足他们的哪一种需求，是中小企业在营销策略中的一项重要活动。任何中小企业都没有足够的人力资源和资金满足整个市场或追求过大份额的目标，因此中小企业只有扬长避短，找到有利于发挥本企业现有人、财、物优势的目标市场，才能实现高质量发展。

一、目标市场选择的内涵

（一）目标市场的概念

目标市场是企业在市场细分的基础上，根据市场潜量、竞争对手状况、企业自身特点所选定和进入的市场。中小企业能够生产的产品有限，而顾客的需求无限。因此为提高企业经营效益，中小企业只能在市场细分基础上，根据自己的目标、资源、特点等准备相应的产品和服务满足一个或几个子市场。

目标市场选择不是越多越好，通过市场细分结合中小企业自身优势选择目标市场，根据其需求特点提供适当的产品或服务，并制定一系列的营销措施和策略，才能实施有效的市场营销组合。

（二）目标市场选择的条件

中小企业选择的细分市场通常必须具有最大潜力，能为自己带来最大利润。一般企业在确定目标市场时，应考虑以下几个条件。首先，组成细分市场的顾客群体具有类

微课堂：
目标市场的选择

似的消费特性；其次，所选择的目标市场是竞争对手尚未满足的、尚未被竞争者控制或垄断，中小企业能够占领该市场；再次，细分市场上有一定的购买力，有足够的销售量及营业额，保证企业能获得足够的经济效益；最后，企业必须有能力满足目标市场的需求。

例如，"00后"作为市场消费的主力军，一举一动都被手机厂商所关注。由于男女生思维方式不同，因此消费理念也不同，比如年轻女孩　提到买手机会更多地关注两点：机身是否漂亮？拍照是否给力？而男生则注重手机的性能配置、性价比、材质等。因此，如果某手机厂商生产的手机能够同时满足这些需求，推出外观美观，性能良好的手机，就可能获得更大的市场占有率。

（三）目标市场选择的模式

一般情况下企业选择目标市场可以有五种模式（见图4.2-1）。

1. 市场集中化

企业在细分市场上，只生产一种标准化产品为某一特定的顾客群服务，实行专业化生产和销售。由于经营对象单一，企业可集中力量在一个细分市场上取得较高市场份额。采用这种策略的企业要求对目标市场有较深了解，这是大部分中小企业常采用的策略，但缺点是目标市场狭窄，经营风险较高。

2. 产品专业化

产品专业化是指企业集中生产一种产品，并向各类顾客销售这种产品。显微镜生产商向不同的顾客群体销售不同种类的显微镜，比如向大学实验室、政府实验室和工商企业实验室销售显微镜，但并没有去生产实验室可能需要的其他仪器产品。中小企业通过这种战略，在某个专门产品方面树立起高的声誉。但实行这种战略也有经营风险，比如产品（显微镜）被一种全新的显微技术代替，就会发生危机。

3. 市场专门化

市场专门化是指企业专门服务于某一特定顾客群，尽力满足他们的各种需求。例如服装企业专门为老年消费者提供各种档次的服装。中小企业专门为这个顾客群服务，有助于发展和利用与顾客之间的关系，可以降低交易成本，并能建立好的声誉。但一旦这个顾客群的需求潜在量和特点突然发生变化，企业就会遇到经营风险，面临收益下降的危险。

4.有选择的专门化

有选择的专门化是指企业可以有选择地生产几种产品，有目的地进入几个不同的细分市场，共同满足这些市场的不同需求。中小企业可以选择几个专业化不同的细分市场，分别设计不同的营销组合，这有利于分散企业经营风险，但要求企业须有较强的资源能力和营销实力。

5.完全市场覆盖

完全市场覆盖是指企业力图用各种产品满足各种顾客群体的需求，即以所有的细分市场作为目标市场。例如，服装厂商为不同年龄层次的顾客提供各种档次的服装。但这一般只有实力强大的大企业才能采用这种策略。比如，可口可乐公司（饮料市场）和通用汽车公司（汽车市场）。

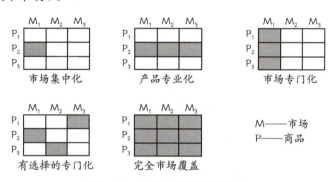

图 4.2-1 目标市场选择的模式

二、目标市场选择的策略

中小企业选择了自己的目标市场后，必须在该目标市场上实施相应的市场营销策略，配合该目标市场各方面的发展。可以选择的目标市场策略有无差异性市场策略、差异性市场策略、集中性市场策略（见图4.2-2）。

（一）无差异性市场策略

无差异性市场策略指企业把整个市场作为自己的目标市场，只考虑市场需求的共性，而不考虑其可能存在的差异。中小企业选择这一策略，可以运用同种产品、同种价格、同种推销方法，来吸引尽可能多的消费者。这种策略对于需求广泛、市场同质性高且能大量生产的产品比较合适。

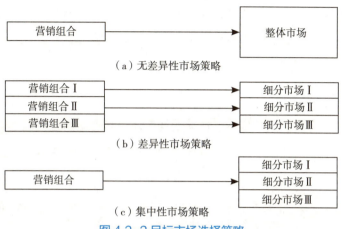

（a）无差异性市场策略

（b）差异性市场策略

（c）集中性市场策略

图 4.2-2 目标市场选择策略

采用这种策略的主要优点有：企业产品单一，容易保证质量，大批量生产，能有效降低生产、储运成本；没有开展市场细分，可以减少企业在市场调研、产品开发、制定各种营销组合方案等方面的营销投入；另外无差异的广告宣传和其他推广活动，有利于建立整体品牌形象。主要缺点在于企业产品单一，不能很好地满足不同购买者的需要，竞争优势不明显。

◆ 案例分享 ◆

唯品会的无差异性营销策略

提到特卖两个字，大家脑海中第一个想起的肯定是唯品会。其主营业务是在线销售品牌折扣商品，并通过在这一目标市场的深耕，2018 年唯品会实现了注册用户超 3 亿人，年营收达 261 亿元。唯品会成功的奥秘在于认清形势，在淘宝、京东两大综合电商巨头的垄断下选择细分市场，并且寻求单点突破。除此以外，唯品会仍然有一点值得关注，即对整个重要市场只提供一种服务——特卖。

这是一种无差异性的运营策略，即只提供一种产品服务于整个市场。这种策略不考虑再细分市场的特殊性，而只考虑共性。运用无差异性的运营策略能够有效地强化品牌形象。唯品会为用户提供"特卖"商品，开创了新的电商模式，也让唯品会"折扣特价＋正品"的概念印在用户的脑海。

资料来源：浙江民营企业网，2019 年 12 月 23 日，有删改

对于大多数产品，选择无差异性市场策略并不一定合适。首先，消费者的需求客观

上千差万别并不断变化，一种产品长期被所有消费者和用户欢迎非常罕见。其次，当众多企业都采用这一策略时会造成市场竞争异常激烈。因此一些长期实行无差异性市场策略的企业一般最后也转而实行差异性市场策略。

（二）差异性市场策略

差异性市场策略指企业以整体市场上的各个子市场作为自己的目标市场，针对各个市场的特点，分别为其设计不同的产品和采取不同的市场营销方案，以满足各个子市场的不同需要。

这种策略采取小批量、多品种，能够更好地满足不同购买者的需要，生产机动灵活、针对性强，有利于扩大销售、占领市场、提高企业声誉，而且中小企业不依赖于一个市场和一种产品，有利于中小企业分散风险。

采用这种策略的不足之处：一是由于产品、促销方式等差异化，增加了管理难度和企业的成本费用；二是中小企业的资源配置不能有效集中，可能顾此失彼，甚至在企业内部出现彼此争夺资源的现象，使拳头产品难以形成优势。

◁ 案例分享 ▷

娃哈哈的差异性营销策略

娃哈哈集团旗下有诸多差异化产品：咖啡＋可乐＝非常咖啡可乐，啤酒口味＋茶风味＝啤儿茶爽，奶＋花生＝呦呦奶醇，果汁＋牛奶＝营养快线……其实，市场上这种混合型产品屡见不鲜，例如：奶茶＝牛奶＋红茶，果奶＝果汁＋牛奶，等等。这些饮料产品大都成功了，奶茶更是成了风靡一时的潮流饮品，但是娃哈哈的非常咖啡可乐、啤儿茶爽等都不怎么成功。

资料来源：闵丽菁，甘胜军.娃哈哈饮料产品差异化战略误区浅析[J].全国商情（理论研究），2010.

> ▶ 考考你 ◀
> 娃哈哈的差异性营销策略的实施效果如何？

（三）集中性市场策略

实行无差异性市场策略和差异性市场策略的企业一般以整体市场作为营销目标，试图满足所有消费者在某一方面的需要。

集中性市场策略是在细分后的市场上，集中力量进入一个或少数几个细分目标市场，中小企业通过选择这一策略，可以实行专业化生产和销售，争取在该目标市场上占有大量份额，在个别市场上发挥优势，提高市场占有率。

采用该策略的优点：一方面能集中优势力量，有利于实现产品适销对路，提高企业和产品的知名度；另一方面在生产和销售等方面有利于企业实行专业化，降低成本，用低投资产生高回报。

局限性：一是目标市场范围小，企业发展受限；二是品种单一，具有较大的经营风险。如果目标市场的消费者需求和爱好发生变化或转移，企业就可能因应变不及时而陷入困境。同时，当强有力的竞争者打入目标市场时，企业就要受到严重影响，而且随着新的更有吸引力的替代品出现可能使企业因没有回旋余地而陷入困境。

但中小企业由于资源有限，在整体市场上可能无力与大企业抗衡，如果集中资源优势在大企业尚未顾及或尚未建立绝对优势的某个或某几个细分市场进行竞争，成功的可能性会更大。因此，中小企业为了分散风险，可以考虑集中性市场策略，选择一定数量的细分市场为自己的目标市场。

◢◤ 案例分享 ◢◤

福耀玻璃的集中性营销策略

福耀集团（全称福耀玻璃工业集团股份有限公司），1987 年在中国福州注册成立，是一家专业生产汽车安全玻璃和工业技术玻璃的中外合资企业，名副其实的大型跨国工业集团。1993 年，福耀集团股票在上海证券交易所挂牌，成为中国同行业首家上市公司，股票简称：福耀玻璃，股票代码 600660。公司在中国福州注册成立以来，采用集中性营销策略，专业生产汽车安全玻璃和工业技术玻璃，是国内最具规模、技术水平最高、出口量最大的汽车玻璃生产供应商，产品"FY"商标是中国汽车玻璃行业迄今为止唯一的"中国驰名商标"，在国内的整车配套市场，福耀为各著名汽车品牌提供配套产品，市场份额占据了全国的半壁江山。福耀玻璃创始人在《心若菩提》书中自述：20 世纪 90 年代，福耀公司经营很多业务，然而这么多业务却让福耀公司陷入亏损，在彻读《聚焦》之后，创始人曹德旺先生决心聚焦单一业务：汽车玻璃，成为汽车玻璃的专家品牌，从而成为全球汽车玻璃大王。

资料来源：辛运宏. 福耀玻璃产品营销策略研究 [D]. 吉林大学,2014.

三、目标市场选择的影响因素

中小企业选择目标市场时，必须考虑面临的各种内部、外部因素和条件。

（一）企业能力

如果中小企业力量雄厚，在生产、技术、销售、管理和资金等方面力量较强，即可选择差异性市场策略或无差异性市场策略；如果中小企业资源及能力有限，则适合选择集中性市场策略。

（二）产品需求特点

产品的同质性是指在消费者眼中不同企业生产产品的相似程度，相似程度高则同质性高，反之则同质性低。同质性产品主要表现在一些未经加工的初级产品上，如水力、电力、石油等。由于同质性产品竞争主要表现在价格和提供的服务方面，因此该类产品适用于采用无差异性市场策略。而对服装、化妆品、家用电器、食品等同质性较低的产品，中小企业根据自己实际的资源力量，采用差异性市场策略或集中性市场策略。

（三）产品所处的寿命周期阶段

中小企业新产品在引入阶段可采用无差异性市场策略，因为单一的新产品探测市场需求，产品价格和销售渠道基本上单一化；当产品进入成长或成熟阶段，市场竞争加剧，同类产品增加，改为差异性或集中性市场策略效果更好；当产品步入衰退期，为保持市场地位，延长产品生命周期，全力对付竞争者，可考虑采取集中性市场策略。

（四）市场的类同性

市场的类同性指各细分市场顾客需求、购买行为等方面的相似程度。市场类同性越高，意味着各细分市场相似程度越高，不同顾客对同一营销方案的反应大致相同，此时中小企业可采用无差异性市场策略；反之应采用差异性或集中性市场策略。

（五）竞争者战略

当市场上同类产品的竞争者较少，竞争不激烈时，可采用无差异性市场策略；反之可采用差异性或集中性市场策略。

选择适合中小企业的目标市场策略是一个复杂多变的工作。在移动互联网时代，面临着信息爆炸、科技创新、竞争加剧所带来的多重挑战，企业内部条件和外部环境在不断发展变化，中小企业经营者要不断通过市场调查和预测，掌握和分析市场变化趋势与竞争对手的条件，扬长避短，发挥优势，把握时机，采取灵活的适应市场态势的策略，努力创新，去争取较大的利益。

▶ **任务实施**

　　此次任务可以通过如下途径实现：

　　（1）阅读海天酱油的案例，思考海天选择目标市场的关键决定因素。

　　（2）通过企业官网、微信公众号、抖音、小红书等了解，获取海天酱油选择目标市场的详细信息和案例，了解查看专家、学者对其做法的评论。

　　（3）通过小组讨论分析，总结海天酱油锁定目标市场成功之处，派出代表在课堂上进行汇报分析。

▶ **任务小结**

　　目标市场是企业在市场细分的基础上，根据市场潜量、竞争对手状况、企业自身特点所选定和进入的市场。我们可以选择的目标市场策略有无差异性市场策略、差异性市场策略、集中性市场策略。选择目标市场时，必须考虑中小企业面临的各种内外部因素和条件，包括企业能力、产品需求特点、产品所处的寿命周期阶段、市场的类同性、竞争者战略。

任务三　找准市场定位

▶　任务导入

成功市场定位带来高效增长

加多宝实践证明，无论哪一年针对定位来检索内部运营，总是能发现不少与定位要求不合的运营，同时也存在对定位机会投入不足的运营活动，通过加强后者和删除前者，加多宝在投入并不比竞争者更大的前提下，释放出了惊人的生产力，短短7年内，从1亿元突破到了160亿元。

瓜子网通过将二手车C2C交易模式定位为"二手车直卖网"，从而减化了大量的运营活动，通过舍弃不符合直卖定位的各种模式实现了资源的聚焦和企业的内外一致、上下同欲，创办仅两年就成为二手车交易的领导者，估值达25亿美元，实现了高效的成长。

请思考以下问题：

市场定位对企业的影响如何？市场定位要考虑哪些问题？

资料来源：艾·里斯，杰克·特劳特，顾均辉，等.定位：争夺用户心智的战争[J].商学院，2016（1）：116.

▶　任务分析

如今市场竞争日益激烈，市场细分越来越清晰，中小企业要想把品牌做大，就只能找到自己的市场定位，找到属于自己的一席之地，否则就只能被淘汰出局。作为中小企业将来的经营者不得不掌握市场定位的依据，做好明确的市场定位。

▶　知识准备

一、市场定位的概念

市场定位是由美国营销学家艾·里斯和杰克·特劳特在1972年提出的，其含义是企业根据竞争者现有产品在市场上所处的位置，针对顾客对该类产品某些特征或属性的重视程度，塑造与众不同的，给人印象鲜明的形象，并将这种形象生动地传递给顾客，从而使该产品在市场上确定适当的位置。

产品的市场定位是企业以什么样的产品及服务来满足目标用户市场或目标用户的需求。中小企业应针对竞争者、现有产品在市场上所处的位置和自身条件，以及消费者对该产品的印象和理解，为产品、服务设计和塑造一定的个性或形象，并通过一系列营销努力把这种个性或形象强有力地传达给顾客，抢占消费者心智，从而确定该产品在市场上的地位。

市场定位的核心是企业为产品或服务设计和塑造一定的个性或形象，然后通过不断传播强化，去占领消费者的心智记忆，从而让他们能够记忆反射性地购买该品牌产品。中小企业可以明确自身的竞争优势，向顾客提出一个他们应该购买的强烈理由，明确自身的竞争优势，以及能给顾客带来的核心利益和服务。

二、市场定位的类型

市场定位根据不同的分类标准可以分为不同的类型，根据定位的具体内容，可以分为产品定位、企业定位、竞争定位和消费者定位等。

（一）产品定位

产品定位是中小企业可以根据自己的市场定位，调整或建立企业自身产品结构体系、产品卖点（产品功能属性定位、产品线定位、产品外观及包装定位、产品卖点定位、基本营销策略定位），以适应目标市场内目标消费群体需求，侧重于产品实体，定位质量、成本、特征、性能、可靠性、款式。

（二）企业定位

企业定位是中小企业通过自身的产品及品牌，在基于消费者需求的基础上，将企业

微动画：
USP 定位

听一听：STP 战略的
三要素之市场定位

微课堂：
市场定位策略

独特的个性、企业文化和企业形象，塑造于消费者的心目中，并占据一定位置，以形成对消费者的率先吸引力。

（三）竞争定位

竞争定位是要求中小企业突出本企业产品与竞争对手产品的不同特点，通过评估选择，确定本企业最有利的竞争优势，并加以开发的过程。

（四）消费者定位

消费者定位是对企业产品的潜在消费群体进行定位，根据消费群体的不同属性，确定核心消费群体，不同的定位对消费行为形成直接或间接影响，中小企业要依据消费者的心理与购买动机，寻求其不同的需求并不断给予满足。消费者定位可以从若干属性，例如年龄、地区、性别、教育水平、家庭组成等进行。

三、市场定位的依据

中小企业找到产品的市场定位的依据，一般可以从目标顾客、竞争者和企业自身三个角度探讨。

（一）从目标顾客角度定位

可以分别根据产品客户的不同类型定位、产品功能利益定位、用户使用场景定位。

1. 根据产品客户类型定位。是指把产品和特定用户群联系起来的定位方法，让使用者对产品产生一种量身定制的感觉，如儿童医院是针对儿童的专业医院。

2. 根据产品功能利益定位。多数消费者购买产品主要是为了获得产品的使用价值，希望产品具有所期望的功能、效果和效益。如王老吉定位"预防上火"的产品功能，海飞丝定位去头屑效果，高露洁定位没有蛀牙的功效。

3. 根据用户使用场景定位。用户在归类产品时，除了考虑产品的形态或者是功能使用等，还会考虑产品在生活中的使用场景。因此中小企业可以通过明确用户使用场景，了解用户在什么样的场景下会使用你的产品作为定位依据。比如抖音的使用场景一定是用户闲来无事用来打发时间的场合，有可能是在地铁、家中、卫生间等；而百度搜索的使用场景则是在用户有问题或者是有需要了解的东西的时候。

（二）从竞争者的角度定位

中小企业可以根据竞争对手的弱点入手，找到空缺进行定位。例如，脉动对娃哈哈、椰树椰汁等饮料品牌市场占有率进行分析，发现它们在常见的休闲饮料、餐桌饮品中有着极高的市场占有率，然而在运动功能饮料市场中却出现了空缺。因此，脉动将自己定位为"补充能量"的运动功能饮料，成功避开了这些强势饮料，以一句"随时脉动回来"的 slogan 在饮料市场中夺得一席之地。

（三）从企业自身角度定位

1. 属性特色定位法。 中小企业可以根据自己独有的特色属性定位。一个品牌的诞生无非有两个原因，用户有需求、企业能满足，中小企业要有引导用户发现未被激发的需求的能力。比如共享单车满足了没有自行车的用户客观存在的出行需求，或是企业提供的东西不是用户必需的，但是会诱发主观层面的需求，比如便携式定位跟踪器这种产品，绝大多数买的人不是因为有汽车安全的需求，而是为了满足主观上的那份好奇心，想知道别人开我的车去哪儿了，干什么了，等等。

因此，中小企业可以按照用户的属性和产品的属性给品牌做差异化定位。一个品牌通常有它主打的受众，就像化妆品分为少年女性品牌和成熟女性品牌，汽车有适合女性开的和适合男性开的，这就说明用户是有属性的，如性别、职业、年龄、地理位置、身份、爱好、星座等。而用户的属性又决定了他们有什么样的需求，中小企业可以根据产品属性做划分，包括产品功能、产品大小、产品价格、产品口味等，其中服务也是一种产品，它的属性就有舒适度、便捷度等。

▶ 案例分享 ◀

零度可口可乐，在保留经典味道的同时，给予消费者无糖无热量的体验，满足了喜欢喝碳酸饮料但又惧怕高热量的人群的需求，因此就有了无糖型碳酸饮料这样的差异化定位，填补了碳酸饮料行业的一大空白。

资料来源：何俊锋. 疯卖：如何让你的产品、品牌和观念飞速传播 [M]. 北京：机械工业出版社，2019.

2. 质量价格档次定位。 中小企业可以根据商品的质量和价格不同构成、不同档次进行定位。如汽车中的劳斯莱斯是高档车的代表，哈弗定位于经济型 SUV。按照品牌在消费者心中的价值高低可将品牌分为不同的档次，如高档、中档和低档，而不同档次的品牌带给消费者不同的心理感受和情感体验。

四、找准市场定位

定位策略的合适使用才可以成就企业。中小企业要针对自己发展状况以及不断变化的市场选择合适的定位策略，定位策略一般主要有以下几种方式。

（一）重新定位

中小企业选定了市场定位目标后并不是一成不变的，如果定位不准确或市场情况发生变化时，中小企业应考虑重新定位，变动产品特色，改变目标顾客对其原有的印象，使目标顾客对其产品新形象有一个重新的认识过程。中小企业产品在市场上定位即使很恰当，但遇到以下情况要考虑重新定位：

1.竞争者推出的产品定位与本企业产品接近，导致本企业的部分品牌产品市场被侵蚀，造成了市场占有率的下降。

◆ 案例分享 ◆

在儿童药品类中排在前三名的是小葵花、999、三精。其中小葵花只做儿童药的品牌。根据定位相关理论知识，小葵花有望占据儿童药品类第一的消费者心智。但小葵花并没有从领导者、热销信任状的角度去建构品牌传播策略，而是回归消费者去寻找输出的机会。后来在"滥用成人药，用药靠掰，剂量靠猜"的现实面前，小葵花提出了"孩子不是你的缩小版——儿童要用儿童药"口号，全面整合广告、公关、数字营销和渠道终端活动，完成了一场现象级的传播战役。本次战役，获得了折合价值超过数千万元的官方媒体和KOL的自传播，形成了从医药全局到全民的影响。

正是这场战役开启了儿童安全用药教育的元年，不仅有效助推小葵花成为首个进入消费者心智的儿童药品牌，而且在此之后，政府密集出台鼓励儿童药研发生产，并且开放进入基药目录的政策，还废止了令儿童致聋的元凶——退烧针。

资料来源：根据虎啸网资料整理

▶ 考考你 ◀
999、三精如何重新定位才能获得更多市场份额？

2.消费者偏好发生变化，从喜爱本企业的品牌转移到竞争者的品牌。

重新定位是以退为进的策略，目的是实施更有效的定位。但如果要重新定位，那么中小企业必须慎重考虑两个问题：

（1）将自己的品牌定位从一个分市场转移到另一个分市场时的全部费用。

（2）将自己的品牌定位在新的位置上的收入所得有多少，主要取决于这个分市场的购买者和竞争者有多少、平均购买率有多少、销售价格能定多高。

（二）创新定位

创新定位是指寻找新的尚未被占领但有潜在市场需求的位置，填补市场上的空缺，生产市场上没有的、具有某种特色的产品的定位。比如，极米无屏电视建立一个新品类，跳出传统有屏电视，在电视"红海"市场开辟了一片"蓝海"，抓住电视往大屏幕发展的需求，定位家庭影院，把传统的投影仪和移动内容结合在一起，打造出无屏电视的概念，运用及时投影技术，研发集智能投影、电视和音响于一体的爆款单品极光无屏电视。采用这种定位方式时，中小企业应明确自身的创新定位的产品在技术上、经济上是否可行、是否有足够的市场容量，能否为企业带来合理而持续的盈利。

（三）避强定位

避强定位是指中小企业开拓新产品市场，回避与目标市场上竞争者直接对抗，将其位置定位在某个市场空白领域或空隙，开发并销售目前市场上还没有的具有某种特色的产品。一般情况下，消费者对进入头脑的事物记忆最清楚，很容易记住那些最先进入心灵的东西，而把其后的东西忽略掉了。当中小企业意识到自己无力与强大的竞争者抗衡时，则可以选择远离竞争者，根据自身条件及相对优势，突出宣传自己与众不同的特色，满足市场上尚未被竞争对手发掘的潜在需求。如微信定位熟人社交，陌陌独辟蹊径定位陌生人社交。这是避开强劲对手，经营风险相对小、成功率较高的一种定位，实力

微动画：
避强定位

微动画：
对抗性定位

较弱的中小企业若能正确运用此方式，获得成功的可能性较大。

（四）对抗性定位

这是一种以强对强的市场定位方法，即将本企业形象或产品形象定位在与竞争者相似的位置上，与竞争者争夺同一目标市场。企业选择接近于现有竞争者或与其重合的市场位置，彼此在产品、价格、分销及促销各个方面的区别不大，共同争夺同样的顾客。

▶ 案例分享 ◀

　　同样是满足成为家长主力军的"80后""90后"对高端儿童零食的健康、安全、营养的市场需求，百草味推出的"童安安小朋友"1.0系列，定位为给孩子"正餐以外的有益补充"。徐福记旗下品牌"自然食客"也推出一款针对儿童消费群体的"零食盒子"产品，将果干、坚果、巧克力等通过科学配比混合成"零食盒子"，一组6小盒，不同口味，解决孩子挑食问题。良品铺子"小食仙"采用先进技术，研发出一款"营养焕彩果园组合"，将水果中95%的营养保存下来，专门针对不爱吃水果的小朋友。

　　资料来源：原创

实行这种策略应具备条件：一是企业能提供质量更好或成本更低的产品或服务；二是市场容量足够大，能容纳两个或两个以上的竞争产品；三是比竞争对手有更多的资源和更强的实力。这种定位策略存在一定风险，但能激励企业以较高目标要求自己奋发向上，一旦成功就会取得巨大的市场优势，且在竞争中产生轰动效应，让消费者快速了解企业的产品或服务，易于树立企业形象。中小企业在实行这种定位时必须知己知彼，清醒估计自身实力，不一定要能压垮竞争者，平分秋色就是巨大成功。

任何理论都有边界，每一种方法的意义和价值，是基于它们本身适用的前提条件而存在，都要与时俱进。就算宝洁这样的大企业，每一款产品都有明晰的品牌定位，曾经的营销法则更是被学习，但也逃不过品牌老化，利润下滑的颓势，最终不得不做出战略调整的策略。

▶ **任务实施**

此次任务可以通过如下途径实现：

（1）阅读加多宝和瓜子网的市场定位对运营效率的影响案例，思考市场定位对企业的影响如何？市场定位要考虑哪些问题？

（2）浏览企业官网、微信公众号、抖音、小红书等，获取加多宝和瓜子网的市场定位做法，了解查看专家、学者对其做法的评论观点。

（3）通过小组讨论分析，总结中小企业市场定位现状，中小企业市场定位的优秀经验，派出代表在课堂上进行汇报分析。

▶ **任务小结**

市场定位是指企业根据竞争者现有产品在市场上所处的位置，针对顾客对该类产品某些特征或属性的重视程度，塑造与众不同的，给人印象鲜明的形象，并将这种形象生动地传递给顾客，从而使该产品在市场上确定适当的位置。定位策略主要有重新定位、创新定位、避强定位、对抗性定位这几种方式。

技能提升训练　STP 战略在中小企业的应用分析

▶ **训练目标**

1. 学会运用市场细分变量对消费者市场进行市场细分；

2. 认识目标市场营销的意义和重要性，能分析自己所选企业案例的目标市场的营销策略并总结市场定位策略；

3. 提高搜索信息和筛选整理归纳材料的能力；

4. 培养团队沟通协作能力。

▶ **实施流程**

流程一　分小组选择感兴趣的一家中小企业，调查该企业目前的经营状况，包括主要经营范围，自身资源状况。搜索资料，整理结果。

流程二　收集资料分析该企业所处行业市场情况，行业前景，可能的市场潜量，本企业产品或服务的竞争力、可能的增长趋势、货源保证、种类丰富性、是否有专利、市场占有率、影响力、主要竞争对手的产品或服务情况。整理结果记录如下：

流程三　分析该企业产品目前的主要目标市场。逆向分析主要目标市场当时进行市场细分的依据、目标市场的主要特点及选择目标市场的策略，推导当时市场定位方案及采用的定位策略。整理结果记录如下：

流程四　收集资料分析目标顾客对产品或服务的评价。根据行业发展趋势分析判断该企业未来可能的细分市场和目标市场的变化特点。提出未来目标市场策略。整理结果记录如下：

流程五　小组整合成员资料并讨论分析形成报告。

流程六　小组制作 PPT 进行汇报，相互点评，教师总结。

思考与练习

一、单选题

1. 同一细分市场的顾客需求具有（　　　）。

A. 绝对的共同性　　　　　　　　　　B. 较多的共同性

C. 较少的共同性　　　　　　　　　　D. 较多的差异性

2. 将市场划分为城镇市场和农村市场，其划分变量是（　　　）。

A. 人口因素　　　　　　　　　　　　B. 地理因素

C. 行为因素　　　　　　　　　　　　D. 心理因素

3. （　　　）差异的存在是市场细分的客观依据。

A. 产品　　　　　　　　　　　　　　B. 价格

C. 需求偏好　　　　　　　　　　　　D. 生产

4. 依据目前的资源状况能否通过适当的营销组合去占领目标市场，即企业所选择的目标市场是否易于进入，这是市场细分的（　　　）原则。

A. 可衡量性　　　　　　　　　　　　B. 可实施性

C. 可盈利性　　　　　　　　　　　　D. 可区分性

5. 某公司只经营男士西服、衬衫、大衣等，这种选择属于（　　　）。

A. 市场集中化　　　　　　　　　　　B. 产品专门化

C. 市场专门化　　　　　　　　　　　D. 有选择的专门化

二、多选题

1. 目标市场选择策略有（　　　）。

A. 无差异性市场策略　　　　　　　　B. 差异性市场策略

C. 集中性市场策略　　　　　　　　　D. 选择性市场策略

E. 独家性市场策略

2. 影响一个企业目标市场选择的因素有（　　　）。

A. 企业能力　　　　　　　　　　　　B. 产品需求特点

C. 市场特征　　　　　　　　　　　　D. 产品生命周期

E. 竞争者战略

3. 消费者市场细分的依据有（　　　）。

A. 地理因素 　　　　　　　　　B. 人口因素

C. 心理因素 　　　　　　　　　D. 动机因素

E. 行为因素

4. 目标市场的选择方式（即市场覆盖模式）有（　　　）。

A. 产品市场集中化 　　　　　　B. 产品专业化

C. 市场专业化 　　　　　　　　D. 有选择的专业化

E. 完全市场覆盖

5. 产品的定位的依据有（　　　）。

A. 目标顾客 　　　　　　　　　B. 竞争者

C. 企业所提供产品或服务的角度 　D. 供应商

三、判断题

1. 差异性营销策略设计不同的营销策略组合方案，满足不同细分市场的需要。

（　　　）

2. 市场定位就是决定企业的服务对象。（　　　）

3. 市场细分的原则是市场划分越细越好。（　　　）

4. 无差异性市场策略是用一种市场营销策略组合满足若干个细分市场的需要。（　　　）

5. 市场细分对企业非常重要，细分变量一旦确定，不用变化，可一劳永逸。（　　　）

四、论述题

1. 企业有市场细分的必要吗？为什么？

2. 消费者市场细分依据有哪些主要变量？生产者市场细分依据有哪些主要变量？

3. 什么是目标市场？目标市场策略有哪些？

4. 企业应怎样进行市场定位？

项目五
顾客满意策略

▶ **学习目标**

（一）知识目标

1. 理解顾客满意策略的概念与内涵；

2. 理解顾客满意策略对企业的作用；

3. 熟悉中小企业顾客满意策略的制定。

（二）能力目标

1. 能辨别中小企业顾客满意策略存在的问题；

2. 能为中小企业制定合适的顾客满意策略。

▶ **学习任务**

任务一　认识顾客满意策略；

任务二　设计顾客满意策略；

任务三　制定中小企业顾客满意策略。

任务一　认识顾客满意策略

▶ **任务导入**

赢得客户的满意

晚上 10:30 左右，一位客人走进餐厅，说："还能在这儿吃点夜宵吗？累了不想再往外跑了。""可以，您想吃点什么？我去给您准备。"服务员对客人说。客人一听，开心地说："太好了，谢谢你，小姑娘，我们一起三个人，随意上点就行。"

已经这么晚了，复杂点的饭菜，餐厅也没法做了，晚上吃多了也不利于消化。想到这儿，服务员对客人说："10 点多了，过会儿就该休息了，给您上点易消化的可以吗？每人吃上一碗面，外加几个可口的小菜，你看可以吗？""可以，太好了，热乎乎的面，想想是又馋又饿。"客人满意地说，"还以为这么晚了不让我们吃了，想是来试试不成再出去呢。""怎么可能不让您吃，您来了我们就得尽力做到满意。"服务员回应着客人。

十分钟过后，饭菜上齐。服务员从客人的交谈中得知，这三位客人是来济南看病人的，不知道去医院怎么走，他们是开车过来的。于是，服务员详细地给客人讲了去医院的路线，还简单地画了张小图给客人，并且画上了回酒店的路线。

服务员耐心细致的服务得到了客人的好评，客人临走时直夸餐厅服务热情、周到，服务员的素质高。

请思考以下问题：

服务员的什么行为赢得了客户的满意？

资料来源：张迎燕, 陶铭芳, 胡洁娇. 客户关系管理 [M]. 南京大学出版社, 2021.

▶ **任务分析**

顾客满意度，是以购买者知觉到的产品实际状况和购买者的预期相比较来决定的。良好的产品或服务，最大限度地使顾客满意，成为中小企业在激烈竞争中独占市场、赢得优势的制胜法宝。因此，我们可以角色更换，即从顾客的角度，用顾客的观点和利益来分析和考虑市场需求和消费者需要。从而提高顾客满意度，达到传播企业良好的形象，扩大顾客队伍的目标。

▶ **知识准备**

　　如果产品的实际状况不如顾客的预期，则购买者感到不满意；如果实际状况恰如预期，则购买者感到满意；如果实际状况超过预期，则购买者感到非常满意。顾客满意度，是以购买者知觉到的产品实际状况和购买者的预期相比较来决定的。顾客的预期是由过去的购买经验、朋友的意见以及营销人员和竞争者的信息和承诺来决定的。那么，什么是顾客满意策略？

一、顾客满意策略

（一）概念

　　顾客满意策略，是英文 Customer Satisfaction 的缩写，始创于 20 世纪 80 年代末 90 年代初，在美国、瑞典和日本等国家的一些先进企业实施过程中，均取得了显著成效。顾客满意策略是指企业以用户满意为最高经营目标的一种经营策略，在这种经营策略指导下，中小企业开展各项经营活动都要以用户的利益为核心，旨在通过用户的持续长期满意，获得用户的忠诚，进而实现企业的长期生存和发展。

（二）顾客满意策略的基本思想

　　顾客满意策略的基本思想是企业的所有营销活动都必须以顾客满意为行动指南。中小企业作为经营者必须进行角色更换，即从顾客的角度，用顾客的观点和利益来分析和

微课堂：
顾客满意策略

听一听：
顾客满意策略的背景

量表：
销售能力

考虑市场需求和消费者需要。这一营销策略的基本观点和方法，就是要把顾客的各种需求作为企业开发产品的源泉，进而在产品的功能、价格设定、分销渠道、售后服务等方面以便利顾客为原则，让顾客最大限度地感到满意，促使企业从产品开发、售中服务、售后服务等环节及时跟踪研究顾客的满意程度，并根据研究结果及时改进企业目标，调整企业营销环节，使企业通过顾客满意的口碑，传播企业良好的形象，扩大顾客队伍。通过不断稳定和提高顾客满意程度，可以保证中小企业在激烈的市场竞争中占据有利的地位。

（三）顾客满意策略基本构成

顾客满意策略由三个方面构成：一是企业能否让顾客买到喜欢而满意的商品；二是企业能否让顾客受到良好而满意的服务；三是企业能否让顾客在心理上得到满足，例如个性、情趣、地位、生活方式等方面的满足。中小企业通过这三个方面实现对顾客的满足，提升服务质量，提高顾客满意程度，增强企业整体竞争实力。

二、顾客满意对中小企业的作用

顾客满意对中小企业来讲至关重要。良好的产品或服务，最大限度地使顾客满意，成为中小企业在激烈竞争中独占市场、赢得优势的制胜法宝。

（一）顾客满意可以使中小企业获得持续购买顾客

顾客满意既是企业的出发点又是落脚点。顾客满意就会持续购买，进而成为忠诚顾客，企业才能持续生存，获得稳定的市场份额。中小企业要让其提供的产品或服务得到顾客的认可，并让顾客乐于接受，这就要求企业了解顾客需要什么样的产品和服务，对产品和服务有什么样的要求。中小企业只有掌握了这个出发点，才能为顾客提供满意的产品或服务。同时，顾客满意的程度决定了企业获利的空间，决定了企业发展的思路。

听一听：顾客满意策略的由来1

听一听：顾客满意策略的由来2

按常规算法，一家企业若保住 5% 的稳定顾客，那该企业的利润至少会增加 25%。因此，中小企业应努力使顾客满意，只有掌握了"顾客满意"这个原动力，才能得到长足的发展。

满意的顾客会比不满意的顾客有更高的品牌忠诚度，更可能再次购买该产品或者购买企业的其他产品。中小企业可以结合自身的价格优势，重复购买率高将获取更多的收益，有助于获得更多利润。

▶ 知识加油站 ◀

"顾客满意"和"顾客忠诚"之间的区别在于：顾客购买了产品或对服务产生满意感后，不一定会再次购买。例如，某顾客在一家酒店住宿并感到满意，但下一次他不一定会再住同一家酒店。因而，在很多时候"顾客满意"一般是一次性的。而顾客对某品牌或企业的满意发展到忠诚后，他会再次购买同一品牌产品。

"顾客满意"和"顾客忠诚"之间又有着密切的联系。了解顾客的需求和期望，满足顾客的期望，进而超越期望让顾客满意，才能实现顾客的忠诚。对于企业来说，达到顾客满意是基本任务，否则产品卖不出去，而获得顾客的忠诚是竞争取胜的保证。只有在顾客满意的基础上，顾客才会成为这个品牌或企业的忠诚顾客。对于现代企业来说，其目标的定位仅有顾客满意是不够的，否则，当出现更好的产品供应时，顾客就会更换供应商。以丰田公司为例，研究表明 75% 的丰田产品购买者表示十分满意，而且这 75% 的顾客宣称他们愿意再次购买丰田公司的产品，这一事实说明高度的满意能培养其对品牌情感上的吸引力，而吸引的基础是建立在顾客对产品的高度忠诚上。

资料来源：吕微，牛琪彬 . 论市场营销学中的满意与忠诚 [J]. 中共山西省委党校省直分校学报,2005（4）.

（二）顾客满意可以使中小企业在竞争中得到保护

满意的顾客不但忠诚，而且这种忠诚能够长期保持，顾客满意是形成忠诚和推荐的基础，一般不会轻易转向其他产品或为了更低价格抛弃原来的供应商。即使在企业出现困难时，这些顾客也会在一定范围对企业保持忠诚，这给中小企业提供了缓冲困难的时间，最大限度降低不利影响。

每个销售人员都知道，成交一次重复购买比说服新顾客购买容易得多。越高的顾客忠诚度意味着销售花费的成本越低，对于重复购买，销售人员只需向顾客推荐应该买哪种产品，多少钱，而不是费时费力地向顾客推荐为什么要买本企业的产品。而且，满意的顾客乐于将自己的感受告诉别人，会为企业和产品说好话，像小喇叭一样到处做宣传，帮助企业节约广告成本；他们会忽视竞争对手的品牌和广告，对低价也不敏感；满意顾客还会向中小企业提出产品或服务的建议。

▶ **任务实施**

完成此次任务，可以通过如下途径实现：

（1）通过阅读《赢得客户的满意》案例，思考服务员的什么行为赢得了客户的满意。

（2）通过浏览网站、微信公众号等信息，获取企业顾客满意策略案例，熟悉顾客满意策略对中小企业的作用。

（3）通过实地调研，了解当下中小企业顾客满意策略的主要做法和效果。

（4）通过小组讨论，分析总结《赢得客户的满意》中服务员的成功做法及借鉴意义，派出代表在课堂上进行汇报分析。

▶ **任务小结**

顾客满意策略基本思想是企业的所有营销活动都必须以顾客满意为行动指南。顾客满意策略由三个方面组成：一是企业能否让顾客买到喜欢而满意的商品；二是企业能否让顾客受到良好而满意的服务；三是企业能否让顾客在心理上得到满足，例如个性、情趣、地位、生活方式等方面的满足。顾客满意既是企业的出发点又是落脚点。顾客满意就会持续购买，进而成为忠诚顾客，企业才能持续生存，获得稳定的市场份额。

任务二　设计顾客满意策略

▶ **任务导入**

用心服务让客户满意

2015 年 12 月 16 日，奇瑞汽车凭借过硬的产品品质和专业的服务质量，荣获"2015 中国汽车服务金扳手奖——客户满意度奖"。作为国内唯一获得国家商标局商标注册的汽车服务类评选，金扳手奖评选在国内规模最大，专业性最高，已成为行业内最具权威性的汽车服务类评选之一。奇瑞汽车连续五年蝉联"金扳手奖"，正是其持续深耕售后服务的有力印证。

奇瑞营销公司副总经理湛先好表示："能够连续五年获奖，说明奇瑞在不断提升客户体验和满意度方面的坚持和创新，消费者满意度的提升符合奇瑞建立国际标准和流程体系能力的战略转型预期。目前，奇瑞在国内已建立 1 家培训中心、14 家区域培训分店，培育服务产品，完善服务体验，得到了消费者的广泛认可。"

作为一家以成为国际品牌为目标的中国品牌车企，奇瑞致力于打造专业售后服务品牌。2006 年，奇瑞正式发布"快·乐体验"服务品牌，推行一站式服务理念，导入服务体系认证，合理调整网络布局提升网络服务能力，强化车主互动活动，如四季关爱活动、艾瑞泽系和瑞虎系服务专场活动、巡回服务等，实现维修更便捷、技术更专业、服务更周到的专业化服务体系能力，满足市场发展需要。

同时，奇瑞还通过标准服务流程建设，通过制定和普及服务顾问标准流程 DOS 手册等强化服务人员基础知识，并针对认证岗位及关键岗位进行培训，着重考核实操能力，分级认证上岗，为经销商人员提供更多的培训，提升经销商服务团队的整体水平，以顺应经销商网络的发展需求。

请思考以下问题：

奇瑞汽车应用了什么样的顾客满意策略？

资料来源：用心服务让客户满意　奇瑞荣获"2015 中国汽车服务金扳手奖——客户满意度奖"[J]. 汽车与驾驶维修（汽车版），2016（1）：125.

▶ **任务分析**

　　客户满意度，是客户个人对于服务的需求和自己以往享受服务的经历，再加上自己周边的对于某个企业服务口碑构成了客户对于服务的期望值。奇瑞在不断提升客户体验和满意度方面的坚持和创新，消费者满意度的提升符合奇瑞建立国际标准和流程体系能力的战略转型预期，也值得中小企业研究和学习，那么如何设计顾客满意策略，可以从以下知识技能学起。

▶ **知识准备**

　　在互联网力量驱动下，顾客需求已经发生翻天覆地的变化，如果中小企业依然沿袭旧策略，没有敏锐地顺应消费者需求变化做出调整将导致顾客满意度下降。然而顾客是企业利润的源泉，只有同顾客实现了价值交换，中小企业盈利才有可能实现。

一、提高顾客让渡价值

　　中小企业要想在激烈竞争中战胜对手，吸引更多潜在顾客，就必须向顾客提供比竞争对手具有更多"顾客让渡价值"的产品，才能使自己的产品为消费者所满意，进而购买本企业产品。市场营销最终目标体现到顾客身上，就是让顾客让渡价值最大化。菲利普·科特勒认为顾客让渡价值是指顾客总价值（Total Customer Value）与顾客总成本（Total Customer Cost）之间的差额。顾客总价值是指顾客购买某一产品与服务所期望获得的一组利益，它包括产品价值、服务价值、人员价值和形象价值等。顾客总成本是指顾客为购买某一产品所耗费的时间、精神、体力以及所支付的货币资金等。

微动画：
顾客让渡价值

> ▶想一想◀
> 顾客总价值和顾客总成本之间的关系是什么？

（一）提高顾客总价值

提高顾客总价值是提高顾客让渡价值的途径之一，顾客总价值由产品价值、服务价值、人员价值和形象价值构成。

1. 产品价值

产品价值是指由产品的品质、功能、规格、特色、款式等因素所产生的价值。它是顾客需要的核心内容和顾客选购产品时需要考虑的首要因素。产品品质是产品价值的首要特征。如果产品品质低劣，就不能正常发挥产品应有的功能和特性，那么产品就不具有任何价值。产品功能是指产品能帮助顾客解决哪些问题或满足哪些需要。产品的功能越多，帮助顾客解决的问题就越多，产品价值就越高。产品特色是指本企业产品所具有而竞争者产品不具有的某些优势特征，如性能、用途、款式、服务等优势。产品特色越鲜明，其价值就越高。产品款式是影响顾客购买行为的重要因素之一。产品款式体现了人们审美意识的变化，被淘汰的款式就意味着失去了全部价值。

2. 服务价值

服务价值是指伴随产品实体的出售而向顾客提供的各种附加服务所产生的价值，可分为售前、售中和售后服务。售前服务是产品销售之前为顾客提供的服务，包括调查顾客需要、设计产品、提供咨询等；售中服务是产品销售过程中为顾客提供的服务，包括产品展示、说明或示范使用方法、帮助挑选商品、包装商品等；售后服务指产品销售之后为顾客提供的服务，包括送货、安装、调试、维修、技术培训和各种保证等。现代科学技术和社会化大生产发展使不同品牌产品之间差别越来越小，企业产品技术越复杂，对服务依赖性就越大，对服务质量和效用要求就越高。中小企业要吸引顾客就要提供优质服务，与竞争对手拉开差距，才能保证产品整体功效得到良好发挥。

3. 人员价值

人员价值是指企业员工，尤其是营销人员的经营思想、经营作风、业务能力、知识水平、工作效率与质量对顾客形成的综合影响所产生的价值。一个综合素质高且具备顾客至上思想的员工，才能够准确地了解顾客的需求，为之提供所需产品和及时周到的服务，并及时妥善解决产品销售和使用过程中出现的问题，消除顾客可能产生的疑虑和不满情绪，与顾客保持长久而稳定的良好关系，增加顾客的满意感，从而提高顾客总价值。

4. 形象价值

产品形象是指本企业产品在公众心目中的位置或特色，如产品是高档、中档还是低档，产品是质量优异还是功能齐全，是富有时代气息还是维护传统等。不同的产品会产生不同的形象价值，中小企业应当重视从各个构成因素方面提升企业形象和产品形象。

构成顾客总价值的有以上四个方面，不同行业提供不同的产品或服务，上述四个方面的价值在总价值中构成比例会不同。比如，购买房子时，产品价值与形象价值的重要性比服务价值与人员价值要大；而在医院，服务价值与人员价值重要性比产品价值与形象价值要大。不同顾客在购买同一种产品或服务时，上述四个方面的价值对他们在购买决策时的影响作用的差别就更大，比如，同样是购买轿车，有的购车者认为产品价值大小最重要，而有的觉得形象价值为最重要的选择意向。

> ▶ 活学活用 ◀
> 请举例说明你对不同产品顾客总价值构成的理解。

(二) 降低顾客总成本

作为一个理性顾客，顾客总价值大小会对其购买行为造成巨大推动，但同时他们会考虑需要为此付出的代价有多大，这个代价就是顾客总成本。顾客总成本是由货币成本、时间成本、精神成本和体力成本构成。其中，时间成本、精神成本和体力成本又被统称为非货币成本。

1. 货币成本

货币成本是指顾客购买和使用产品所付出的直接成本和间接成本。直接成本是指支付给产品销售单位的费用，如按产品价格支付的购买费、包装费等。间接成本是指顾客为购买和使用产品而耗费的其他相关费用，如交通费、商品运费、安装费、维修费等。货币成本是顾客总成本的主体，是顾客购买时必须了解的直接因素，在其他因素相同或差别不大的条件下，顾客首先会选择价格低、相关费用少的商品。

2. 时间成本

时间成本是指顾客为得到和使用所需产品而耗费的时间代价。不同的购买者考虑的时间成本组成不同。消费者购买和使用产品所付出的时间成本有：为购买产品而影响了做家务、正常生活、娱乐活动或等待交货等，而错过了其他需求满足的最佳时间，这就造成了不应有的损失。组织购买者购买和使用产品所付出的时间成本有：生产企业等待机器设备、原材料与零配件到货或等待维修服务，延误了正常的生产等都会使其各种损失增加；销售企业等待商品到货，错过了畅销时机等而导致各项费用增加。时间越长，顾客付出的代价就越大，满意感就越低，所感受到的顾客让渡价值就越低。中小企业对此应有充分认识，要逐项分析顾客购买和使用产品的时间耗费，有针对性地采取有效措施减少顾客的时间成本，实现顾客让渡价值提高。

3. 精力成本和体力成本

顾客购买和使用产品时在精力和体力方面的耗费称为精力成本和体力成本。此类成本所包含的具体项目多至无法尽数，主要包括如下六个方面：

（1）信息收集。当顾客产生某种需求以后，就要投入一定的精力和体力收集相关商品信息，顾客投入精力越多，耗费越高，满意感就越低。因此，中小企业应当通过多种途径向目标顾客及时提供全面、准确的信息。

（2）谈判。购买活动都有谈判过程，谈判过程越艰难，耗费越大。中小企业应当尽可能地明晰交易条件，简化谈判过程，降低顾客购买成本。

（3）购买路途。顾客为到达产品销售地点在路途上也需要耗费一定的精力和体力，路途越远，耗费越大。中小企业应考虑提供可能的交通服务。

（4）产品安装。许多产品需要安装后才能使用，大多数顾客不具备专业知识和技术，没有专用工具和设备，自行安装困难重重，甚至因此而不愿购买产品。中小企业应尽可能提供相应安装调试服务。

（5）产品操作。耐用消费品和工业用品的性能和使用技术比较复杂，顾客为学会使用方法要耗费许多精力和体力。企业应尽可能简化产品结构和使用技术，并对顾客进行技术培训或使用指导。

（6）产品维修。产品损坏以后，一般要耗费一定的精力和体力寻求维修。因此，中小企业应当在生产过程中提高产品质量的同时，还要做好售后服务工作。

中小企业在制定营销策略时要注意，不同顾客或者同一顾客购买不同行业产品或服务时，顾客总成本的四个组成部分的重要性也不一样。比如，在购买日常生活用品时一般都会对货币成本更多的关注，而技术含量高的电子产品，非货币成本的关注权重就会凸显。因此中小企业营销者需要从多数顾客在购买决策时最为重要的成本影响因素出发，制订和调整营销策略，增加顾客购买的实际利益，帮助其降低购买的总成本，从而帮助消费者获得更大的"顾客让渡价值"。

案例分享

阿芙精油为客户制造惊喜

对于电商而言，用户体验一直是短板。但是，阿芙却将从吸引用户购买、购买行为发生、收货再到二次购买这一循环的用户体验做到了一个新高度。

1. 吸引用户

在刚刚起步阶段，阿芙一分钱的广告也没有做，而是依靠网络营销，借助博客达人的使用推荐吸引了大部分的流量。具有网络发言权的博客达人，推荐带动了网友自发进行转发讨论，低成本的口碑宣传给阿芙带来了高质量的流量，阿芙的最初一批客户开始聚集。结果，当年卖了9000万的销量，成为淘宝精油销量第一。

2. 购买过程

在购买的过程中，阿芙的客服人员作为与客户直接交流的一线员工，起到了非常关键的作用。他们24小时轮流值班，使用Thinkpad小红帽笔记本工作。使用这种电脑切换窗口更方便、快捷，可以让客户只等几秒。阿芙客服分为淑女组、重口味组、小清新组和疯癫组。客服可以根据自己的性格特点分配到各组，顾客也可以根据自己喜欢的性格类型来挑选客服。这样的分组设定也更容易达成阿芙客服部一直追求的——和顾客成为闺密。

更夸张的是，阿芙的每个客服都配备视频设备，可以远程看到用户的皮肤状态，从而给出销售建议，彻底打破网购的距离感，增强了用户体验。

3. 送货

阿芙的送货方式也体现了对用户体验的重视。阿芙KA被称为"真正伟大的部门，全世界绝无仅有的部分"。阿芙KA穿着Cosplay的衣服，化装成动漫里的角色为客户送货上门，不仅带给客户惊喜，还具有极强的话题性。

阿芙KA在送货上门时，经常会拿出一副扑克牌铺开，让客户抽一张，如果客户抽到大王会免单，抽到小王则会给予五折优惠，不管抽到什么，都有奇奇怪怪的赠品、奖励等。有些客户甚至就为了体验这个独特的减免方式再下一单。

资料来源：卖家网

在数字时代，满意度是多元化的。消费者的个体意识已经全面觉醒，他们不再满足于千篇一律的"一视同仁"，他们渴望着"区别对待"。与此对应，顾客满意度也必须实现向顾客优越感的跨越。我们必须认识到，对所有顾客提供统一标准化服务是无法制造顾客优越感的，只有对不同客户，灵活提供个性化服务，才有可能让作为个体的某个顾客的优越感凸显出来。未来营销，必须将塑造顾客优越感作为重中之重。未来中小企业，如果不能在营造顾客优越感上有所作为，就可能被顾客抛弃。

二、用好服务策略

市场竞争，归根到底是争夺消费者的竞争。企业要怎样才能争取到消费者？消费者不是简单有钱并想购买商品的人，而是有文化素养、感情需要的活生生的企业"衣食父母"。目前很多中小企业的经营设施都比较先进齐全，在竞争对手、商品质量、价格都大致接近或差异性比较小的今天，服务便成为顾客是否光顾企业，是否购买企业商品最重要决定因素之一。

（一）服务的内涵

中小企业传递给顾客价值的载体，只有两种形式，那就是产品和服务。企业的产品价值，顾客可以直接看得到，而服务价值是许多企业看不到的。服务是指中小企业为方便顾客或增加顾客的利益所从事的直接面向顾客的任何活动。

服务是无形的，顾客在接受服务之前，是无法看到、摸到、听到、嗅到或尝到的。服务是易变的，这是指服务质量不稳定，同一种服务其质量常常由于服务人员、服务时

微动画：星巴克的客
服服务策略

间、地点、方式的不同而存在较大差别。例如维修服务，由于不同的维修人员在维修技术、敬业精神等方面的差别，而导致维修速度、效果有较大的差异。

———————————— 案例分享 ————————————

为顾客多想一步多做一步

老板要员工去拿点水果给客户吃。

第一个员工，把苹果洗了就拿给客人。

第二个员工，把苹果洗了，并削皮，切成块，端出来给客人吃。

第三个员工，把苹果洗了，削皮，切成块，呈心形，边上放置好牙签，然后端出来。

第四个员工，在第三个员工的基础上，又在边上放置了一些奶油。

第五个员工，在第四个员工的基础上，同时放置了擦手的湿纸巾和擦嘴的干纸巾。

如果你是老板，你会觉得哪一个员工更有价值？

当然是第五个。所以，每一件事情、每一个产品，都值得我们为客户多想一步，为客户多做一步。客户做得越少，他的体验就越好，就越依赖你！

资料来源：成智大兵.营销心理战：掌握36种购买心理，直击客户内心［M］.杭州：浙江大学出版社，2020.

（二）服务的作用

由于服务在提高中小企业竞争力方面越来越重要，所以现在很多中小企业已经把服务看作参与市场竞争的重要手段，并把服务纳入产品设计之中，也就是把服务当作产品设计的一部分。提供高质量服务的企业通常比不注重服务的竞争者经营得好。具体来说，中小企业向顾客提供高质量的服务可以起到下列几个方面作用：

1.赢得顾客信任

无论是免费服务还是收费服务，都能使顾客得到实惠，为顾客带来方便，从而赢得顾客的好感和信任。这将有利于把顾客长期地吸引在中小企业周围，建立稳定的经济关系。

2.提升企业形象

中小企业提供高质量服务，有助于中小企业取得公众的支持和提升企业在公众心目中的形象。这是因为高质量的服务会使消费者和其他公众对该企业负有责任感，能产生全心全意为消费者着想的印象或认识。公众的支持、好的形象是中小企业进一步发展所不可缺少的社会基础。

3. 促进市场渗透

说到不如做到，行动最具说服力和感召力。因此，中小企业持续开展高质量的服务活动能起到广告所达不到的宣传效果，招来新的顾客，会促成企业市场渗透的顺利实现。

（三）应用合适的服务策略

服务策略是一种非价格竞争手段，在产品创新，增加产品价值，增强企业竞争力方面发挥着日益重要的作用。服务策略根据不同维度，可以划分为以下几种：

1. 按客户服务需求满足感划分

（1）核心服务策略。运用核心服务策略主要是在产品类似、竞争激烈的情况下，与其说消费者购买实物商品，还不如说消费者更重视享受服务。这时服务本身为购买者提供了寻求的效用，也就是说服务本身成了消费者购买的对象。在这种情况下，服务营销成为物质商品交换的前提和基础，成了满足顾客需求的决定因素。因为商品经济的发展使得市场不断向外扩展，而服务能以非常低的成本提供许多企业与消费者之间的信息，中小企业可以通过对信息的有效利用，推进市场营销活动的创新。

（2）追加服务策略。追加服务或辅助服务主要是顾客消费产品时增加顾客得到的价值，为顾客消费提供便利，让顾客觉得超值。营销服务依托产品及其营销工作来开展，营销服务的目的在于将其作为一种销售策略，主要在恪守交货信用、质量保证服务和解决用户急需等方面下功夫，以提高有形产品对顾客的吸引力。目前提供优质服务已不仅是一个可有可无的工作，一些提供优质服务质量的中小企业可以获得比竞争对手更多的关注和利润。

2. 按对客户服务深入程度划分

（1）一视同仁策略。不管顾客是谁，都同样热情对待。针对许多推销员、售货员会更加重视消费贵重商品的顾客、身着西装革履的顾客，而轻视购买便宜商品的顾客和衣着简单的顾客这些现象，很多企业都提出了一视同仁的主张，中小企业对此也不例外，更要把该策略贯彻到市场营销整个过程。

（2）区别对待策略。顾客对商品需求是多方面的，对服务质量要求也是多方面和具体的，不同顾客类型不同，服务的具体要求也不同，应区别对待，标准化服务应根据情况使用。因此有些企业在强调一视同仁的同时，又强调区别对待的服务，并把它作为深化营销服务，提高营销效果的基本策略。

知名火锅企业海底捞通过微博了解到，有些消费者很喜欢海底捞，但又非常抗拒过度服务。海底捞立即推出了"请勿打扰"的服务——如果消费者不希望服务员过度打扰，就能获得一块写着"请勿打扰"的牌子，把它放在显眼处，服务员就会只提供上菜、撤空盘等基本服务。

3. 根据服务内容划分

（1）硬服务策略。主要是充分发挥现代化服务设施为顾客服务的营销服务策略。它认为，科学技术的不断发展，为人们工作和生活带来了更新更高的需求，而要满足这些高需求，还必须借助于不断发展的科学技术的本身，特别是实现服务设施的现代化。因此中小企业经营者应看清趋势，不断改进和美化企业经营环境，尽可能增添各种现代化设备，提供多功能服务，更好满足现代人们的需要。

（2）软服务策略。软服务策略认为，服务设施现代化是现代化服务的中心环节，但它必须与热情周到的服务态度、服务方式相匹配。尤其是对于许多基本具备现代化服务设施，服务设施大体相同的中小企业，主要应靠富有特色的软服务取胜，比如体验优化。

◆ 案例分享 ◆

体验优化，让客户更"爽"

前一阵子，我刚好到了一家治疗颈椎痛的追风膏品牌公司，这家公司创始人耐心地给我讲解了这款产品的功效。于是我就问："客户拿到你的追风膏，知道怎么贴吗？知道要贴哪里吗？"他说："这个网站上有很多指导视频。"我说："为什么你不在产品里附上一张使用说明图？难道要让客户跑到网站上查找吗？"同样的，贴过膏药的伙伴们都知道，膏药要加热之后再贴，那么，是否可以在膏药背后做一个加热贴呢？这个老板听完后，立即着手研发产品，开发出"贴膏药前的活络油＋膏药贴＋加热贴"三者一体的产品，并且在产品中附上膏药该贴在哪些位置的说明书，同时还放上24小时咨询的保健护士二维码。

你看，传统的膏药在使用的过程中有许多麻烦，帮客户省去麻烦，客户就会更愿意选择我们。在这里，特别要提一下体验优化的"三不"原则：不让客户想、不让客户等、不让客户烦。客户在购买和使用产品的过程中，会碰到各种各样的麻烦与不方便。如何为客户省去麻烦，让客户得到更好的体验？许多公司都把客户想得太聪明了，我们必须把客户当成小学生，把客户购买和使用产品的各个细节都考虑到，思考其中有哪些是客户不容易明白的，或者操作上有什么不方便的。我们要做到产品使用简单，不需要客户去思考该如何使用；同时购买流程便捷，做到不让客户等；产品使用起来便捷流畅，不让客户觉得烦。做到了这"三不"，你才能让客户真正地"爽"！

因此，我们要自己去当一回客户，完整地体验一次自己的产品，找出客户使用产品的各种麻烦与不便，然后在产品设计与后续服务的过程中，优化产品体验。真正做到让客户少一些麻烦，感到更"爽"，这样客户就更愿意在你这里买单。

资料来源：成智大兵.营销心理战：掌握36种购买心理，直击客户内心［M］.杭州：浙江大学出版社，2020.

4.根据服务环节划分

中小企业可根据产品特点及自身情况协调与整合售前服务、售中服务和售后服务等各个环节，确保客户满意。

（1）售前服务。售前服务一般是指企业在销售服务之前为客户提供的一系列活动，如客户需求调查、服务的设计与提供，以及咨询、培训等，目的是吸引客户的注意和兴趣，激发客户的欲望而提供的一系列服务。例如，海底捞门店有专门的服务生代客泊车，在周一到周五中午去用餐的话，海底捞还会提供免费擦车服务。中小企业必须认真调查，详细地了解顾客需要，这样便于企业设计自己的产品和产品支持系统。一些企业为了吸引消费者，售前服务往往对产品进行担保和保证，如我国实行的质量三包制度。

（2）售中服务。售中服务是指在销售产品过程中所提供的服务，主要包括接待、提供与产品相关的咨询、向客户传授知识、现场展示与介绍、示范表演、开通热线电话、创造良好的服务环境、满足客户的合理要求以及订单的处理等。顾客在实体店铺购买的过程中，希望处于一个令人愉悦的购物环境，比如接待他们的是一位面带微笑具有亲和力的导购人员，并能给购买者以购物指导。在售中阶段，如果导购人员不能热情地接待顾客，不能满意地解答顾客的咨询，不能热情而熟练地进行产品使用示范，不能主动积极地做好包装、搬运等，消费者就极可能在消费中形成不好的消费体验。这样他们便不会想要再继续光顾。因此，中小企业要加强销售人员的素质和服务技能，在实体店的销售过程应通过服务的有形展示来营造舒适的购物环境，提高顾客购物体验的满足感。

（3）售后服务。售后服务是指销售行为完成后所提供的服务，它直接关系到用户对企业品牌产品的满意度与忠诚度，是扩大影响、树立良好形象的重要方法。售后服务主要包括送货、安装、产品退换、维修、保养、使用技术培训、电话回访和人员回访、用户交流、妥善处理客户的投诉、建立客户档案、在线服务等项目。比如海底捞在客人结账时也会主动询问是否需要帮忙提车，客人只需要在店前稍作等待。

客户购买产品以后，中小企业可以按一定频率，通过打电话或派专人上门的形式进行回访服务，及时了解客户使用产品的情况，解答客户提出的问题。企业也可抽样巡回检修，及时发现隐患，并予以排除，让客户感到放心、满意。企业还可以应用先进的信息技术开发新服务，如建立 FAQ（常见问题解答）、设置虚拟展厅与虚拟组装室、开设社区论坛、提供短信与电子邮件、建立 QQ 在线客服等。通过这些售后服务，企业可以大大减少客户的投诉，但无论售后服务做得如何尽善尽美，有时总难免会招致一些客户投诉。在遇到投诉时，要运用技巧，妥善处理，使客户由不满意转变为满意。

售前、售中、售后服务是营销服务的三个环节，它们相互联系、相互作用，中小企业必须予以重视。中小企业应根据自身的内外情况，确定主要的服务策略和内容。有些企业把服务的重点放在售前，重视对顾客心理分析，了解并消除顾客售前心理上的障碍，注重对来访用户的热情接待。对一些顾客由于不了解商品价格、质量、服务、交货期等因素而产生的疑虑进行积极解答，使顾客对企业及其产品产生初步信赖，然后再采取营销策略激励其动机，进而实现购买行为。而有些企业则主要强调售中服务策略，靠微笑服务取胜。当然把服务的重点放在售后的企业也不少，因为售后服务既是促销手段，又充当着"无声"的宣传工作，而这种无声宣传要比那夸夸其谈的有声宣传高级得多。

> ▶ 考考你 ◀
> 汽车销售过程中，售前、售中、售后服务主要包括哪些？

5.根据产品定价策略划分

（1）高价服务策略。高价服务策略是指把服务价格定得偏高的策略。它适用于服务比较新颖、高超、价格需求弹性较小，竞争者也不太多的服务类型。通过采取这一策略，中小企业可以提高自己的服务档次，达到标明企业身份的目的，并充分利用独到的服务设施与方法，在竞争者能够提供类似服务之前，尽可能地把投资收回，取得相当可观的利润。

（2）低价服务策略。低价服务策略和免费策略，是指把服务价格定得偏低，甚至不单收服务费的一种策略。采用这一策略的企业，一般具有服务水平不高、模仿容易、在整个产品中占的地位小等特点。通过低价服务策略，有利于提高企业的竞争能力，可以使中小企业取得较多的市场份额。

（3）馈赠服务策略。馈赠服务策略比低价服务策略更具竞争性、挑战性，这种策略一般可采用赠券、奖金、免费样品、折扣券、减价销售等形式，如赠送电影票、游览票，也可以是无形的服务。但这一策略通常是和其他策略，如广告策略、新产品策略一起使用。但应注意，承诺的赠品应标明赠品的品种与数量，不应含糊其词，更不能欺骗消费者。

◀ 案例分享 ▶

视频网站电影短时间免费观影

目前视频网站对于很多电影都是采用免费观影一小段时间之后付费才能完整观看的方法来运营的。例如，爱奇艺是免费观影6分钟后，选择付费购买后才可继续观看。而付费方式有两种，一种是VIP，即包月或者包年，另一种是单独购买该影片。爱奇艺是更希望将用户引导为VIP付费用户，因为成为VIP用户就可以采用和优酷一样的每月自动续费的功能，而且付费用户也更稳定。

资料来源：万商云集网．"先体验，再付款"，适用于引导用户付费．www.iwanshang.cn. 2020.12.09.

宏观层面，随着经济发展水平进入新阶段，我国社会发展主要矛盾已经转变成人民

看一看：实施顾客
满意的服务战略

日益增长的美好生活需要和不平衡不充分的发展之间的矛盾。在微观企业主体层面，随着数字经济的迅猛发展，传统以实物形态表现出来的产品和以劳动形态表现出来的服务，在消费者场景需求中实现了更为高度的嵌入、叠加和融合。如今，企业售卖的更多的是产品和服务的融合形态，而不再像以往，可以清楚地区分是实物产品还是服务。事实上，伴随着企业智能制造、柔性生产等先进技术的应用，以及 C2M、反向定制等营销模式的创新，消费者在整个消费过程中会更加重视服务。

综上，服务经济不再是与有形产品经济对应的一种独立的经济形态，服务已经深度嵌入有形产品之中。任何企业都不可能再仅仅依靠传统的产品经济思维而获得市场竞争力，只有真正站在消费者角度，从服务的角度洞察消费者，把产品看作服务的基础，才可能获得消费者的认同。不同行业、规模不同的企业、不同产品在不同发展时期的竞争状况都不尽相同，所以中小企业应结合实际灵活采用服务策略，才能获得消费者认可。

▶ 任务实施

完成此次任务，可以通过如下途径实现：

（1）通过阅读开篇案例，思考奇瑞汽车应用了什么样的顾客满意策略。

（2）通过信息检索法，了解中小企业实施顾客满意提升策略的成功和失败案例，总结经验和教训。

（3）通过小组讨论，分析奇瑞汽车应用了哪些顾客满意策略原理，派出代表在课堂上进行汇报分析。

▶ 任务小结

市场营销最终目标体现到顾客身上，就是让顾客让渡价值最大化。顾客让渡价值是指顾客总价值与顾客总成本之间的差额。顾客总价值由产品价值、服务价值、人员价值和形象价值构成。顾客总成本是由货币成本、时间成本、精神成本和体力成本构成。服务策略是一种非价格竞争手段，在产品创新，增加产品价值，增强企业竞争力方面发挥着日益重要的作用。

任务三　制定中小企业顾客满意策略

▶ **任务导入**

卖桃不易

顾客1：你这桃是甜的还是酸的？

摊主：甜的，不甜不要钱，买多少？

顾客1：不要了，我最近就想吃酸的。

顾客2：你这桃是甜的还是酸的？

摊主：有甜的也有酸的，您要哪一种？

顾客2：脆吗？

摊主：非常脆，不脆不要钱。

顾客2：那不要了。我牙不好，不敢吃脆的，就想买软一些的。

顾客3：你这桃是甜的还是酸的？

摊主：我这些桃有甜的也有酸的，有脆的也有软的，总之您想要的都有，买几斤？

顾客3：那你这桃里有虫子吗？

摊主：绝对没有，都打过药了，一条虫子都没有，放心买吧。

顾客3：那不能买了，连虫子都不吃的桃一定不好吃，可能农药还超标。

顾客4：你这桃是甜的还是酸的？

摊主：有甜的有酸的，有脆的有软的，有虫子的有，没虫子的也有，这条街的桃这儿最全了。

顾客4：好，多少钱一公斤？

摊主：不贵，三元一公斤，您买多少？

顾客4：这么便宜呀，街头那家卖六元呢，还是不买了，有道是便宜没好货。

顾客5：你这桃怎么卖的？

摊主：有甜的有酸的，有脆的有软的，有虫子的有，没虫子的也有，贵的六元一公斤，便宜的三元一公斤，您想买什么样的？

顾客 5：你卖个桃还这么复杂，我还是回去问问我老婆再说吧。

请思考以下问题：

摊主怎么样做才能让顾客满意？

资料来源：张迎燕，陶铭芳，胡洁娇. 客户关系管理 [M]. 南京大学出版社，2021：225.

▶ **任务分析**

顾客满意是一个人通过对一个产品的可感知的效果与他的期望值相比较后，所形成的愉悦或失望的感觉状态。消费者的满意或不满意的感觉及其程度受到许多因素影响。企业在未知影响顾客满意因素的情况给出的选择可能无法让顾客满意，这也给许多中小企业很好的提醒，那就是要有合适的顾客满意策略。那么实施中小企业顾客满意策略应该如何做呢？

▶ **知识准备**

不可否认，我国中小企业在市场经济的海洋中已经形成了一批知名度很高的企业，创立了一批名牌产品，但还必须清楚地看到在中小企业辉煌的背后，尚有许多亟待解决的问题。

一、中小企业顾客满意现状

（一）产品满意度不高

中国中小企业的整体水平不高，实质性产品（又称核心产品）档次较低，质量较差，形式产品（又称有形产品）和扩展产品（又称附加产品）可以利用的空间极大，但没有能力加以充分地利用，从而造成顾客的不满意。如温州市的中小企业正在运行的设备基本上是二手设备或 20 世纪 70—80 年代的设备，企业基本上不具备技术开发的能力，工种技术人员仅占从业人员的 5.02%，生产经营管理水平较低，从而使出厂的产品质量受到影响，再加上生产管理过程的松懈行为等，最终造成产品质量检查合格率不高，产品的满意度低。

（二）服务质量意识需要提升

中小企业的服务质量意识较弱。中国中小企业职工受教育水平不高，这不仅决定了这支队伍对服务质量问题缺乏较深的认识，而且在实际运作过程中更没有相应的约束机制，注重数量而轻视质量已经成为惯例，甚至一些中小企业经营者把质量和数量对立起来，认为提高质量会影响中小企业的利润，因此也就无法自觉地建立完善的质量监控机制，进而招致顾客抱怨，造成顾客不满意。

▶ 想一想 ◀

举例说明中小企业服务意识薄弱有哪些具体表现。

（三）中小企业对新老客户服务认识不足

顾客满意度的观念认为，老客户是最好的顾客，营销学中有一个 20 ∶ 80 的定律，即你的 80% 的销售额来自你 20% 的顾客。如果你丧失了这 20% 的关系户，你就会丧失80% 的市场。美国哈佛商业杂志刊载的一篇实证研究报告指出：多次光顾的顾客比初次登门的顾客可为企业带来 20%—85% 的利润。开发一个新客户的费用是保住现有顾客所需费用的六倍。开发一个新客户的成本包括：大量的广告投入、大量的促销费用和大量的登门拜访的费用等。可维持老客户的成本包括：感谢信、生日卡、电话、利用出差机会拜访、定期的服务、及时处理客户抱怨和听取客户的意见等方面所花的费用。许多中小企业对这些认识不足，一味地开拓新客户，忽视了对老客户的维护和服务。其实，在中小企业广告经费不足的情况下，确保老客户，是降低营销成本的最佳方法。

二、中小企业顾客满意策略实施

（一）细分市场，锁定顾客群

全球经济一体化，特别是电子商务的发展，使商品能够在全世界的范围内自由流动，买方市场的转变使消费者对商品的选择有了极大的余地，"个性化"和"多元化"的价值观念，促使消费者在选择商品时将个性化需求提到了前所未有的高度。几乎没有一样产品能被每个人都购买，大规模的同质市场几乎不再存在，因此与其泛泛面向所有顾客广种薄收，不如集中面向某一部分顾客精耕细作。中小企业应该明确自身在市场竞争中的角色，分清自己经营产品的主要顾客，通过适当的市场细分，将顾客分为重度、中度和轻度三类，在充分掌握各细分市场情况基础上，挑选出特定的消费群体作为自己的主攻目标，给予他们特殊的关照、特别的呵护，建立一定的制度如会员制、俱乐部、研讨会等来"锁定"他们，从而提高顾客满意度。

◆ 案例分享 ◆

网红米线是如何锁定目标客户群的

在重庆，一位创业者问一家网红米线的老板："为什么选择米线的这个品类来发展，单品做起来很有挑战性，更何况现在小餐饮竞争太大了。"

老板给出了4点理由：

第一，锁定目标客户群是年轻的女孩子（"90后""00后"）。

第二，消费习惯的思考。年轻女孩复购性较强，她们比较喜欢到外面吃东西。

第三，产品劣势思考。米线饱腹感不强，吃了相对容易饿，而年轻女孩平时不太喜欢吃得太饱，因为她们还想尝其他小吃。

第四，定价。价格不宜过高，要让年轻女孩消费起来没有压力，所以产品单价暂时没有超过20元的。

资料来源：根据亿铺网整理

（二）准确市场定位，诉求顾客最看重的"核心利益"

我们经常看到一些卖电器、饮料之类的广告上，印有诸如"国货当自强"等标语口号，其实这与顾客真正要买的产品或服务关系不大。顾客最注意的还是企业的产品对他们的益处，凡是顾客认为有价值有益处的产品或服务，他们才会注意和购买。顾客认为你提供的产品或服务越有价值，他们就越忠诚。CS营销策略要求中小企业的全部经营活动要以满足顾客的需求为出发点。

1. 开发顾客满意的产品

中小企业必须调查顾客的现实和潜在的要求，分析他们购买的动机和行为、能力和水平，研究他们的消费传统和习惯、兴趣和爱好。只有这样，中小企业才能科学地确定产品的开发方向和生产数量，准确地选择服务的具体内容和重点对象，把顾客的需求作为具体内容和重点对象。比如，有人总结出吸引老人的商品要有以下特征：舒适、安全、便于操作、利于交际以及有传统价值观。夏普电器公司通过调查统计发现，购买公司微波炉的老年顾客仅占顾客总人数的三分之一，其原因是他们觉得微波炉的操作十分复杂。因此，该公司增设了一块易于操作的控制面板，结果购买这种微波炉的老年顾客日趋增多。

2.向顾客提供满意的服务

中小企业必须向顾客展示和增强自身产品的价值，不断完善服务系统，最大限度地使顾客感到安心和便利，满足顾客真正看重的核心效益。中小企业有三个最基本的方面：

（1）解决问题及时。针对顾客遇到的问题及时设法加以解决，才能使其信服，并与你交易，这是维持顾客的首选秘方。

（2）服务态度热忱。热情、真诚、为顾客着想的服务能给顾客带来满意，而令人满意又是顾客上门的主要因素。

（3）服务时间有保证。即你的服务时间一定要以顾客的需求而定。因此服务优秀的公司会提供 24 小时全方位的服务。甚至为客户而额外加班提供服务，使其铭记在心。如联邦快递的"24 小时将您的物品送达世界任何角落"，就是服务的榜样。

案例分享

2021 年中国快递服务满意度调查

国家邮政局举行的 2022 年第一季度例行新闻发布会，通报了 2021 年快递服务满意度调查和时限准时率测试结果。快递服务满意度调查显示，2021 年，快递服务总体满意度得分为 76.8 分，其中，公众满意度得分为 83.7 分，时限测试满意度得分为 69.9 分。公众满意度得分居前 15 位的城市是：太原、芜湖、宝鸡、长春、银川、武汉、漯河、无锡、临沂、合肥、南宁、哈尔滨、大连、台州、郑州。总体满意度和公众满意度得分居前 5 位的快递服务品牌是：顺丰速运、京东快递、邮政 EMS、中通快递、韵达速递。

相比于 2020 年，2021 年快递服务时限水平呈上升态势，全国重点地区快递服务全程时限和 72 小时准时率均有提升，尤其是 48 小时准时率达 66.64%，比 2020 年提高了 3.86 个百分点，提升效果明显。这主要得益于三个方面的变化：一是快递春节"不打烊"的利好。2021 年，很多快递小哥响应国家"就地过年"的号召，节后行业快速复工，由此带动一季度时效水平显著高于 2020 年。二是干线运输水平的提升，企业加大投入，通过优化运输线路、减少中转频次、扩大自有干线车辆规模、增加全货运飞机数量等多种措施，有效压缩了干线运输时长，缩短了运输时限。三是末端投递方式的影响。末端共同配送方式广泛应用，不仅节约了成本，更进一步提高了投递效率；同时，快递服务站、智能快件箱等在末端的应用比例不断提高，也在一定程度上压缩了投递时限。

资料来源：国家邮政局 2022 年第一季度例行新闻发布会实录

（三）以顾客为中心，做到换位思考

顾客满意经营策略是一种顾客导向经营法，它强调自己的目标顾客、强调顾客的需求，开发满足顾客需要的商品。在为顾客服务中，中小企业生产可以提供让客户感受到物超所值的商品及服务，让客户印象深刻。特别是在整个营销过程中，以顾客为中心，做到换位思考，在实施中采取整体策略的再造来改变服务设计，通过服务差别化提升顾客满意度。

───────────────── ❯❯ 案例分享 ❮❮ ─────────────────

看你代表谁

生产碾米机械的湖南江南民用机械厂，收到一四川用户来信要求修理机器，虽然厂里有人认为路途太远，为修一台机器花那么多差旅费不合算，但厂长认为，花几个钱事小，对用户心诚事大，于是立刻派人前去修理。结果是得到了不止一位用户的好评。西安秦川汽车销售公司业务员以良好的服务态度和形象对待每一位客户。一次，一位贵州客户带着现金来公司买车，由于日方零配件未到，公司除了几辆样车外无车可卖，这怎么办？按一般的做法，是让顾客留下地址，等有了车再联系。但该公司并不让顾客失望地回去，而是从样车中选出了一辆交给了顾客。这使顾客非常感动，后来这个顾客便成了"西安奥拓"汽车的义务广告员，经他介绍，有好几位客户来买车。在 IBM 公司的大厅里挂着两句话，那就是：第一条，顾客永远是对的，第二条，如果有任何疑问，请参考第一条。这是 IBM 公司的核心服务理念。无独有偶，在沃尔玛的卖场也挂着这两句话，并加上一句"替顾客省钱"！有了这两句话，一切都在不言中。这些成功的案例，成为企业发展最好的注解。因为它们成功地解决了"站在谁的立场上"的问题。

资料来源：成智大兵.营销心理战：掌握 36 种购买心理，直击客户内心 [M].杭州：浙江大学出版社，2020.

（四）把握细节，体现区别

老子说"天下大事必作于细"，他指出了"细节是关键"这么一个真谛。中小企业

在顾客满意经营策略的实施中，要做到让顾客满意，在产品的设计、生产和服务的提供过程中，必须注意细节问题。通过细节问题，顾客感到自己受到重视，受到与别人不一样的服务，才能提高对企业的满意度和忠诚度。

总之，顾客满意策略是一种以顾客需求为中心的营销管理哲学。在信息社会，中小企业要保持技术上的优势与生产率的领先已越来越不容易，企业必须把工作的重心转移到顾客身上，实施顾客满意营销策略，树立"一切为了顾客"的经营理念，锁定目标顾客群，生产顾客满意的产品，提供顾客满意的服务，通过各种途径，得到顾客价值观的认同，保持一批稳定的顾客群，经营效益才能得到保障，中小企业才能在激烈的市场竞争中站稳脚跟，发展壮大。

▶ **任务实施**

完成此次任务，可以通过如下途径实现：

（1）阅读《卖桃不易》的故事，摊主怎么样做才能让顾客满意？

（2）浏览企业官网、微信公众号等，了解中小企业顾客满意策略。

（3）通过文献检索法了解专家、学者对各个中小企业顾客满意策略观点。

（4）通过小组角色扮演，体验企业顾客满意策略实施过程和步骤，并派出代表在课堂上进行汇报表演。

▶ **任务小结**

中小企业顾客满意现状是产品满意度不高、服务质量意识需要提升、中小企业对新老客户服务认识不足。顾客满意策略实施一要细分市场，锁定顾客群，二要准确市场定位，诉求顾客最看重的"核心利益"，三要以顾客为中心，做到换位思考，四要把握细节，体现区别。

技能提升训练　改善服务，让你的顾客满意

▶ 训练目标

1. 深刻理解顾客满意策略的内涵及作用；

2. 应用所学提升顾客满意度策略，对顾客不满意提出有针对性的策略；

3. 针对具体案例能提出有针对性的服务营销策略；

4. 提高搜索信息和筛选整理归纳材料的能力；

5. 培养团队沟通协作能力。

▶ 实施流程

流程一　分析企业顾客不满意现状

1. 分小组选择感兴趣的一个企业；

2. 收集该企业顾客不满意给企业造成不良影响的案例；

3. 分析造成不满意的原因。

流程二　设计提升顾客满意度措施

1. 收集该企业采取的改善顾客不满意的措施和成效；

2. 针对以上调研，小组讨论设计顾客满意度提升措施。

流程三　服务策略策划

1. 和企业面谈，划分该企业的核心服务和追加服务。

2. 和企业探讨，设计一视同仁的培训课程，制定区别对待客户的策略。

3. 实地考察企业经营环境，提出现代化设备采购建议，以提供多功能服务，适应现代人们的需要。在此基础上，设计相应富有特色的软服务。

4. 调研企业当下售前服务、售中服务和售后服务环节的客户满意度，提出相应改善策划。

5. 研究该企业的服务类型，给予企业产品与服务实际情况，制定高价服务策略、低价服务策略和馈赠服务策略。

思考与练习

一、单选题

1.顾客满意策略的最高目标是（　　　）。

A.提升顾客的忠诚度 　　　　　　　　　B.提高顾客满意度

C.降低顾客期望值 　　　　　　　　　　D.让所有顾客满意

2.顾客让渡价值是指（　　　）。

A.顾客为购买某一产品所耗费的时间、精神、体力及所支付的货币资金等

B.顾客购买某一产品与服务所期望获得的一组利益

C.顾客购买某一产品与服务所期望获得的一组利益与顾客为购买某一产品所耗费的时间、精神、体力以及所支付的货币资金等的差额

D.顾客购买某一产品与服务实际获得的利益

3.不属于售后服务的是（　　　）。

A.送货 　　　　　B.安装 　　　　　C.调试 　　　　　D.调研需求

4.不属于馈赠服务策略的是（　　　）。

A.赠券、奖金、折扣券 　　　　　　　B.赠送电影票、游览票

C.免费样品 　　　　　　　　　　　　D.不收服务费

二、多选题

1.以下关于顾客满意说法正确的是（　　　）。

A.顾客满意是一种客观感受

B.顾客满意能促进顾客重复购买

C.顾客满意是指顾客的感觉状态水平，这种水平是顾客对企业的产品和服务所感知的绩效和顾客的期望进行比较的结果

D.顾客满意能够产生积极的营销效应

2.以下关于顾客满意策略说法正确的是（　　　）。

A.只有让顾客满意，他们才可能持续购买，成为忠诚顾客

B.一个满意的顾客会为公司和产品说好话，像小喇叭一样到处做宣传，帮企业节约

广告成本

C.顾客满意使企业在竞争中得到更好的保护

D.顾客满意策略的指导思想是,企业的全部经营活动都要从满足顾客的需要出发

3.以下关于顾客让渡价值的说法正确的是(　　　)。

A.当顾客让渡价值为正时,顾客认为所买产品物超所值,数值越大,顾客越满意

B.当顾客让渡价值为负时,顾客认为所买产品物超所值,数值越小,顾客越满意

C.当顾客让渡价值为正时,代表顾客认为所买产品物有不值,负的数值越大,顾客越不满意

D.当顾客让渡价值为零时,代表顾客认为所买产品物有所值,顾客谈不上满意不满意

三、简答题

1.顾客满意策略的内涵是什么?

2.如何提升顾客满意度?

项目六
产品策略

▶ **学习目标**

(一) 知识目标

1. 了解产品内涵和新产品开发流程;

2. 熟悉产品生命周期基本常识;

3. 了解产品策略。

(二) 能力目标

1. 能提出新产品开发方案;

2. 能根据产品所处生命周期制定相应产品策略;

3. 能根据中小企业特点制定合适的产品策略。

▶ **学习任务**

任务一　认识产品与新产品开发;

任务二　制定产品策略;

任务三　剖析"三只松鼠"产品策略。

任务一　认识产品与新产品开发

▶ **任务导入**

海澜之家的产品策略

海澜之家是江阴海澜之家服饰有限公司推出的一种全新营销模式——全国连锁经营、统一形象、超大规模的男装自选购买模式，从而引发了中国男装市场的新一轮革命。自由自在的选购方式，丰富多样的产品陈列，迅速受到了广大消费者的欢迎，海澜之家因此被称为"男人的衣柜"。在海澜之家 200—1000 多平方米的卖场内，陈列了成年男性从上到下、从内到外、从正装到休闲、从春夏到秋冬所有的服装服饰产品，共有 17 大系列，5000 多个品种，消费者年龄涵盖 18 岁至 100 岁。目前，海澜之家已有的服饰品类包括套装西服、休闲西服、夹克、棉袄、大衣、羽绒服、毛衫、针织衫、衬衫、T 恤、西裤、休闲裤、牛仔裤、内衣内裤，还有皮带、领带、围巾、袜子、皮鞋等，成年男性所需的服装这里应有尽有，确实是一个男人的衣柜。

请思考以下问题：

海澜之家的核心产品是什么？如果要开发新产品，它应该怎么做？

资料来源：刘永焕，郝静.市场营销理论与实务 [M].大连理工大学出版社，2017.

▶ **任务分析**

企业经营的本质就是为客户提供产品，产品的好坏决定了企业的核心竞争力的高低。"男人的衣柜"是海澜之家在顾客心智中成功植入的一个清晰概念，"一年逛两次"的广告语巧妙地利用门槛效应，使消费者在潜移默化中接受了这个"最低要求"。因此，企业要建立以客户为中心，以市场为驱动，以客户需求为导向的研发管理体系，通过需求管理、产品规划、研发项目及产品数据管理等应用，提升企业创新能力，打造更好的产品。

▶ **知识准备**

中小企业通过产品来满足消费者的需要和欲望，而产品的概念很广泛，可以是产品组合、服务、信息和体验。只有真正了解产品内涵，才能解决潜在消费者需要。

一、产品含义

产品存在于人们的日常生活中，在公众的认知中，一般仅限于有形的物质形态上，包括产品的样式、性能、包装和质量等。从现代营销角度来看，产品是指任何一种能被提供来满足市场欲望或需要的东西。产品不仅是指有形商品，还包括服务、体验、事件、人物、地点、财产、组织、信息和想法等。现代市场营销学认为，以消费者需求为中心，产品整体概念可划分为五个层次，如图 6.1-1 所示。

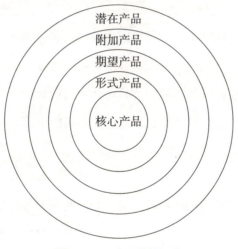

图 6.1-1　产品整体概念

1. 核心产品

核心产品是顾客真正购买的服务或利益，是产品最基本的功能。从根本上讲，每一件产品实质上都是为满足消费者的某种需求，这种需求可能是生理上的也可能是心理上的。如消费者购买口红是为了提高自身的形象和气质，入住酒店是为了有好的休息和睡眠。中小企业在设计产品时要先确定消费者的实际需求。

2. 形式产品

形式产品是核心产品得以实现的形式，是提供给消费者的所能观察到的产品的具体形态，向市场提供的实体和劳务的外观，包括产品的质量水平、特色、设计、品牌名称以及包装，是产品的基本形式，这是消费者识别和选择某一产品的主要依据。例如，对于洗衣机，其形式产品就是其产品质量、外观式样、品牌名称和包装。

3. 期望产品

期望产品是指顾客在购买这种产品时一般会期望得到的一组特性和条件。消费者在购买某产品时，会根据自身的知识、收入、生活习惯、消费习惯或营销人员的承诺，对要购买的产品形成一定的期望。如入住酒店的顾客期望有一张干净的床、热水、干净整洁的房间、相对安静的环境。这些期望是消费者认为理所当然的，如果没有达到则会产生不满意的购买体验，当所提供的产品能够满足消费者的期望时，消费者才会感到满意。中小企业应准确把握消费者的期望，提供能够满足他们期望的产品属性和条件，来提升消费者的满意度，培养消费者的忠诚度。

4. 附加产品

附加产品是指消费者在购买产品时所附带获得的各种期望之外的利益，即超过顾客的期望。例如入住的酒店主动免费为顾客提供的额外服务，包括赠送饮品、提供信息、联系用车等。在顾客期望范围外的附加产品往往会给消费者带来惊喜，提高消费者的满意程度。因此增加适当的附加产品不仅能增加产品的吸引力，提高产品的竞争力，对品牌的塑造也十分有利。

5. 潜在产品

潜在产品是指包括所有附加产品在内的，都可能在未来产生的改进和变革，成为未来最终产品的潜在状态产品，中小企业可以从中寻找新的方式来满足顾客。

产品整体概念反映了以消费者需求为中心的现代市场营销观念。中小企业要在激烈的市场竞争中占据一席之地，除了要满足顾客的期望外，还要在附加产品上多下功夫，通过出其不意给消费者意外的期望，提高中小企业的竞争力。

二、产品分类

科学的产品分类是制定市场营销策略的前提，每一种产品类型都有合适的营销组合战略。根据不同标准，可以对产品进行如下分类。

（一）根据产品的耐用性和有形性分类

1. 快消品。即指使用周期短，易重复购买的产品。一般这类产品都是有形的，通常有一种或几种用途，如日化、生活必需品等。由于这些商品经常被购买，市场需求量大，进入门槛低，市场竞争激烈，只能赚取微薄利润，中小企业要通过多做广告来引发消费者试用，建立偏好。

2. 耐用品。是指使用周期较长，能多次使用的产品。这种产品也是有形的，通常有多种用途，如电视、冰箱等。消费者购买这类商品时，决策较为慎重，需要更多销售人员的服务，中小企业要注重技术创新，提高产品质量，也要提供更多的保障，如售后服务，满足消费者的购后需求。

3. 服务。这类产品其生产可能与物质产品有关，也可能无关，是对其他经营单位的个人、商品或服务增加价值，并主要以活动形式表现的使用价值或效用。因此往往是无形的、不可分割的、可变的、不能储存的，如理发、电器维修、理财咨询等都属于服务。这类产品更需要质量控制，提供者的可信度及适应性尤为关键。

（二）根据消费者购买习惯分类

1. 便利品。是指消费者频繁购买和使用，且花费很少精力的商品，如饮料、纸巾等。便利品还可细分为日用品，指消费者有规律购买的商品，如粮油米面、牙膏牙刷等；冲动品，是指那些事先没有计划，也不用费力寻找而购买的商品，如糖果、薯片等；应急品，是指很紧急的需求出现时而购买的商品，如突然下雨时的雨伞。一般冲动品和应急品可以放在消费者可能遇到紧急情况或产生强烈需求的地方销售。

2. 选购品。是指消费者按特征通过比较其合适度、质量、价格和式样等才做出购买决定的商品。这类产品价格相对较高，消费者需要花费时间和精力对产品的各方面进行了解，做出理性购买行为。如汽车、电器等。

3. 特殊品。是指特定消费群体能识别的特定品牌或独具特色，消费者愿意为之付出特别努力而购买的商品。一般而言，特殊品的消费者对产品有特殊的要求或偏好，对产品不需要做比较，消费者愿意花时间和精力去购买。如古董爱好者到可能有古董的地方购买古董。

4. 非寻求品。是指那些消费者不知道或通常不会想到要买的商品。如人寿保险、家用消防器材等。非寻求品需要进行有效的广告宣传来激发消费者的购买欲望，经常还需有人员直接推销。

三、新产品

开发新产品对于一家中小企业来说，是发展的生命线，对消费者和经销商来说很重要，对社会也是有利的。

（一）新产品定义

新产品是指采用新技术原理、新设计构思研制、生产的全新产品，或在结构、材质、工艺等某一方面比原有产品有明显改进，从而显著提高了产品性能或扩大了使用功能的产品。新产品在功能或形态上得到改进，与原产品产生差异，能为顾客带来新利益。

（二）新产品分类

新产品除科学技术在某一领域的重大发现外，还体现在生产销售方面，只要产品在功能或形态上发生改变，与原来的产品发生差异，甚至只是产品单纯由原有的市场进入新的市场，或能进入市场给消费者提供新的利益或新的效用而被消费者认可的产品，都可视为新产品。按产品研究开发过程，新产品可分为以下几类。

1. 全新产品

指应用新原理、新技术、新材料，具有新结构、新功能的产品。这种新产品在市场首先开发，能开创全新的市场。全新产品开发通常需要大量的资金、先进的技术水平，并需要有一定的需求潜力。

2. 换代产品

指在原有产品的基础上进行改进，采用或部分采用新技术、新材料、新工艺研制出来的新产品。换代产品与原有产品相比，结构更加合理、功能更加齐全，品质更加优良，能更多地满足消费者不断变化的需要。

3. 改进产品

指对老产品加以改进，使其性能、结构、功能、用途有所变化。与换代产品相比，改进产品受技术限制较小，且成本相对较低，便于市场推广，但容易被竞争者模仿。

4. 仿制产品

指对市场上已经出现的产品进行引进或模仿研制生产出的产品。开发这种产品无须太多的资金和尖端的技术，相比研制全新产品要容易得多。

（三）新产品开发流程

新产品开发是一项极其复杂的工作，要将新产品创意的一系列开发、预测和控制程序转化为最终的营销计划，每个步骤都要环环相扣，只有把握好各方面的因素才能获得最终的成功。新产品开发要以满足市场需求为前提，才能开发适销对路的产品，最终实现中小企业获利。整个开发流程一般有以下几个步骤。

1.调查研究

消费者的需求是新产品开发决策的主要依据，因此做好市场调查是关键。中小企业要关注消费者需求的变化和竞争对手的产品变化，针对消费者、竞争对手、营销人员、技术人员等相关群体进行调研，提出新产品构思以及新产品的开发设想和总体方案。

2.新产品构思创意

新产品开发是一种创新活动，产品创意是开发新产品的关键。根据市场调查掌握的市场需求情况，充分考虑消费者的使用要求和竞争对手的动向，结合中小企业本身的条件，有针对性地提出开发新产品的设想和构思。新产品的构思要准确而迅速地把握顾客需求，这样才能满足市场需求。新产品构思产生的来源渠道很多，主要有三个方面，分别是消费者、企业职工、专业科研人员。

▶ 案例分享 ◀

将脑袋打开一毫米

有一间生产牙膏的公司，产品优良，包装精美，深受广大消费者的喜爱，每年营业额节节攀升。记录显示，该公司前十年每年的营业增长率为10%—20%，令董事部雀跃万分。不过，进入第十一年、第十二年及第十三年时，业绩则停滞下来，每个月维持同样的数字。董

微课堂：
新产品开发

微动画：
新产品开发的方式

事部对此三年业绩表现感到不满，便召开全国经理级高层会议，以商讨对策。会议中，有位年轻经理站起来，对董事部说："我手中有张纸，纸里有个建议，若您要使用我的建议，必须另付我 5 万元！"

总裁听了很生气，说："我每个月都支付你薪水，另有分红、奖励，现在叫你来开会讨论，你还要另外要求 5 万元，是否过分？""总裁先生，请别误会。若我的建议行不通，您可以将它丢弃，一分钱也不必付。"年轻的经理解释说。

"好！"总裁接过那张纸后，阅毕，马上签了一张 5 万元支票给那位年轻经理。

那张纸上只写了一句话：将现有的牙膏开口扩大 1mm。

总裁马上下令更换新的包装。试想，每天早上，每个消费者多用 1mm 的牙膏，每天牙膏的消费量将多出多少倍呢？这个决定，使该公司第十四年的营业额增加了 32%。

一个小小的改变，往往会引起意料不到的效果。

当我们面对新知识、新事物或新创意时，千万别将脑袋密封，置之不理，应该将脑袋打开 1mm，接受新知识、新事物。也许一个新的创见，能让我们从中获得不少启示，从而改进业绩，改善生活。

资料来源：小米. 将脑袋打开一毫米[J]. 求学，2014（11）：18.

3. 新产品可行性分析

构思创意是新产品开发的初步设想，是否能够实现，还要做可行性分析。这个阶段是对新产品的潜在市场、竞争力以及企业的资源匹配等能力进行评估，为新产品的开发做好前期准备，铺平道路。主要工作是建立新产品生产流程框架，完成初级的经济分析和市场评估，识别新产品的竞争优势等活动。

4. 新产品设计

这是将产品构思创意转化为现实产品的过程，营销人员进行市场调查，收集客户对产品的一系列反馈信息，如性能、样式、功能、特征、包装等，而中小企业研发团队负责通过概念转化、生产设计得到现实产品，从最初的模型到最后的成品，要经过一次又一次的验证与修正，经过无数次改变，最终才能投放市场。

5. 新产品确认

新产品正式推出前，要确定产品是否达到预期的技术标准，能否满足消费者的最新需求。一般中小企业会进行小批量的试生产，将其投入具有代表性的小范围的消费者群体中，通过开展试用新产品的营销活动，调查消费者在未知测试的状况下，对新产品的反应，通过消费者的反馈对产品进一步改进，了解消费者对新产品的接受程度，并制定相应的营销策略。

6.推出新产品

通过前期的试销活动，了解市场的实际反应，制定翔实的营销策略，通过各种营销手段使潜在消费群认识和了解新产品。同时新产品在投向市场前，中小企业还要有效预测新产品可能的市场份额，并在有效预测的前提下进行生产，确保新产品推出时能够形成有效的供应链，满足市场需要。

▶ **任务实施**

完成此次任务，可以通过如下途径实现：

（1）通过阅读海澜之家案例，请思考以下问题：海澜之家的核心产品体系，如果要开发新产品，应该怎么做？

（2）通过文献检索法，了解海澜之家产品内涵和产品分类。

（3）通过小组讨论，分析海澜之家新产品开发思路和流程，选派代表在课堂上进行汇报。

▶ **任务小结**

以消费者需求为中心，产品可以分为核心产品、形式产品、期望产品、附加产品、潜在产品五个层次。科学的产品分类是制定市场营销策略的前提，每一种产品类型都有合适的营销组合战略。根据产品的耐用性和有形性分类，可以分为快消品、耐用品和服务；根据消费者购买习惯分类，可以分为便利品、选购品、特殊品、非寻求品。开发新产品是企业发展的生命线，但新产品开发也是一项极其复杂的工作。新产品按产品研究开发过程，可以分为全新产品、换代产品、改进产品、仿制产品。

任务二　制定产品策略

▶ **任务导入**

完美日记：美丽人生不再设限

2022 年 12 月，逸仙电商旗下彩妆品牌完美日记在中国品牌杂志、中国品牌网主办的"2022 中国品牌年会暨 2022 中国品牌风尚盛典系列活动"中获评"新时代品牌十年·卓越品牌案例"。作为中国美妆品牌的先行者，完美日记适应消费者需求，不断丰富产品矩阵，持续壮大品牌生态，致力于为消费者提供触手可及且超越期待的美妆体验。面对不确定性激增的消费市场，完美日记希望通过自身努力，为国货彩妆品牌探索出一条稳健的拓展之路。

六年来不断突破自我

2017 年创立以来，完美日记深入洞察国产彩妆需求，根据东方女性肤质以及骨相特点打磨彩妆产品，陆续推出完美日记 × 中国国家地理联名限定幻想家十六色眼影系列、完美日记 ×Discovery 联名动物眼影系列、完美日记"原石"系列等，受到业内及消费者的广泛好评，先后斩获多项荣誉。2019 年，完美日记成为首个登顶天猫双 11 彩妆榜的国货品牌，荣获天猫"最受 00 后喜欢的国产品牌"第二名；次年，在天猫 2020年双 11 购物节累计销售额突破 6 亿元；2021 年，完美日记继续蝉联天猫双 11 彩妆品类国货品牌 TOP1；2022 年，完美日记荣获"时代营销盛典—最受 Z 世代欢迎的品牌"以及人民网 2022 国民消费口碑产品奖。

一直以来，完美日记在美妆行业不断突破自我，持续专注于对美的探索、重塑和表达，用实际行动践行着"美不设限"的品牌理念。

科技研发为产品赋能

完美日记母公司逸仙电商的开放实验室研发共创生态，拥有包括中科院化学研究所、华中科大国家纳米药物工程技术研究中心等在内的众多原料端、研发端、生产端全球顶尖合作伙伴，为产品研发提供了可靠的专业溯源，沉淀了产品研发经验，打造了品牌竞争核心力。

其中，逸仙电商联合中国科学院分子纳米结构与纳米技术重点实验室专研斯玛络蓝™成分，研发全新科技抗氧配方产品，推出的完美日记"剔透柔雾控油散粉"、"不闷痘"遮瑕膏、"小银镜"气垫霜等底妆产品，满足了消费者对底妆产品持妆、持色需求。

在产品迭代过程中，完美日记始终把产品成分与配方视作重中之重，以科技为产品赋能。完美日记"原石"九色眼影采用肌肤同源氨基酸 Fito Skin™ 包裹粉体，质地柔润贴肤，超音速气流研磨粉体技术让粉质更具绵密感；"野豹"眼影盘加入霜转粉技术，让眼影保持长效伏贴状态，具备高遮盖力的同时保障持妆效果。

品质管理标准严苛

产品研发过程中，完美日记通过高标准品质把控和对极致服务体系的构建，赢得了市场认可。Open Lab 与包括上海瑞金医院、法国里昂大学医学院 3D 皮肤研究所、法国植物干细胞培养机构 Naolys 等全球尖端机构合作，以顶尖研发团队作为专业背书，确保了从研发到生产的高品质稳定输出水准，保证完美日记出品的每一件产品都能拥有超期待的优质品控。完美日记对产品安全性也有着高于行业基准的严苛要求。

微生物检测方面，化妆品国标要求眼影类产品≤ 500，完美日记出品的眼影产品内控标准则是≤ 100，而在实际出品时，产品内菌落总数及霉菌、酵母菌基本做到 <10。此外，在重金属、温度、光照、pH 值等方面均采用行业高规格标准，通过高效、精细的全流程质量监控，保障消费者的产品体验。

请思考以下问题：

完美日记的产品策略特征是什么？

资料来源：张凤玲 . 完美日记：美丽人生不再设限 [J]. 中国品牌，2023（02）：40—41.

▶ **任务分析**

企业的产品策略必须抓住市场大势和客户需求，才能步步为营。根据产品差异化特征，企业需要寻找、重塑或者传播产品卖点，给消费者购买的理由。完美日记在产品创新和品质控制方面都投入了大量人力物力，围绕产品采取了一系列有利于产品销售的行动，才有了跨入我国化妆品市场一线品牌的成绩。

▶ **知识准备**

一、产品组合策略

（一）产品组合定义

产品组合是中小企业在一定时期内提供给市场的全部产品和品目的集合。一个产品组合包括多条的产品线，产品线是由使用功能相同、能满足同类需求，而规格、型号、花色等不同的若干个产品项目组成。

（二）产品组合四个维度

企业的产品组合有一定的宽度、长度、深度及关联度。具体概念可以通过格力公司产品组合的宽度和产品线的长度来说明（见表6.2–1）。

产品组合的宽度是指产品组合中包含的产品线的数目。如表6.2–1所示有6条产品级，产品组合宽度为6。

产品组合的长度是指产品组合中品目的总数。如表6.2–1中，长度为30。也可以计算每条产品线的平均长度，即把总长度（30）除以产品线的数量（6），就得到产品线的平均长度为5。

产品组合的深度是指产品线中每一产品所提供的花色数量。比如格力洗衣机有4种规格的产品，那么洗衣机的产品组合深度就是4。

表 6.2–1 格力公司产品组合的宽度和产品线的长度

	产品组合宽度					
	家用空调	中央空调	生活电器	冰箱	洗衣机	热水器
产品线长度	格力长者空调 格力儿童语音空调 格力除甲醛空调 格力新风空调	格力厨享 格力麻享 格力铂韵 格力舒睿	格力抽油烟机 格力空气循环扇 大松百香煲 格力鲸焕洗碗机 格力除甲醛空气净化器 格力消毒柜 格力蒸烤双能机	晶弘魔法冰箱 晶弘对开门冰箱 晶弘智能冰箱 晶弘十字对开门冰箱 晶弘多门冰箱 晶弘三门冰箱	格力净静洗衣机 格力共寨洗衣机 格力净柔洗衣机 格力热泵洗护机	格力安沐星 格力舒铂热水器 格力舒沐享燃气热水器 格力水之沁分体式空气能热水器 格力沐尊空气能热水器

注：格力公司还有其他产品线未能一一列举。

产品组合的关联度是指不同的产品线在生产条件、最终用途、分销渠道等方面可能有某种程度的关联性。

产品组合的四个维度可以让中小企业从四个途径来拓展自己的业务。

（三）产品组合策略

产品组合策略是中小企业为面向市场，对所生产经营的多种产品进行最佳组合的谋略。中小企业可以将自身产品组合的宽度、长度、深度和关联度调整到最佳结构，以提高中小企业的竞争能力和取得最好的经济效益。

1. 扩大产品组合策略

扩大产品组合策略是开拓产品组合的宽度和加强产品组合的深度。开拓产品组合的宽度是指增添产品线，拓展产品的经营范围；加强产品组合的深度是指在原有的产品线内增加新的产品项目。如增加同一产品的规格、型号和款式等。

2. 缩减产品组合策略

缩减产品组合策略是指中小企业削减产品线或产品项目，特别是要取消那些获利小的产品，以便集中力量经营获利大的产品线和产品项目。如帅康电器2005年退出空调市场，专注自己的强项厨卫家电。

3. 产品线拓展策略

产品线拓展是指中小企业将其产品线延长，增长产品线长度。一般可以采用向上拓展、向下拓展或同时向两个方向拓展三种方法。

向上拓展就是在原有的产品线内增加高档次、高价格的产品项目。目的是希望进入高端的市场以实现更大的成长，获得更高的利润，或想成为一个提供全线产品的制造商。这一策略的风险在于廉价产品的形象难以在消费者心目中立即转变，影响打开销路。

向下拓展就是在原有的产品线中增加低档次、低价格的产品项目。选择向下拓展的中小企业可能注意到低端市场的巨大成长机会，可以寻求发展新的市场机会，但是如果处理不当，可能会影响中小企业原有产品的市场声誉和名牌产品的市场形象。

双向拓展是定位于中档市场的中小企业可能决定把产品线向两个方向拓展。

二、新产品开发策略

新产品开发是中小企业产品策略的重要组成部分。新产品开发要以满足市场需求为前提，企业获利为目标。中小企业要根据自身实力、市场需求和竞争对手的情况，选择合适策略。常见策略有以下三种。

（一）领先策略

领先策略是中小企业率先推出新产品，利用新产品的独特优点，占据市场上的有利地位。这种策略就是在激烈的产品竞争中采用新原理、新技术、新结构优先开发出全新产品，从而先入为主，领略市场上的无限风光。采取领先策略的中小企业能够在市场上捷足先登，利用先入为主的优势，最先建立品牌偏好，从而取得丰厚利润。

（二）模仿式策略

模仿式策略就是跟随领先企业，对新产品加以仿制和改进，再推出自己产品的策略。采用这类策略的中小企业往往是针对市场上已有产品进行仿造或进行局部改进和创新。这种中小企业跟随既定技术先驱者，以求用较少投资得到成熟定型技术，然后利用其特有市场或价格方面优势，在竞争中对早期市场开发者商业地位进行侵蚀。模仿式策略既可以避免市场风险，又可以节约研究开发费用，还可以借助竞争者领先开发新产品声誉，顺利进入市场。甚至可以通过对市场领先者产品做出许多建设性改进创新，有可能实现后来者居上。

（三）系列式产品开发策略

系列式产品开发策略是围绕现有产品进行向上向下延伸，开发出一系列类似但又各不相同的产品，形成不同类型、不同规格、不同档次的系列产品。采用这种策略开发新产品，中小企业可以尽量利用已有资源，设计开发更多相关产品。

三、产品生命周期策略

（一）产品生命周期定义

产品生命周期是指产品从进入市场到退出市场的周期变化过程。产品的生命周期不是指产品的使用寿命，而是指产品的市场寿命。营销学者通常认为，产品的市场生命周期要经历 4 个阶段——市场导入期、市场成长期、市场成熟期和市场衰退期（见图 6.2-1）。

（二）不同生命周期市场特点

1. 市场导入期

处于导入期的产品市场特点主要表现为：

（1）批量小，高成本。在这个阶段，由于新产品投入市场还处于试探期，消费者对

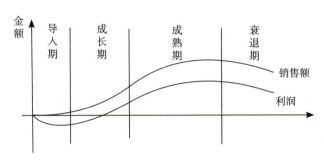

图 6.2-1　产品市场生命周期曲线

其并不熟悉，产品没有过多的细分，一般只生产基本型的产品，瞄准最迫切的购买者，故生产规模较小，无法实现规模经济。

（2）分销和促销的成本很高。一方面中小企业需要投入大量的资金吸引经销商，拓展必要的渠道，建立存货；另一方面为了让消费者能了解产品，需投入大量的宣传，故而促销费用高。

（3）利润低。导入期间，产品的销量会很少，制造成本和分销、促销成本较高，中小企业利润低甚至会出现亏损。

（4）市场竞争不激烈。由于新产品前景不明朗，只有少数市场先驱者会进入市场，其他中小企业处于观望期，故市场竞争不激烈。

2. 市场成长期

处于成长期的产品市场特点表现为：

（1）大批量，成本下降。这个阶段，销量快速增加，中小企业扩大生产规模，大批量生产形成规模经济，成本下降。

（2）分销成本降低，促销费用保持原有水平或略微增加。由于需求量的增加，中间商的存货也将扩大，也会吸引更多的经销商进入，因此培育市场对中小企业来说依然重要，需要提高产品品牌知名度宣传来增加消费者信心。

（3）利润增加。随着产品销量增加，售价相对稳定，制造成本、分销成本下降，中小企业从中获取的利润增加。

（4）市场竞争加剧。受到利润的吸引，新的竞争者会涌入市场，并生产同一种产品，故而市场竞争加剧。

3. 市场成熟期

处于成熟期的产品市场特点表现为：

（1）销量缓慢上升并趋于稳定。在这个阶段，消费者对产品的偏爱程度渐趋稳定，但潜在消费者已经很少，市场需求趋于饱和。

（2）市场竞争激烈。销量增长的减慢导致中小企业的产能过剩，将出现供过于求的情况，使得市场竞争加剧。

（3）营销费用增加，利润降低。为提高竞争力，有些中小企业可能会降低产品价格，扩大广告和促销活动的投入，防止消费者转向其他竞争者，还有一些中小企业增加研发预算改进产品，使利润的增长放缓甚至下降。

4. 市场衰退期

处于衰退期的产品市场特点表现为：

（1）产品销量急剧下降。在这个阶段里，由于技术进步、消费者偏好的改变和竞争加剧，产品销量迅速下降，甚至销量可能锐减为零。

（2）利润持续减少。需求减少，产品销量下降，导致利润迅速下滑，许多中小企业将放弃这个产品，退出市场。

当然，并不是所有的产品都遵循产品生命周期的规律。比如，有的产品导入速度快，衰退速度也快；有的产品在成熟期停留很久；还有的产品进入衰退期后，凭借强有力的促销活动或重新定位又回到成长期。如果市场营销运作经营好，产品有可能可以长久存在，如茅台。

（三）不同生命周期的营销策略

根据产品生命周期的不同阶段，制定适宜的营销策略，不仅能直接决定产品的市场占有率，还能影响着产品生命周期的延续。

1. 市场导入期

导入期阶段的营销重点应该放在对消费者进行产品的思想教育和灌输，以唤起消费者对产品的兴趣和消费欲望。其目的是迅速开拓市场，缩短投入阶段，促使产品早日进入成长阶段。在导入期，可以由产品、分销、价格、促销四个基本要素组成各种不同的市场营销策略，这里仅将价格高低与促销费用高低结合起来考虑，就有四种策略可供选择。

（1）快速撇脂策略

快速撇脂策略是指以高价格、高促销费用推出新产品，以获取最大利润。该策略旨在尽快收回投资，获得较大的市场占有率。实施这一策略的条件是市场有较大潜在需求；产品有明显差别化优势，且存在购买力强并对价格不敏感的消费人群；中小企业面临潜在竞争者的威胁，需要及时树立品牌形象。

（2）缓慢撇脂策略

缓慢撇脂策略是指以高价格、低促销费用推出新产品。该策略的目的是以尽可能低的费用开支求得更多的利润。实施这一策略的条件是市场规模有限；消费者对新产品有一定认知；目标顾客愿意支付高价；潜在竞争威胁小。

（3）快速渗透策略

快速渗透策略是指以低价格、高促销费用推出新产品。该策略的目的是在短时间内迅速进入市场，获取最高的市场占有率。实施这一策略的条件是市场容量相当大；消费者对产品不了解，但对价格十分敏感；中小企业面临潜在竞争威胁大；产品的单位制造成本可随生产规模和销量的扩大迅速降低，故即使价格较低但仍有获利空间。

（4）缓慢渗透策略

缓慢渗透策略是指以低价格、低促销费用推出新产品。该策略的目的是以较低的成本稳健进入市场，获得较高的市场占有率。实施这一策略的条件是市场容量很大；消费者对新产品有一定的认知；目标顾客对价格比较敏感；存在潜在竞争但威胁不大。

2. 市场成长期

进入了成长期阶段时，产品转入大批量生产销售，在这个阶段中小企业面临"高利润率"和"高市场占有率"的两难选择，为了增强中小企业的市场地位和竞争力，营销目的是占领市场主导地位。营销策略有以下几点：

（1）改善产品品质，开发新用途、增加新功能、改变款式等，目的是提高其竞争力，吸引更多顾客。

（2）寻求新的细分市场，即寻找新的尚未满足细分市场，扩大市场占有率。

（3）改变广告宣传重心，即将广告宣传重心从介绍产品转到建立产品形象上，树立品牌效应，增加顾客忠诚度。

（4）适时降价。在适当时机，可通过降价来激起价格敏感群体的购买欲，引起购买行为。

3. 市场成熟期

成熟期是产品寿命周期中较长的阶段，是中小企业获取利润的"黄金时节"，但中小企业面临供给与需求相对饱和的矛盾。这个阶段的营销策略的目的有两个，一是维持市场占有率，缓解供需矛盾；二是尽可能延长成熟期，或促使产品生命周期再循环，为中小企业带来更多利润。营销策略可以从以下三个方面进行。

（1）市场调整。中小企业为产品寻找新用户和新的细分市场增加现有产品的销量；也可以在现有顾客中寻求增加产品使用的方式，即为顾客寻找新用途。

（2）产品调整。通过产品自身的调整来满足顾客的不同需要，比如改变产品质量、特性、风格或包装来吸引新的使用者，从而刺激销售量。

（3）组合调整。通过对产品、定价、渠道、促销四个市场营销组合加以综合调整，刺激销量回升。比如，为顾客提供新的或改善服务；降价来吸引新用户和竞争者的顾客；增加促销手段；还可以开发新的营销渠道为新用户服务。

4. 市场衰退期

当产品进入了衰退期阶段，这时候中小企业就要面临是进还是退的抉择。此时的营销目的是有效处理衰退期产品的转移时机与方式，让营销力量转入富有生机的新的市场和机会。常见营销策略如下：

（1）继续策略。沿用过去的策略，按照原有的细分市场，使用相同的分销渠道、定价等，直至产品自然淘汰。

（2）集中策略。把中小企业资源集中在最有利的细分市场和分销渠道上，缩短退出市场的时间，创造更多的利润。

（3）收缩策略。缩小目标顾客群，寻找忠诚顾客有针对性地开展营销活动，降低促销水平，减少促销费用，增加利润。

（4）放弃策略。采用完全放弃的形式，停止生产，将资源转向其他产品，不做无谓挣扎，减少损失。如电子产品由于科技的创新，在被其他产品替代后，就只能采取放弃策略。

四、产品品牌策略

(一) 品牌的定义

我国中小企业要实施有效的品牌战略，就要对品牌的概念有一个完整的认识。著名市场营销专家菲利普·科特勒认为品牌从本质上说，是销售者向购买者长期提供的一组特定的特点、利益和服务的允诺。最好的品牌传达了对质量的保证。然而，品牌还是一个更为复杂的符号，它由品牌外部标记包括名称、术语、图案等，品牌识别，品牌联想，品牌形象等内容构成。

品牌是中小企业长期努力经营的结果，是中小企业的无形载体。中小企业要了解品牌，必须了解品牌特性的深度层次，可以从六个方面来揭示品牌的内涵。

1. 属性。品牌代表着特定商品的属性，这是品牌最基本的含义。

2. 利益。品牌不仅代表着一系列属性，还体现着某种特定的利益。

3. 价值。品牌体现了中小企业的某些价值感。

4. 文化。品牌附着特定的中小企业文化。

5. 个性。品牌也反映一定的中小企业个性。

6. 用户。品牌暗示了购买或使用产品的消费者的类型。

▶ 想一想 ◀

完美日记的品牌策略有什么优势？

(二) 品牌的分类

依据不同标准，品牌可以分为不同种类。

1. 根据品牌知名度和辐射区域划分

根据品牌知名度和辐射区域可以将品牌划分为地区品牌、国内品牌、国际品牌。地区品牌是指在一个较小的区域内生产销售的品牌。这些产品主要是受产品特性、地理条件及某些文化特性影响，一般在一定范围内生产、销售，产品辐射范围不大。国内品牌是指国内知名度较高，产品辐射全国，全国销售的产品品牌。国际品牌是指在国际市场上知名度、美誉度较高，产品辐射全球的品牌。

2.根据产品生产经营的不同环节划分

中小企业根据产品生产经营的所属环节可以将品牌分为制造商品牌和经营商品牌。制造商品牌是指制造商为自己生产制造的产品设计的品牌。经销商品牌是经销商根据自身的需求，对市场的了解，结合中小企业自身发展需要而创立的品牌。

3.根据品牌产品内销或外销划分

根据品牌产品是针对国内市场还是国际市场可以将品牌划分为内销品牌和外销品牌。由于世界各国在法律、文化、科技等宏观环境方面存在巨大差异，很多中小企业的一种产品在不同的国家市场上有不同的品牌，而在国内市场上也有单独的品牌。品牌划分为内销品牌和外销品牌对中小企业形象整体传播不利，但由于历史、文化等原因，不得不采用，因此中小企业要注意新的品牌命名应考虑到国际化的影响。

(三) 品牌的作用

1.缩短消费者购买决策时间

基于对产品的既有体验及多年的购买经验，消费者知道哪些品牌能满足他们的需求，哪些品牌不能，品牌能缩短消费者购买决策时间。

2.提高中小企业产品利润空间

在传统市场竞争中，当消费者形成鲜明品牌概念后，价格差异就会显得次要。当给不同品牌赋予特殊个性时，这种情况就更为明显。强势品牌的高利润在市场不景气或削价竞争的条件下表现出重要作用。这种优势主要得益于消费者对品牌产品价值的认同，能接受价格差异，这将为中小企业带来持续的额外利润。

3.品牌是一种无形资产

产品有生命周期，但品牌却不同，它有可能超越生命周期。一个品牌一旦拥有众多忠诚顾客，其领导地位可以经久不衰，即使其产品历经改良和替换。只要能跟上市场变化和消费脚步，通过改进或创新产品，品牌就可以随着市场变化加以调整，保持品牌个性始终如一，就可使品牌长期延续下去。

(四) 品牌策略

品牌策略包括品牌化决策、品牌模式选择、品牌识别界定、品牌延伸规划、品牌管理规划与品牌远景设立六个方面的内容。

1. 品牌化决策

品牌化决策就是解决品牌的属性问题。中小企业需要在品牌创立之前就确定好自身的品牌选择是制造商品牌还是经销商品牌、是自创品牌还是加盟品牌。不同的品牌经营策略预示着中小企业不同的道路和命运。不同类别的品牌，在不同行业与中小企业所处的不同阶段有其特定的适应性。

2. 品牌模式选择

品牌模式选择是解决品牌的结构问题，就是涉及选择综合性的单一品牌还是多元化的多品牌，是联合品牌还是主副品牌。品牌模式并无好坏之分，却有一定行业适用性与时间性。如华为手机在面对手机消费人群年轻化时，创建了全新的品牌"荣耀"，目标客群主要针对追求高性价比配置的年轻人群，定价也偏低。

3. 品牌识别界定

品牌识别界定是要确立品牌的内涵，也就是中小企业希望消费者认同的品牌形象，这是品牌战略的重心。品牌形象由表及里包括视觉识别、行为识别、理念识别三个方面，其规范了品牌的外表、行为和思想。中小企业要确保自身品牌形象能实现的利益价值主张是与消费者利益价值主张相一致的，要给予品牌人性化的特征，使消费者的利益价值主张在这人性化的品牌形象中得以体现，这样品牌就会获得消费者的认同，使消费者对品牌产生强烈的归属感，为最终形成品牌忠诚奠定基础。

4. 品牌延伸规划

品牌延伸规划是对品牌未来发展所适宜的经营领域范围的清晰界定。中小企业可以根据自身品牌或具有一定市场影响力品牌情况，明确未来品牌适合在哪些领域、行业发展与延伸，在降低延伸风险、规避品牌稀释前提下，延伸至与原产品完全不同的品种系列上，借原产品品牌影响力来促使现有产品竞争力提升，以谋求品牌价值最大化。品牌延伸可以充分利用品牌资产扩大产品线，用足品牌的无形资产赚取更多利润，并通过培育几个新产品达到规模销售，进一步提升品牌资产。

品牌延伸一般有两类，一种是产品线延伸，中小企业可以在原有品牌，即目前销售或服务的产品类别中推出新产品，或引入新的口味、形式、色彩、成分和包装规格。比如，蒙牛通过产品线延伸推出多种类型的蒙牛酸奶。另一种是品类延伸，是中小企业利用原有品牌进入一个不同的产品品类，如云南白药推出创可贴、牙膏。

5. 品牌管理规划

品牌管理规划是中小企业从组织机构与管理机制上为品牌建设保驾护航。这是建立在以塑造强势品牌为核心的企业战略上，将品牌建设提升到企业经营战略的高度，为日后的具体品牌建设战术与行为制定"战略规划"。中小企业应在其经营战略规划的基础上为品牌的发展设立远景，并明确品牌发展各阶段的目标与衡量指标。

6. 品牌远景设立

品牌远景是对品牌的现有价值、未来前景和信念准则的界定。品牌远景是品牌战略的基本战略，其不仅统帅一切对内对外的品牌价值管理计划，而且是协调一致各种利益关系群体的期望。明确的品牌远景不仅能够提高品牌在动态变化的环境中保持价值的能力，而且也是品牌在迷雾重重的复杂市场中的指路明灯。

五、产品包装策略

（一）包装的概念

产品包装有两层含义：一是指产品的容器和外部包装，即包装器材；二是指采用不同形式的容器或物品对产品进行包装的操作过程，即包装方法。在实际工作中，二者往往难以分开，故统称为产品包装。

（二）包装的作用

产品的包装最初是为了在运输、销售和使用过程中保护商品，而随着市场经济的发展，在现代市场营销中产品的包装作为产品整体的一部分，对产品陈列展示和销售日益重要，甚至许多营销人员把包装（Package）称为4Ps后的第5个P。

一般来说，包装具有以下作用：

1. 保护商品

包装是直接影响商品完整性的重要手段。不仅可以保证商品的内在质量和外部形状，使其从生产过程结束到转移至消费者手中，甚至被消费之前的整个过程中，商品不致损坏、散失和变质。特别是对于易腐、易碎、易燃、易蒸发的商品，如果有完善的包装，就能很好地保护其使用价值。过去由于我国中小企业对包装不够重视，包装技术落后，由此每年造成的损失数达百亿，令人触目惊心。根据中国包装技术协会的统计，我国每年因包装不善所造成的经济损失在150亿元以上，其中70%是由运输包装造成的。

如水泥的破包率为 15%—20%，每年损失 300 万吨玻璃的破损率平均为 20%，每年损失高达 4.5 亿元。另据外贸部门统计，由于出口商品包装落后，每年使国家至少减少 10% 的外汇收入。

2. 便于储运

商品的包装要便于商品的储存、运输、装卸。如液体、气体、危险品，如果没有合适的包装，商品储运就无法进行。包装还要便于消费者对商品的携带。

3. 促进销售

包装可谓是商品"无声的推销员"。通过包装，可以介绍商品的特性和使用方法，便于消费者识别，能够起到指导消费的作用。通过美观大方、漂亮得体的包装，还可以极大地改善商品的外观形象，吸引消费者购买。

4. 增加利润

商品的包装是整体商品的一个重要组成部分。高档商品必须配以高档次的包装，精美的包装不仅能美化商品，还可以提高商品的身价。同时，由于包装降低了商品损耗，提高了储存、运输、装卸的效率，从而增加了企业利润。我国许多传统的出口产品因包装问题给人以低档廉价的感觉，形成"一流产品、二流包装、三流促销、四流价格"的尴尬局面。精明的外商将产品买走后，往往只需换上精美的包装，就能使商品显得高档雅致，从而身价陡增，销路大开，从中赚取一大笔钱。

(三) 包装设计的原则

1. 合理性

包装必须与商品的价值相适应。价值高的高档次商品，应该配以精美的包装，给人以名贵华丽的感觉。而对价值较低的日常用品，包装则可简单些，以降低成本，减少顾客的支付负担。

2. 形象性

包装的图案、文字必须清晰，如实地反映出商品的特性、功能、规格和使用方法等，以方便消费者选购和使用。有的商品可以采用透明或半透明的包装，以加强商品的直观性；有的商品还应在包装物中放上说明书。

3. 艺术性

包装设计应符合消费者的审美要求，力求新颖。在图案、造型和色彩上，必须考虑特定顾客的年龄、性别、文化等特征，使包装物能带给顾客美的享受。

4. 科学性

包装物应该有利于运输和储存，有利于商店的陈列。在包装构造方面，既应做到保护好商品，又要便于使用、开启。在包装材料方面，应体现保护商品、美化商品和降低成本三项原则。

（四）包装策略的具体内容

1. 类似包装

企业所有商品的包装，在图案和色彩等方面均采用同一形式。这种方法可以降低包装的成本，扩大企业的影响，促进销售。特别是在推出新产品时，可以利用企业的声誉，使顾客能从包装上辨认出商品，以便迅速打开市场。但是这一策略一般只适用于质量水平一致的商品，如果商品质量相差悬殊，就不宜采用这种包装策略。

2. 组合包装

组合包装即把若干有关联的商品包装在同一包装物中，如化妆品的组合包装、节日礼品盒包装等。这种包装方法可以一物带多物，便于消费者使用和购买，也扩大了产品的销售。

3. 附赠品包装

这种包装的主要方法是在包装物中附有赠品彩券或实物赠品，借以吸引消费者购买和重复购买。例如在珍珠霜盒里放一颗珍珠，顾客买了一定数量之后就能串成一条项链。这种包装策略的效果在儿童用品市场尤其显著。

4. 再使用包装

这种包装物在商品使用完后，还可以有其他用处。这样，购买者可以得到一种额外的满足，从而激发其购买商品的欲望。如设计精巧的果酱瓶，在果酱吃完后可以作为茶杯使用。包装物在继续使用的过程中，实际上还起到经常性的广告作用，增加了顾客重复购买的可能。

5. 分组包装

对同一种商品，可以根据顾客的不同需要，采用不同级别的包装。如用作礼品，则可以精致地包装，若自己使用，则只需简单包装。此外，对不同等级的商品也可以采用不同的包装。高档商品包装精致些，以表示商品的身份；中低档商品包装简单些，以减少商品成本。

▷ 找一找 ◁

完美日记的产品包装策略。

---

6. 改变包装

当由于某种原因使商品销量下降，市场声誉跌落时，中小企业可以在改进商品质量的同时改变包装的形式，从而以新的商品形象出现在市场上，改变商品在消费者心中的不良地位。这种做法有利于迅速恢复企业声誉。

▶ 任务实施

完成此次任务，可以通过如下途径实现：

（1）通过阅读完美日记案例，思考它的产品策略特征。

（2）通过产品经理角色模拟，思考完美日记的产品开发策略。

（3）通过小组协作，了解完美日记在产品生命周期中的营销策略。

（4）通过文献检索法了解完美日记的产品品牌策略和产品包装策略。

（5）通过小组讨论，对比分析完美日记产品策略的实施要点和借鉴意义，派出代表在课堂上进行汇报。

▶ 任务小结

产品策略是企业为了在激烈的市场竞争中获得优势，在生产、销售产品时所运用的一系列措施和手段，包括产品组合策略、产品品牌策略、产品生命周期策略、新产品开发策略、产品包装策略。

任务三　剖析"三只松鼠"产品策略

▶ 任务导入

　　说到三只松鼠，大家应该都不会陌生，脑海里或许还会出现那萌萌的小松鼠的样子。三只松鼠是淘宝史上传奇的品牌，创造了无数个传说。它是成为淘宝单品类目第一用时最短的品牌，可见其营销能力之深。2022年4月22日，三只松鼠发布了2021年年度财报。报告期内，公司营业收入97.70亿元，同比微降0.24%；归属母公司的净利润4.11亿元，同比增长36.43%。尽管营收受到疫情和流量的叠加影响，但根据2021年年报显示的数据，三只松鼠的坚果业务依然领先整个坚果品类行业。报告期内，坚果品类营收50.58亿元，同比增长4.33%，品类占比进一步提升，在双11、双12、年货节等重要销售节点上稳居线上坚果品类行业销量第一，通过坚果的规模优势及战略统采策略，2021年坚果品类毛利率同比提升6.86%。

　　请思考以下问题：

　　（1）三只松鼠究竟是一个什么样的品牌？

　　（2）它采取的是什么样的产品策略使得企业在竞争激烈的互联网食品领域中突出重围？

　　（3）根据产品生命周期理论，三只松鼠2012年以来的产品策略在各阶段有什么不同？

　　（4）假设你是三只松鼠的CEO，2023年你的产品策略会如何调整？

　　资料来源：杜锐．淘品牌三只松鼠的营销模式浅析[J]．纳税，2017（20）：138.

▶ 任务分析

　　三只松鼠主要以互联网技术为依托，利用B2C平台实行线上销售，准确实施产品、渠道、价格及促销四个方面的营销策略，开了中国食品利用互联网进行线上销售的先河，成为近年来利用互联网平台营销策略的经典案例。中小企业创业最常见的是网络创业，因此我们可以以此为借鉴，了解其产品策略，为将来创业与经营打下基础。

▶　**知识准备**

一、公司简介

三只松鼠股份有限公司由"松鼠老爹"章燎源于 2012 年创立，总部位于安徽芜湖，并于南京成立研发与创新中心。十年潜心耕耘，公司已发展成为年销售额破百亿元的上市公司，正加速向数字化供应链平台企业转型。依托品牌、产品、物流及服务优势，三只松鼠先后被新华社和《人民日报》誉为新时代的"改革名片""下一个国货领头羊"，上市当天被赞为"国民零食第一股"。2019 年的"双十一"，公司以 10.49 亿元销售额刷新中国食品行业交易纪录，被《华尔街日报》《路透社》《彭博社》等外媒称为"美国公司遭遇的强劲对手""中国品牌崛起的典范"。2021 年，三只松鼠获"CCTV·匠心坚果领先品牌"称号。肩负"让坚果和健康食品普及大众"的企业使命，公司不断致力于产品的创新，全方位贴近消费者，迈向千亿松鼠。

2012 年是三只松鼠的创业年。五名创业初始团队队员在安徽芜湖都宝小区创立三只松鼠品牌。4 月，获得 IDG 资本 150 万美元的天使投资，三只松鼠有了第一笔创业资金。6 月 19 日，在淘宝天猫商城试运营上线，7 天时间完成 1000 单的销售。8 月，上线的第 65 天，在天猫坚果类目销售跃居第 1 名。11 月首次参加双十一大促，日销售 766 万，名列食品电商销售第一名，发生首次发货危机，全员参与发货克服危机，演绎了三只松鼠价值观的强大。

2013 年是三只松鼠的发展年。5 月，再次获今日资本、IDG 资本 617 万美元 B 轮投资，三只松鼠公司市值超过 2.5 亿元，并决定将资金投入后端建设。双十一日销售额 3562 万元，创造中国电商食品奇迹。12 月启动占地 80 亩的电商产业园基础性工程建设，整体建筑面积超过 6 万平方米，建成后将容纳 3000 人的使用规模。全网年销售额突破 3.26 亿元。

2014 年是三只松鼠的地基年。1 月月度销售额突破 1.6 亿元，三只松鼠再次发生第二次危机，做出向主人的赔付政策，累计赔付 81 万元，全员参与危机战斗，再次演绎了三只松鼠价值观的强大。3 月 IDG 资本、今日资本追加 1 亿元人民币 C 轮投资，三只松鼠公司市值超过 10 亿元人民币。8 月三只松鼠 DSR 卖家服务评分又创历史新高，达到 4.9 分。双十一单日销售额 1.09 亿元，再创历史新高。全网年销售额突破 10 亿元。

2015 年是三只松鼠的变革年。2 月三只松鼠年货销售额达 7.35 亿元。9 月，三只松鼠获峰瑞资本 3 亿元人民币 D 轮投资，三只松鼠公司市值超过 40 亿元人民币。双十一单日销售额突破 2.66 亿元。12 月 28 日，市场主体类型变更为三只松鼠股份有限公司。

2016 年是三只松鼠的产品年。在 2016 年世界电商大会上，章燎源提出三只松鼠"娱乐化战略"。双十一全网销售额 5.08 亿元，成为天猫全品类第七名。

2017 年是三只松鼠的人才年。三只松鼠 5 周年庆典主题定义为"松鼠 5 年，再出发"，邀请股东、伙伴、家属等生态圈人士共度盛会，在此会议中，三只松鼠与股东共议，决定三只松鼠上市之日将联合捐赠一亿元放入"CEO 与家长基金"中，以解决松鼠员工的家庭困难和后顾之忧。

2018 年 7 月 7 日，三只松鼠举行全球伙伴共创大会，提出共建超级国民品牌的新目标，未来的三只松鼠将服务 2 亿个家庭。双十一活动，三只松鼠全渠道日销额 6.82 亿元，同比增长 30.51%。其天猫旗舰店访客量 2200 万人次，成为天猫双十一流量第一品牌；在天猫食品热销"Top 10"内，8 个都是三只松鼠；双十一推出的部分极致单品成为名副其实的"断货王"。

2019 年 4 月 26 日，三只松鼠发布《松鼠新时代全面管理体系》，梳理了松鼠从使命、愿景、价值观的"三支柱"到人上的逻辑。6 月 16—18 日，狂欢三天，三只松鼠全渠道销售额 2.28 亿元，稳居行业第一。7 月 12 日，三只松鼠股份有限公司在深交所成功挂牌上市，被媒体誉为"国民零食第一股"。股票简称"三只松鼠"，股票代码"300783"，截至 7 月 26 日，连续 11 个交易日涨停。11 月 11 日，三只松鼠全渠道销售额突破 10.49 亿元，同比增长超 50%。线上渠道，全线第一；线下铁军，增速领航，累计销售突破 1.26 亿元，同比增幅 226%。2019 年全年成交额突破 100 亿元，提前一年完成 2014 年定下的松鼠百亿梦目标，有幸成为国内率先且最快达到百亿规模的休闲零食企业。

2020 年三只松鼠实现营业收入 97.94 亿元，同比下降 3.72%，这是三只松鼠上市以来营收首次出现下滑。其中，新品牌贡献营收 7611.17 万元，净亏损 4042.79 万元，如不考虑新品牌影响，公司净利提升 43%。

2021 年三只松鼠实现营业收入 97.70 亿元；实现净利润 4.11 亿元，同比增加 36.43%。从品类来看，2021 年，三只松鼠坚果品类营收 50.58 亿元，同比增长 4.33%。10 月提出"分销 3 年 50 亿，5 年 100 亿"的战略目标。

2022 年三季报显示公司实现营收 53.33 亿元，同比下降 24.57%，净利润 9349.96 万元，同比下降 78.86%。其中，第三季度实现营收 12.19 亿元，同比下降 32.63%，净利润 1136.53 万元，同比下降 87.43%。

二、产品品类

在最初，三只松鼠选择坚果这个品类作为产品，成功地占领了消费者的心智，并成为坚果品类的领导者。随后三只松鼠开始增加新的品类，从 2015 年开始，三只松鼠就开始布局坚果、果干、面包烘焙、肉干、饮料的全品类覆盖，满足消费者多样化的需求。其中，坚果是核心产品，销售收入占主营收入比重高达六七成。以下是三只松鼠的产品分类，以官网、天猫旗舰店、京东旗舰店为例：

（一）官网分类

1. 食品系列

食品系列包含坚果－大头装、坚果－每日坚果、坚果－IP 合作款、果干－松鼠云果园、果干－超级水果干、枣类－新疆正品、零食－发现好零食、饮料－零食－新奇特、潮礼－坚果大礼包 10 类。

2. 周边系列

也称为生活 +Q 系列，包含公仔、衣服以及帽子等。这一系列包含食物搭档篇、抱抱公仔篇、学习帮手篇、日常陪伴篇、入睡好梦篇、外出旅行篇。

3. 跨界合作系列

跨界合作系列包含 IP 合作款和设计定制款。IP 合作款包含微微一笑很坚果、大鱼海棠礼盒、小团圆月饼礼盒、喵吱糖、童年零食系列、变形金刚合作款。设计定制款包含红松鼠礼盒、锦礼礼盒、垦丁的晚霞、可可颂、一只小粽粽。这种产品衍生让品牌形象更进一步被强化，吸引更多的消费者。

（二）天猫旗舰店分类

在三只松鼠的天猫旗舰店，其产品分为坚果炒货、糕点点心、果干蜜饯、肉食卤味、饼干膨化、鱿鱼海味、豆干素食、麦片冲饮、糖巧布丁、每日坚果、方便速食、水果罐头、坚果礼盒、零食大礼包、镇店爆款等。

（三）京东旗舰店分类

在三只松鼠京东旗舰店，其产品分为量贩坚果、每日坚果、坚果炒货、面包糕点、肉干肉脯、果干蜜饯等。量贩坚果包含量贩开心果、量贩碧根果、量贩夏威夷果、量贩开口松子、量贩手剥松子、量贩核桃、量贩紫皮腰果、量贩手剥巴旦木；每日坚果包含每日坚果通用款、益生菌每日坚果、每日坚果牛气款、每日坚果纯坚果款；坚果炒货包含夏威夷果、开心果、松子、碧根果、巴旦木、核桃、腰果；面包糕点包含中式糕点、西式糕点、鲜香面包；肉干肉脯包含猪肉系列、牛肉系列、鸭肉系列、鸡肉系列、即食海味、肉食礼包；果干蜜饯包含果干系列、蜜饯系列、罐头系列。

三、产品质量

三只松鼠以"制造型自有品牌多业态零售商"为定位，严把质量关，将食品安全列为企业经营的红线。对销售的休闲食品的研发、采购、质检以及销售等核心环节自主经营，与行业内的加工制造企业组成联盟，由联盟工厂根据产品标准进行加工，最终通过线上及线下等渠道进行产品销售。

三只松鼠首先要保证的是给消费者提供健康安全的产品。三只松鼠设置了一系列的供应商准入门槛，先强调的是在供应、采购过程中的透明、廉洁，所有供应商都要经过廉政培训和考核，之后再进行资质审核，最后对工厂进行现场的考察，通过层层的考核、把关，确保与三只松鼠进行合作的企业都具备较高的质量管理水平。

在日常管理方面，三只松鼠形成了一套标准体系——松鼠伙伴质量与食品安全管理标准，保障质量，此外，还借助互联网数字化技术，不断进行改善。在文化方面，三只松鼠企业内部形成了一种独特的松鼠食品安全文化。除了企业自身的努力，三只松鼠还引进了许多第三方力量，帮助提升质量。

四、产品品牌

(一)品牌定位

三只松鼠的目标消费群体是热衷于网上购物的年轻人，他们是电商食品市场的主力消费者，有个性、追求时尚、注重消费体验且有较强的购买能力。根据目标消费群体的特点，三只松鼠将品牌定位为多品类的互联网森林食品品牌，率先提出森林食品的概念，这一概念容易让人联想到自然、新鲜、健康等与"森林"相关的关键词，同时，其品牌名称也诠释了产品和服务的特征，坚果是松鼠喜爱的食物，松鼠又是勤恳劳作的形象代表，表明其产品精选于原产地农场，致力于服务好顾客。

(二)品牌形象

在最开始，三只松鼠的品牌 logo 是比较简单的三只松鼠简笔画形象，与其品牌名称对应，让消费者更加容易记住，易于传播。后来，公司将 logo 升级为了扁平化的萌版三只松鼠形象，三只松鼠更容易分辨，每只松鼠都有自己的服饰，更加活泼可爱。公司还将三只松鼠拟人化，分别取名为松鼠小贱、松鼠小美、松鼠小酷，并赋予他们不同的性格特征。松鼠小贱喜欢卖萌，代表坚果类产品；松鼠小美是三只松鼠中的颜值担当，代表花茶类产品；松鼠小酷则是智慧担当，代表干果类产品。独特的名字和性格特征让三只松鼠的形象更加深入人心，赢得消费者的喜爱。

(三)品牌延伸

自 2016 年开始，三只松鼠开始谋求布局线下实体店，以产品体验、品牌文化宣传为主要目标，希望通过线下的旗舰店、体验店，使更多的消费者认识三只松鼠品牌。2018—2019 年，三只松鼠开始意识到网络购物的红利正在消失，企业过于依赖线上渠道造成利润率下降，开始在线下通过直营店、加盟店等形式发力，希望可以通过线上线下的全渠道发展提升销售额。在线下渠道，除区域性小品牌之外，一些发展时间相对较长、品牌知名度较高的零食品牌如良品铺子、来伊份、百草味等也开始在坚果产品系列进行拓展，这就造成三只松鼠品牌在线下的竞争日趋激烈，销售额增长缓慢。

五、产品包装

三只松鼠的包装箱外面有对消费者和快递员的温馨寄语，包装箱里面还附赠果壳袋、湿纸巾、零食封口夹，为消费者提供体贴的服务。食品的包装采用牛皮纸材质，黄色的包装类似坚果的外壳，给人一种原生态的印象，包装上面印有三只松鼠的卡通形象，给消费者留下深刻的印象。

三只松鼠的"每日坚果"系列，一份"每日坚果"由数类坚果和果干搭配而成，企业在包装上采用了将坚果与果干分为"干""湿"两个小包的方式拼合为一个完整产品，这样方便而科学的设计就非常的人性化，受到年轻人的青睐。以可爱的松鼠形象作为包装封面的主体形象，用明显的色彩来区别不同的产品，合理的包装既能够让产品的信息清晰的显示，又很好地展现了企业文化，让独特企业形象被消费者所接受。

▶ **任务实施**

完成此次任务，可以通过如下途径实现：

（1）通过阅读三只松鼠的运营数据，思考三只松鼠是一个什么样的品牌？采取的是什么样的产品策略使得企业在竞争激烈的互联网食品领域突出重围？根据产品生命周期理论，三只松鼠2012年以来的产品策略在各阶段有什么不同？假设你是三只松鼠的CEO，2023年你的产品策略会如何调整？

（2）通过阅读教材，了解三只松鼠发展历程、产品品类、产品品牌、产品包装。

（3）通过小组讨论，分析三只松鼠不同生命周期的产品策略特征。

（4）通过调研2012年以来三只松鼠的财务数据、客户满意度、社会反映，查看官网信息，了解专家学者的观念，整理分析并讨论三只松鼠2023年的产品策略。

（5）通过角色扮演，派出代表模拟三只松鼠CEO在课堂上汇报三只松鼠在不同时期的产品策略，提出2023年的产品策略。

▶ **任务小结**

三只松鼠创立以来在"创业年、发展年、地基年、变革年、产品年、人才年"的不同生命周期中每年都有新的突破。三只松鼠优良的产品质量和服务，独具特色的品牌策略及萌化立体贴心的产品包装等都是助力三只松鼠快速发展的重要因素。

技能提升训练　制定中小企业产品策略

▶ **训练目标**

1. 掌握新产品开发流程；
2. 掌握不同产品策略的特征和使用要领；
3. 培养根据品牌实际情况分析产品策略的能力。

▶ **实施流程**

流程一　选择目标企业，收集整理资料

以小组为单位，选择一个中小企业，结合教材的产品基础知识，分析该企业的产品线现状、存在问题及原因。

流程二　研讨开发方向，策划产品开发

以小组为单位，基于上述分析，提出新产品的开发方向，结合教材的新产品开发流程，模拟策划产品开发方案。

流程三　梳理产品策略，分析成败原因

以小组为单位，结合产品策略基础知识，梳理该企业当前的产品策略，分析这些策略的成败原因。

思考与练习

一、单选题

1.购买空调所获得的核心产品是（　　　）。

A.空调机 　　　　　　　　　　　B.制造新鲜空气

C.购买心理因素 　　　　　　　　D.升降温度

2.成长期营销者促销策略主要目标是在消费者心中建立（　　　），争取新的顾客。

A.产品外观 　　　　　　　　　　B.产品质量

C.品牌偏好 　　　　　　　　　　D.产品信誉

3.某公司增加了产品的规格种类，这是改变了公司产品的（　　　）。

A.宽度　　　　　　B.长度　　　　　　C.深度　　　　　　D.关联度

4.每种产品实质上是为满足市场需要而提供的（　　　）。

A.服务　　　　　　B.质量　　　　　　C.效用　　　　　　D.功能

5.产品在市场上出现时的具体物质外形是（　　　）。

A.核心产品 　　　　　　　　　　B.形式产品

C.附加产品 　　　　　　　　　　D.潜在产品

二、多选题

1.品牌与产品二者的区别在于（　　　）。

A.产品是具体存在的，而品牌存在消费者的认知里

B.产品生产于工厂，品牌形成于营销环节

C.产品重在质量，品牌重在传播

D.产品有国界，品牌使用无国界

2.以下属于品牌设计特征的是（　　　）。

A.易于记忆　　　B.蕴含寓意　　　　C.符合民俗　　　　D.兼顾战略

3.以下属于便利品的是（　　　）。

A.饮料　　　　　　B.纸巾　　　　　　C.粮油米面　　　　D.牙膏牙刷

E.汽车

三、判断题

1. 产品是顾客购买的有形物体。（　　　）

2. 新产品都是新发明的高科技产品。（　　　）

3. 产品的使用寿命比产品的经济寿命长。（　　　）

4. 品牌就是产品。（　　　）

5. 品牌会延长消费者购买决策时间。（　　　）

四、填空题

1. 产品组合的宽度是指产品组合中所拥有的 _____ 的数目。

2. 在产品整体概念中最基本最主要的部分是 _____。

3. 产品在投入期时采用 _____ 可以获得最大利润。

4. 产品根据消费者的购买习惯分类，分为便利品、_____、_____ 和非寻求品。

5. _____ 是产品寿命周期中最长的阶段，是企业获取利润的"黄金时节"。

6. 根据品牌知名度和辐射区域可以将品牌划分为地区品牌、_____、_____。

五、简答题

1. 产品生命周期各阶段可以采用哪些营销策略？

2. 产品整体概念包含哪几个层次？

3. 请简述产品包装的作用。

项目七

定价策略

▶ **学习目标**

（一）知识目标

1. 熟悉产品定价影响因素；

2. 了解定价方法；

3. 了解中小企业定价策略。

（二）能力目标

1. 能合理分析产品定价影响因素；

2. 能使用不同方法对产品进行定价。

▶ **学习任务**

任务一　分析定价影响因素；

任务二　进行产品定价；

任务三　制定中小企业定价策略。

任务一　分析定价影响因素

▶ **任务导入**

"米价为什么上涨"

中商情报网讯：最新数据显示：2022 年 11 月 30 日全国粳米当日均价为 5.21 元 / 公斤，籼米当日均价为 4.82 元 / 公斤。其中，粳米价格最高的市场是江西省的新余市同盛实业集团有限责任公司，当日价格为 9.6 元 / 公斤，环比持平。籼米价格最高的市场是江苏宿迁南菜市农副产品批发市场管理有限公司和陕西西安摩尔农产品有限责任公司，当日价格均为 7 元 / 公斤。

请思考以下问题：

2022 年全国粳米和籼米涨价的原因是什么？

资料来源：中商情报网

▶ **任务分析**

产品的价格，是与产品的定位分不开的，产品的质量、用途等都是可以用于定价的依据。未来中小企业不管是作为执行者还是管理者，要理解定价对企业的重要意义，影响定价的因素就要分析到位，准确把握定价目标。

▶ **知识准备**

价格与人们的日常生活息息相关：吃、穿、住、行都要涉及价格。虽然现在企业间的竞争已逐渐由价格竞争转向非价格竞争，但是在企业的市场营销活动中，价格仍是一个很重要的因素。

一、价格

（一）价格的含义

对于生产者来说，商品的价值是其在生产这个商品时所耗费的社会必要劳动时间。因此，用一定量的货币来表示这些凝结在商品中的价值就是商品的价格。在通常情况下，企业的生产（包括经营）成本一般由工资、利息、租金和正常利润四部分构成，因此商品在市场上的价格超过这四部分之和时企业才会盈利。但有时不同的企业价格的构成也有所不同，以下分别是生产领域、流通领域和服务领域价格的不同构成状况。

生产领域：商品价格 = 生产成本 + 税金 + 利润

流通领域：商品价格 = 商品进价 + 流通费用 + 利润 + 税金

服务领域：商品价格 = 服务成本 + 税金 + 利润

但对消费者而言，商品的价值等于他们从商品中获得的满足。如果所付的价格能够使他们预期的要求得到满足，他们便认为商品"值"那么多，否则就是"不值"或"不合算"。因此，价格是外在的、具体的和确定的量，而价值是内在的、模糊的和不确定的量。

可见，价格是商品价值的货币表现。这一概念包含三层含义：第一，商品的价格与其价值是正比关系；第二，商品的价格与货币的价值是反比关系；第三，商品的价格与其价值总是不相等的，但会围绕着价值上下波动。

> ▶ 想一想 ◀
> 价格和价值有什么区别和联系？

（二）价格与市场供求

商品的价格是市场上调节供求关系的"一只看不见的手"。当一种商品供不应求时，价格就要上升，从而促进供给的扩大减少需求的增加；供过于求时，价格又会下降，从而促进增加需求，减少供给。由于价格同供求关系的这种因果关系，在市场上一种商品价格的涨落又成为企业了解供求状况的信息。

价格的涨落必然影响商品供给和需求的数量。因此，它可以成为中小企业的营销手段，当商品供过于求或同行竞争激烈时，便降低价格，以减少供给，扩大销售；反之，当供不应求或需提高商品品位时，便提高价格，以增加供给，控制需求。

（三）差价与比价

在市场上，同样的商品最终只能有一个价格。当一种商品同时有数家企业共同生产（或经营）时，不管最初彼此的价格有何不同，最后总会趋向一致，如果谁的价格过高，它的商品就会售不出去，价格太低又会遭受不必要的损失。很多商品虽然有差别，但是与其在消费或生产、流通过程中有关联，因此彼此的价格会互相影响。比如在替代品之间，两种商品的价格须有一个合适的比例，如果一种商品的价格过高，其市场份额就会被另一种商品取代；在相关商品之间，一种商品价格过高也会影响另一种商品的销售量。这时，相关商品的价格之间需要形成较为稳定的比例，我们称之为比价。

有些商品生产过程中会改变形态，产生增值，在流通过程中经过一系列转变又会增加附加效用。因此，当商品停留在不同环节时，其价格会因其价值和效用的不同而形成差异，后一道环节的价格总比前一道环节的价格要高，以体现其增加的价值和效用。我们把同一种商品在不同环节价格上的差异称为差价，差价对于商品的转卖或流通有重要的意义。

二、定价目标

定价目标是指中小企业在对其生产或经营的产品制定价格时，有意识地要达到的目的和标准。由于中小企业所处的宏观环境和微观环境的不同，因此定价目标也不尽相同。总体来说定价目标的确定必须服从于营销总目标，并且与其他营销目标相配合，在中小企业的营销实践中，常见中小企业定价目标主要分为以下几种类型。

（一）以生存为目标

当代社会物质条件非常丰富、市场竞争极其激烈，中小企业会碰到生产过剩及产品同质化的情况，此时就要以维持中小企业生存作为其定价目标。为了让中小企业能够在激烈的竞争中得以生存，比如能够及时清理掉中小企业库存，就必须制定一个较低的价格，并希望市场对价格是敏感的。在这种情况下，利润比起生存来要次要得多，只有产品的价格能弥补固定成本和部分可变成本，才能够维持住企业生存，但是这样的定价目标并不是长久之计，中小企业必须学会如何赋予产品更多的价值，提高产品利润，否则将有可能面临破产的境地。

（二）以保持或提高市场占有率为目标

大部分中小企业的定价目标是为了保持或提高市场占有率，毕竟市场占有率是中小企业经营现状和产品竞争力的综合反映指标之一。较高的市场占有率可以确保产品的知名度，可以巩固中小企业在其目标市场的地位，从而使中小企业的利润获得稳步增长。

在市场营销实践过程中，人们发现凡是以维持或扩大市场占有率作为定价目标的中小企业，其产品价格一般要略低于同类产品。这是由于中小企业要想进一步扩大市场占有率，在不考虑其他营销手段的时候，当面对同等质量的竞品时，较低的价格才可以吸引消费者，只有略低于同类产品，才能形成较强的竞争能力，才能在消费者心目中树立起物美价廉的形象，也就是人们常说的"同质比价"，最终实现扩大市场份额的目的。

（三）以获得最大利润为目标

当中小企业在市场上处于领导者地位的时候，常常采用这种定价目标方式。中小企业通过制定较高的产品价格来提高产品利润率，追求经营周期内的最高利润。但是中小企业能否获得最大利润，不是中小企业本身能决定的，而取决于中小企业是否具备获得最大利润的条件，比如中小企业在市场竞争中具有相当优势并将长期处于这种优势地位、市场挑战者的实力还不足以迅速做出有力的挑战，否则，这一定价目标就难以实现。从长远来看，中小企业适当地追求高利润能保证企业长远发展，对社会也能起到一定的反哺作用。

（四）以提高企业及产品品牌形象为目标

一个有知名度有价值的品牌能够为中小企业带来更多隐形的竞争优势，能够使中小企业的产品获得更多的溢价，让中小企业在市场竞争中具有良好的竞争优势。每个消费者均有品牌依赖和偏好，因此建立品牌信赖度能够保持消费者对于品牌的忠诚度。打造良好品牌的前提是保证稳定的产品质量，让消费者相信他们每次都会购买到稳定优质的产品。这种放心和信任培养了消费者的品牌偏好，能够形成消费者重复购买的习惯。因此，品牌作为中小企业的无形资产，比中小企业的有形资产意义更为深远。

> ▶ 考考你 ◀
> 任务导入中提到大米价格调高的定价目标属于哪一类？

三、影响产品定价的因素

(一) 内部因素

影响中小企业定价的内部因素包括：定价目标、产品成本、产品差异性和企业的销售能力等。

1. 定价目标

企业的定价目标规定了其定价的水平和目的。某一个产品的定价目标最终取决于企业的经营目标。一般来说，企业定价目标越清晰，价格越容易确定。而价格的设定又都影响到利润、销售收入以及市场占有率的实现，因此，中小企业明确定价目标是制定价格的前提。

2. 产品成本

成本核算是定价行为的基础。中小企业要保证生产经营活动，就必须通过市场销售收回成本，并在此基础上形成盈利。产品成本是企业制定价格时的最低界限，即所谓成本价格。低于成本出售产品，企业不可避免地要产生亏损，时间一长，企业的经营就难以为继。在市场竞争中，产品成本低的中小企业拥有制定价格和调整价格的主动权和较好的经济效益；反之，就会在市场竞争中处于不利地位。

3. 产品差异性

所谓产品差异性，是指产品具有独特的个性，拥有竞争产品不具备的特殊优点，从而形成差异。产品差异性不仅指实体本身，而且包括产品设计、商标品牌、款式和销售服务方式的特点。拥有差异性产品，中小企业定价灵活性就大，可以使企业在行业中获得较高的利润。这是因为：一方面，产品差异性容易培养重视的顾客（客户），使顾客（客户）产生对品牌的偏爱，从而接受企业定价；另一方面，产品差异性可抗衡替代品的抨击，从而保持企业有利地位，使价格敏感性相对减弱。

4. 企业的销售能力

如果中小企业的销售能力差，对中间商依赖程度就大，那么企业最终价格决定所受的约束就大；反之，如果中小企业独立开展促销活动的能力强，对中间商依赖程度就小，那么企业对最终价格的决定所受约束就小。

(二) 外部因素

影响中小企业定价的外部因素主要包括：消费者需求、政府力量和竞争者力量等。

1.消费者需求

消费者需求对中小企业产品定价的影响可以由以下三个方面反映出来：第一，需求能力（实际支付能力）。中小企业的产品定价应充分考虑消费者愿意并且能够支付的价格水平，它决定企业产品在市场中的价格上限。第二，需求强度。指消费者想获取某种商品的欲望程度。消费者对某一产品的需求强度愈大，则其价格的敏感愈差，反之亦然。第三，需求层次。不同需求层次的消费者对同产品的需求强度不一样，因而对其价格的敏感性亦有所不同。一般来讲，高需求层次的消费者对价格的敏感性差，而对于高需求层次的市场定位，中小企业则应采取高价格政策与之相适应。

2.政府力量

在市场经济舞台上，政府扮演着越来越重要的角色。作为国家与消费者利益的维护者和代表者，政府力量渗透到企业市场行为的每一个角落。在企业定价方面的政府干预表现为一系列的经济法规，如西方国家的《反托拉斯法》《反倾销法》等，在不同方面和不同程度上制约着企业的定价行为。这种制约具体地表现在企业的定价种类、价格水平等几个方面。因此，中小企业的价格政策必须遵循政府的经济法规。

3.竞争者力量

企业的定价无疑要考虑竞争者的价格水平。在市场经济中，企业间的竞争日趋激烈，且竞争方式多种多样。其中最原始、最残酷的就是价格竞争，即价格大战。竞争的结果带来的可能是整个行业平均利润率的降低。尽管如此，处于竞争优势的中小企业往往拥有较大的定价自由，而处于竞争劣势的企业则更多地采用追随性价格政策。所以，中小企业产品的定价时刻受到其竞争者定价行为的影响和约束。

▶ **任务实施**

此次任务可以通过如下途径实现：

（1）阅读大米涨价案例，思考大米涨价的原因是什么？产品定价目标是什么？产品影响因素有哪些？

（2）浏览网站、微信公众号等，获取2022年大米涨价的详细信息和案例，查看专家、学者对该现象的观点和评论。

（3）通过小组讨论分析，总结 2022 年大米涨价的本质问题，分析问题原因，总结产品定价目标和影响因素，派出代表在课堂上进行汇报分析。

▶ **任务小结**

用一定量的货币来表示这些凝结在商品中的价值就是商品的价格，价格是商品价值的货币表现。定价目标是指中小企业在对其生产或经营的产品制定价格时，有意识地要求达到的目的和标准。常见中小企业定价目标主要有以生存为目标、以保持或提高市场占有率为目标、以获得最大利润为目标、以提高企业及产品品牌形象为目标。影响中小企业产品定价的内部因素包括定价目标、产品成本、产品差异性和企业的销售能力，外部因素主要包括消费者需求、政府力量和竞争者力量等。

任务二　进行产品定价

▶　任务导入

烧水壶的价格

品牌	容量	功能	价格（元）
美的 （Midea）	1.5L	01 烧水　02 花茶　03 果茶　04 凉茶　05 八宝茶 06 润肤茶　07 泡发煮　08 甜品　09 冲奶　10 消毒 11 药膳　12 绿豆沙　13 薏米粥　14 养生汤	89
小熊 （Bear）	1.5L	01 烧水　02 咖啡　03 热奶　04 消毒　05 甜品 06 银耳　07 花茶　08 果茶　09 冲奶　10 煮粥 11 煮蛋　12 药膳　13 煲汤　14 蒸煮　15 煮面 16 保温	99
九阳 （Joyoung）	1.5L	01 烧水　02 药膳　03 红茶　04 绿茶　05 花草茶 06 水果茶　07 滋补汤　08 五谷粥　09 银耳汤 10 煮粥　11 煮蛋　12 甜品	99

请思考以下问题：

同样是 1.5L 的烧水壶，为什么价格不一样？假设你研发了一款养生壶，那么你会如何给它定价？为什么？

资料来源：原创

▶　任务分析

如果市场人员忽视成本，其定价决策仅仅使市场份额最大化，而不是利润最大化，那么企业会怎么样？如果管理人员忽视消费者价值和购买动机研究，其定价忽略了固定成本的分摊，那么企业会怎么样？如果没有收集到足够的有关竞争对手的信息而做出定价决策，那么企业会怎么样？以上案例中同样是 1.5L 的烧水壶，价格不一样，和产品功能、品牌、材质都有关系。掌握确定产品价格技巧，可以从以下知识与技能开始学习。

▶ **知识准备**

当一项价格决策已迫在眉睫时，很多企业领导们才匆匆碰头，草率地做出决策，这是非常危险的。中小企业不管是作为执行者还是管理者，都要理解好的定价决策需要成本、顾客和竞争者三个方面的信息，这是定价成功的决定性因素，决策层必须全面分析成本、顾客及竞争者三个相互关联的因素是如何影响产品定价的，但在实际定价时，往往又侧重于某一因素，于是便形成了成本导向定价法、需求导向定价法和竞争导向定价法 3 种类型的基本定价方法。

一、成本导向定价法

中小企业以产品在生产过程中所产生的所有成本为基础来进行定价，然后在成本的基础上加上一定的利润最终形成产品的价格。产品生产过程中产生的成本是中小企业生产和销售产品以及提供劳务所耗费的各项费用之和，它是构成价格的基本因素。常见的几种定价方法如下。

（一）盈亏平衡定价法

盈亏平衡定价法指在销量既定的条件下，中小企业产品的价格达到一定的水平，才能实现盈亏平衡、收支相抵。既定的销量为盈亏平衡产量，这种定价方法称为盈亏平衡定价法。计算公式为：

价格＝固定总成本／销量＋单位变动成本

盈亏平衡定价的前提是能够科学地预测销量和已知固定成本、变动成本。以盈亏平衡点确定价格只能摊销中小企业的成本，而无法获得额外的利润。因此，在实际中均仅将盈亏平衡点价格作为价格的最低限度，通常再加上单位产品目标利润后才作为最终市场价格。

微课堂：
定价方法

通常情况下，中小企业在生产过剩时，或者为了开展价格竞争，才会采用这种定价方式来获取市场竞争的主动权。例如，当运动休闲鞋供过于求的时候，鞋类制造中小企业为了确保工厂不停工，只能采取这种定价方式。

（二）成本加成定价法

成本加成定价法是将所有为生产某种产品而发生的费用均计入成本的范围，按产品的单位成本加上一定比例的利润，制定出价格的定价方法。其计算公式为：

价格 = 单位产品总成本 ×（1+ 加成率）

成本加成定价法的优点是：第一，计算方法简单易行；第二，使中小企业的全部成本得到补偿，并有一定的盈利，中小企业的再生产得以继续进行；第三，如果同行业采用此法，可缓解价格竞争，保持市场价格的稳定。但在实际运用过程中，也存在着一些问题：首先，该定价法忽视了市场需求和竞争状况，只反映生产经营中的成本和费用，不利于提高中小企业的市场竞争力；其次，所测算企业成本只关注个别企业的成本，而不是合理生产经营下的社会成本，比如没考虑到企业生产达到规模经济的情况，也有可能包含其他不正常、不合理的费用开支。该定价法主要适用于生产比较稳定的企业，一般生产型中小企业采用较多。

（三）目标收益定价法

目标收益定价法又称目标利润定价法，或称投资收益率定价法，是根据中小企业的投资总额、预期销量和投资回收期等因素，根据目标收益率的高低来确定价格的定价方法。计算公式为：

价格 = 企业固定成本 / 预期销量 + 单位变动成本 + 单位产品目标利润额

目标收益定价法的优势是可以保证中小企业既定利润目标的实现，然而，它很少考虑到市场竞争和消费者需求的实际情况，以生产者利益为导向，只从生产者的利益出发制定价格。另外，通过产品预期销量来计算产品的价格是不合理的，因为预期销量往往跟实际销量会有偏差，同时颠倒了价格与销量的因果关系，把销量作为价格的决定因素。对于价格弹性较大的产品，用这种方法制定出来的价格，无法保证销量的必然实现。当然，当今大数据条件下，如果能科学预测价格、销量、成本和利润四要素，目标收益定价法也是一种有效的定价方法。该方法对于需求比较稳定的大型制造业、供不应求且价格弹性小的商品、市场占有率高且具有垄断性的商品或行业，以及大型的公共事业、劳务工程和服务项目比较适用。

▶ 活学活用 ◀
请你为养生壶分析成本，设定目标利润率。

二、需求导向定价法

需求导向定价法是中小企业依据消费者对商品价值的理解和需求程度，即消费者的价值观来定价的方法。

（一）理解价值定价法

理解价值定价法又称感受价值定价法，是中小企业根据购买者对商品价值的理解来制定价格的方法。例如，对于市场上销售的一种陶瓷工艺品，尽管市场售价在1000—5000元，但购买者众多，且没有人对此价格提出异议，因为消费者认为，此类商品一般由名师制作，价格自然偏高，而实际上，其成本可能远低于销售价格，这就是根据消费者所理解和认可的价值来定价。该定价方法的关键是能够获取消费者对于有关商品理解的准确资料。

（二）需求差异定价法

需求差异定价法是将同一种产品以不同的价格销售给不同的消费者，根据消费者需求的差异来制定产品价格的方法，主要有以下几种情况。

1. 不同目标消费者

同一商品销售给不同消费者，每个消费者因为需求的不同，其需求弹性不一样，有的对价格敏感，适当给予折扣，吸引其购买；有的则对价格不敏感，可照价收款。

2. 不同颜色、样式

对同一商品的不同颜色、样式，因消费者的偏好程度不同，需求量也不同。因此，该商品不同颜色、样式可制定不同的价格，能吸引不同需求的消费者。例如，智能手机可根据不同的颜色来进行定价。

3. 不同部位

消费者对同一商品不同部位的感觉不一样。例如乘坐飞机，虽然不同座位的成本费用都一样，但是不同位置的票价有所不同，这是因为人们对飞机的不同座位的偏好有所不同。

4.不同交易平台

不同的交易平台往往会制定不同的价格，通常我们所知的交易平台是买卖双方沟通产品信息的渠道，如传统意义上的商店、无店铺销售的直销员、网络时代的购物网站等。例如，线下门店的价格可能会比电商平台的价格高些；线上不同电商平台的销售价格也不一样。随着线上购物的流行以及消费者的消费习惯，消费者的需求已成为中小企业制定产品价格首先考虑的因素。

需求差异定价法能反映消费者需求差异及其变化。特别是在买方市场的情况下，有助于提高中小企业的市场占有率和增强中小企业产品的渗透率。但这种定价法要符合特定的条件才可以实施。

三、竞争导向定价法

竞争导向定价法是中小企业通过研究主要竞争对手的生产条件、服务状况、价格水平等因素，依据自身的竞争实力，以市场上竞争者的类似产品的价格作为本企业产品定价的参照系的一种定价方法，使本企业的产品价格与主要竞争者产品的价格相类似或保持一定距离的方法。常见的主要有以下两种。

（一）随行就市定价法

随行就市定价法，即以同类产品的平均价格作为中小企业定价基础的方法，即将本企业某产品价格保持在市场平均价格水平之上，这样可以获得平均报酬，一则能避免竞争特别是价格竞争带来的损失，二则采用随行就市定价法，中小企业不必全面了解消费者对不同价差的反应，也不会引起价格波动。这种方法适用在垄断竞争和完全竞争的市场条件下，而中小企业难以对消费者和竞争者的反应作出准确的估计，自己又难以另行

听一听：
企业价格的构成

定价时运用。

▶ 练一练 ◀

做一份养生壶的市场价格行情调研报告。

（二）竞争投标定价法

竞争投标定价法主要用于投标交易方式，在商品和劳务交易中，采用招标、投标的方式，由业主单位对两个以上并相互竞争的潜在买主（或卖主）出价（或要价），择优成交的定价方法。这种方法一般包括竞争性谈判、邀标和直接招投标三种，其显著特点是招标方只有一个，处于相对垄断的地位，投标方有多个，处于相互竞争的地位。此定价法主要在基础建设、工程项目以及政府处理没收财产、政府采购物品和中小企业处理多余设备时采用。

▶ 任务实施

完成此次任务，可以通过如下途径实现：

（1）调研当前养生壶市场的价格行情。

（2）计算你的养生壶的成本，设定你的目标利润。

（3）为你的养生壶确定目标消费者、颜色、样式。

（4）小组讨论以成本导向、需求导向还是竞争导向为养生壶模拟价格定价，编制好方案后派出代表分享。

▶ 任务小结

中小企业定价方法主要包含成本导向定价法、需求导向定价法和竞争导向定价法。成本导向定价法主要有盈亏平衡定价法、成本加成定价法、目标收益定价法三种；需求导向定价法主要有理解价值定价法、需求差异定价法两种；竞争导向定价法包含随行就市定价法和竞争投标定价法两种。

任务三　制定中小企业定价策略

▶

漳州水仙花的定价策略

漳州圆山水仙花发展有限公司（简称水仙花公司）系漳州高新区区属国有企业漳州圆山发展有限公司的下属公司。水仙花公司始终秉承"推进水仙花原产地保护，提高水仙花产业发展"的企业使命，负责水仙花保护区种植、管理和经营，承担种植基地保护、科研、文旅、文创、非遗等产业发展任务，努力打造产业投融资、资源整合、建设运营、宣传服务等四大平台，打响"漳州水仙花"品牌，塑造漳州城市特色产业的超级IP。目前公司已顺利取得种子经营许可证，已办理完成266亩水仙花海运营、管理、资产移交手续，已开展水仙花原产地保护区规划工作，以保护水仙花原产地为首要任务，以乡村振兴为指导。在研究整体解决方案的同时，重点研究景观营造，融入水仙花文化展示、农业观光体验与高科技培育展示，形成水仙花文化景观轴。推进水仙花产业开发运营及其旅游配套设施建设，稳定水仙花基地面积，提高水仙花产业经营水平，延长水仙花产业链，做大水仙花产业。

请思考以下问题：

如果你是该公司的营销负责人，会如何设计公司的定价策略？

资料来源：漳州圆山水仙花发展有限公司官网

▶ **任务分析**

产品价格的形成具有买卖双方双向决策的特征，中小企业不能仅凭自己的喜好来制定价格。未来从事中小企业市场营销工作，要学会核定最优价格，掌握新产品定价策略、产品组合定价策略、地理定价策略、心理定价策略、折扣与折让定价策略等。

▶ **知识准备**

一、核定最优价格

现今市场的物质条件非常丰富，各种商品层出不穷，大部分商品已从卖方市场转变为买方市场，因此，中小企业要确定产品的价格应先考虑消费者对产品价值的看法。而对于产品的价值，中小企业和消费者的认知层面是不太一样的。中小企业要通过一系列的市场调研之后，对产品的价值有一个基本的认识。而站在消费者的角度，他们并不了解产品的成本，只会根据自己对产品需求欲望的强烈程度或对比与该产品在使用价值上具有替代作用的商品价值来衡量该产品的价值，从而形成消费者愿意支付的商品价格，消费者需求程度的不同意味着其愿意付出的代价也不同。例如，一位正在走路的人刚好鞋子破了，他是不会太在意比平时花更高的价格去购买鞋子，而放在平时，很有可能会货比三家，所以销售人员应该充分判断消费者的实际情况，否则很可能"无法成交"。由此可见，消费者对商品的认知价格具有以下三个特点：第一，不同消费者对同一商品可能有不同的认知价格；第二，对同一消费者而言，他对某商品价值的认知会随着竞争产品价格的不同而改变；第三，消费者在不同时期或不同地点对同一商品也会有不同的认知价格。

中小企业在确定产品价格时首先要考虑中小企业的生产成本，包括固定成本和可变成本，这是定价的根基，任何一个中小企业想要生存下去最基本的原则就是价格必须能够弥补成本，才能做到盈亏平衡。其次根据中小企业预期的利润回报来设定定价目标，当然可以有所浮动。在设定目标利润时，中小企业同时要考虑到消费者对价格的认知以及竞争对手的定价情况，并结合市场调研分析的结果来确定产品的销售价格。用数学公式表示为：

销售价格＝（目标利润＋总成本）/ 预期销售量。

表 7.3-1 展示了某厂测算其产品销量、收入、成本和利润情况。

表 7.3-1 某厂测算 A 产品销量、收入、成本和利润情况（单位：元）

售价	预期销售量	销售收入	单位变动成本	变动成本	固定成本	成本合计	利润
30	36	1080	12	432	250	682	398
28	45	1260	12	540	250	790	470

售价	预期销售量	销售收入	单位变动成本	变动成本	固定成本	成本合计	利润
26	54	1404	12	648	250	898	506
24	63	1512	12	756	250	1006	506
22	72	1584	12	864	250	1114	470
20	81	1620	12	972	250	1222	398

　　从表 7.3-1 中的相关数据可以看出，为了达到中小企业利润最大化，简单采取高价或低价策略不一定可行。定价过高会导致销售量上不去，利润反而偏低；定价过低虽然销售量上去了，但由于低价的原因，利润同样受到影响。根据表 7.3-1 的结果，A 产品的最优价应在 24-26 元，此时可以实现 A 产品利润最大化。

　　那么确定某产品最优价格的理论基础是什么呢？此处我们引用经济学中的边际收入、边际成本、边际利润来加以探讨。边际收入是指增加销售量所增加的收入；边际成本指增加销售量所增加的成本；边际利润则是指边际收入减边际成本的余额，即增加利润数。表 7.3-1 数据计算整理后，得到表 7.3-2。

表 7.3-2　某厂测算 A 产品边际收入、边际成本和边际利润数据（单位：元）

售价	预期销售量	销售收入	成本合计	边际收入	边际成本	边际利润	利润
30	36	1080	682	682	682	682	398
28	45	1260	790	180	108	72	470
26	54	1404	898	144	108	36	506
24	63	1512	1006	108	108	0	506
22	72	1584	1114	72	108	−36	470
20	81	1620	1222	36	108	−72	398

　　从表 7.3-2 得知，当边际收入等于边际成本即边际利润为零时，说明降价没有意义；当边际收入大于边际成本即边际利润为正时，说明降价有利；当边际收入小于边际成本即边际利润为负时，说明降价反而不利。由此可见促销的最大限度是边际利润为零时的价格，所以中小企业要了解其最优定价方案应为边际利润接近于零或等于零时的价格。

▶ 活学活用 ◀
水仙花公司如何核定最优价格？

二、产品定价基本策略

（一）新产品定价策略

新产品投入到目标市场中，能否占领市场，获得消费者的青睐，除了产品本身质量、性能过硬等以及必要的促销策略外，符合该产品定位的定价策略尤为重要。新产品入市，我们可以采取以下两种定价策略。

1. 低价渗透策略

低价渗透策略也称为渗透策略，即中小企业为了迅速占领市场、打开产品销路，尽量将该产品价格压低，采取薄利多销的方式，利用低价的优势把产品逐步渗透到市场中去。在当今市场激烈竞争的环境下，采取这种低价策略，会让竞争者产生价低利少，甚至无利可图的假象，从而抑制竞争者进入市场，保持在市场上的鳌头地位。当然使用这种策略也有不足之处，即投资回报期较长，因此，这种策略适用于技术较简单、同行易仿造、竞争较激烈的产品，或生命周期较长、价格弹性较大的产品。

2. 快速撇脂策略

快速撇脂策略，即在产品投入初期，中小企业将价格拔高，以便在短期内能获得较高的利润，尽快收回投资成本。当新产品投入市场时，由于具备技术等方面的优势，竞争对手无法快速模仿，且产品的需求弹性小，因此，只要产品质量过硬，利用高价反而可以满足部分消费者求新、求异的消费心理。当然使用高价策略时，会存在一定风险。因为价格定得过高，一旦销售不利，产品就会有夭折风险。另外，高利润还会招来竞争者仿制，从而使竞争加剧。但快速撇脂策略一般适用于价格需求弹性小、产品生命周期短、更新换代快的产品。而且当采用快速撇脂策略时，往往需要配合投入大量的促销手段让产品的知名度迅速上升，这样才能快速回收投资。

微课堂：
定价策略的选择

（二）产品组合定价策略

产品组合定价策略是利用不同组合产品之间的关系和市场表现进行灵活定价的策略，一般是对相关商品按一定的综合毛利率联合定价。比如对于互替商品，中小企业适当提高畅销品价格，降低滞销品价格，以保证后者销售，使两者销量能够相得益彰，从而提高中小企业盈利水平；对于互补商品，有意降低购买率低、需求价格弹性高的商品价格，同时提高购买率高而需求价格弹性低的商品价格，从而达到互补商品销售量同时增加的良好效果。

1. 产品线定价策略

目前市面上一家公司销售的产品往往是一个产品线而非单一产品。例如，某服装店对某类型女装制定三种价格：188元、358元、498元，在消费者心目中形成低、中、高三个档次，消费者自然会在购买时根据不同的消费水平选择不同档次的服装。

中小企业如果以保本甚至略微亏损的价格来定价某系列商品，往往可以增加客流，这叫"引流款"，使生产与销售迅速达到一个理想的规模，遏制竞争；中档产品通过中小企业的规模效益可以为中小企业带来合理的利润，维持中小企业的正常运营；高档产品则可树立中小企业的品牌形象，以超额利润迅速回收投资，这叫"利润款"，增强中小企业发展后劲。需要注意的是，中小企业采用这一定价策略要注意商品档次的划分要恰当，商品档次既不要分得过细也不要分得过粗，价格档次的差距既不要过大也不要过小，要有层次性。

2. 产品束定价策略

产品束定价也可以称为套餐定价，就是把相关产品组合成一个套餐，套餐的总价比单独购买套餐中的每个产品的单价之和更低，有较大的折扣，这种定价称为产品束定价。例如，某小型游乐场共有5个游乐项目，每个项目票价分别为30元、40元、30元、50元、50元，通票定价为120元。中小企业需要注意的是，如果消费者并不打算购买其中所有的产品，那么这一组合产品的价格必须有较大的降幅，才会推动消费者购买。

3. 副产品定价策略

副产品定价策略一般是制造业常用的定价方法，是在其主产品的副产品可以销售的状况下使用。比如在生产加工肉类、石油产品和其他化学品的过程中，经常有副产品产生。这种定价法强调，当副产品的价值比较低、销售或处理的成本又比较高时，最好不要让副产品影响主产品的定价，或者制造商确定的价格必须能够弥补副产品的处理费用。相反，如果副产品的价值相当高，制造商可以针对主产品定一个很有竞争性的低价位，占领更多的市场份额，然后通过副产品的销售赚取利润。

4. 补充产品定价策略

某些产品的使用除了产品本身，还需要其他的配套产品，而这种配套产品通常是易耗品，在这种前提下，中小企业可以把这种产品定价低些，仅有微利甚至不考虑其成本和利润，使它的互补产品需求增加，以达到利润最大化。例如：将彩色喷墨机的价格降低，而提高其配套的墨盒价格，以此来补贴喷墨机的利润。当然，如果这个商家仅仅只生产该产品而没有生产配套产品，则不适合该定价策略。

（三）地理定价策略

地理定价策略指的是中小企业可以针对不同的区域市场为同一产品或服务是否制定差异化价格的定价策略。也就是说，中小企业对决定销售给不同地区（包括当地、外地不同区域）的消费者的产品，分别制定不同的价格，还是制定相同的价格。

这种定价策略通常需要先确定基准的价格，然后根据地区差异因素，为每一区域市场制定相应的价格。一般区域内价格无差异，区域间价格存在显著差异。地理定价策略的形式有以下3种。

1. 分区域定价

分区域定价是中小企业把所切入的市场按照区域划分为若干个价格区域，对于销往不同区域内的产品，分别制定不同的价格。距离中小企业远的价格区，定价较高；距离中小企业近的价格区，定价较低。在各个价格区域范围内实行同一价格。

2. 统一交货定价

统一交货定价是指中小企业对销往不同地区的产品，可以按照相同的出厂价加相同的运费定价（该运费一般为平均运费），实行全国统一价格。例如矿泉水一般都按照统一价格进行定价。因此，这种定价也叫邮资定价。

3. 原产地定价

原产地定价相当于国际贸易中的 FOB 定价，是指经销商或消费者按照出厂价购买某种产品，卖方只负责将产品运到产地某种运输工具（如卡车、火车、船舶、飞机等）上交货。交货后，从产地到目的地的一切风险和费用均由经销商或消费者自己承担，经销商或消费者均能够获得出厂价，然后各自承担自己的费用。但是这种定价对中小企业的不利之处在于，在可选择的条件下，远距离的经销商或消费者就不会舍近求远去购买这家企业的产品。

（四）心理定价策略

心理定价策略是指中小企业在定价的时候，利用消费者的消费心理有意识地将产品价格提高或降低，让消费者获得某种心理满足感，最终达到提升销量的目的。心理定价策略在日常经济生活中非常常见，例如大润发超市会把部分商品放在醒目位置上进行促销，来提醒消费者该商品比较实惠，但是实际上该商品比促销前在货架上时仅便宜 0.1 元。心理定价策略包括以下几种：

1. 尾数定价策略

尾数定价策略也称零头定价或缺额定价，是指中小企业利用消费者求廉心理，使产品价格带个零头非整数价格，这样让消费者在心理上感觉这个价格是经过精确计算的，是最低价格，尾数定价策略中一般奇数结尾比较多。例如 0.95 元、49.99 元、179.97 元等。根据调查发现，价格尾数虽然只有微小差别，却能够明显影响消费者的购买行为。一般认为，五元以下的商品末位数为 9 最受欢迎；五元以上的商品末位数为 95 效果最佳；百元以上的商品末位数为 98、99 最为畅销。需要指出的是，尾数定价策略比较适用于价值不是特别高的商品。

2. 整数定价策略

整数定价策略与尾数定价策略正好相反，是指中小企业利用消费者自尊心心理的需要，有意将产品采取整数定价，以显示产品具有一定质量。在现实生活中，对于相同种类的商品，花色、式样各异，消费者往往根据价格的高低来判断商品的质量，整数定价多用于名牌优质商品，以及消费者不太了解的产品，消费者对不太了解的产品往往把价

听一听：
心理定价策略

看一看：
尾数定价策略

格高低作为衡量产品质量的标准之一，容易产生"一分价钱一分货"的感觉，从而有利于销售。此时采用整数定价，可以提高商品的"身价"。例如，一条项链价值5900元，可提价为6000元，这条项链的"身价"反而提高了，使消费者的心理得到了更大的满足。

3. 安全定价策略

安全定价策略也称一揽子定价策略，是指中小企业可以针对大件耐用消费品，为了能够让消费者没有后顾之忧，将售后服务、上门安装等各项服务叠加到产品价格中，使消费者没有顾虑地消费，因为消费者在购买大件耐用消费品时，不仅关注价格，更注重产品能否长期安全使用。如中小企业可以加强售后服务，实行免费送货、安装、定期上门维修、免费赠送易损耗备件等措施，自然会提高消费者对商品的安全感，从而有力地促进产品的销售。

4. 声望定价

声望定价指利用消费者追求高贵、崇尚名牌、喜欢炫耀的心理且不计较价格高低的心理来制定价格。对在消费者心目中享有一定声望，具有较高信誉的产品可以制定高价。例如名牌商品的价格比普通商品的价格高很多，但仍有销量，如豪华汽车、艺术品、礼品或"炫耀性"商品的定价也适当高些，这样能刺激重名牌、重声望的消费者去购买。当然，只有你的商品具有高价销售的价值且质量不易鉴别才能采用这种定价策略，如果是一般的商品滥用这种方法，反而会失去市场。

> ▶ 考考你 ◀
>
> 请举例说明水仙花公司的心理定价策略有哪些？

（五）折扣与折让定价策略

为了鼓励消费者及早付清货款、大量购买、淡季购买等，中小企业通过酌情降低商品的价格，让消费者享受较低的价格购买商品，即我们通常所讲的价格折扣与折让定价策略。该策略可分为以下几种方式：

1. 现金折扣

现金折扣是针对在规定的时间内提前付款或用现金付款的消费者给予的一种价格折

扣，其目的是鼓励消费者尽早付款、加速资金周转、降低销售费用、减少财务风险。采用现金折扣一般要考虑三个因素：折扣比例；给予折扣的时间期限；付清全部货款的期限。

2. 数量折扣

数量折扣是根据消费者的购买数量给予价格折扣，购买数量越大，往往获得的折扣越高。例如"购买 5000 件以下商品时，每件 10 元；购买 5000 件以上商品时，每件 8 元"。一般来说，数量折扣针对的是所有的消费者，只要达到相应的数量均可获得相应的折扣价格。在制定折扣价格时，要注意测算好折扣利润，折扣不能超过大批量销售所节省的成本。数量折扣的运用既可以针对每次的订单进行，也可以采取累计的方式进行。

3. 季节折扣策略

季节折扣策略是指中小企业为刺激淡季市场销售，以产品过季为由给消费者一定百分比的价格减让。该策略主要针对两种情况：一种是某些商品存在淡旺季的情况；另一种是商品在换季的时候均可采用季节折扣策略，中小企业给那些购买过季商品和服务或淡季商品的消费者提供减价。它能够让商品不规则需求转变为规则需求，也能够提升过季商品销量，使中小企业达到清库存回笼资金的目的。

4. 折让

折让是以另一种类型的价目表价格的减价形式，通常有以旧换新折让和补价换购等方式。以旧换新折让是指消费者购买新产品同时交回旧产品的一种减价形式；补价换购是指消费者在购买某种商品的基础上补个金额就可以以较低的价格获得某个商品。在汽车和其他耐用品行业，如电冰箱、洗衣机、手机等行业，就经常使用以旧换新折让。非耐用品制造商有时也提供一次性的以旧换新活动，鼓励消费者用竞争对手的品牌换取自己促销的品牌。

▶ **任务实施**

此次任务可以通过如下途径实现：

（1）阅读水仙花公司案例，思考如果自己是该公司的营销负责人，会如何设计公司定价策略。

（2）浏览企业官网、微信公众号、中国知网、购物网站等，获取水仙花公司定价策略。

（3）通过小组讨论，分析水仙花公司核定最优价格方法，探讨产品组合定价策略、地理定价策略、心理定价策略，派出代表在课堂上进行汇报分析。

▶ **任务小结**

定价策略，市场营销组合中一个十分关键的组成部分。中小企业产品定价的基本策略包括新产品定价策略、产品组合定价策略、地理定价策略、心理定价策略、折扣与折让定价策略。

技能提升训练　制定合理的商品价格

▶ **训练目标**

通过实训，能够对某个商品给予合理的调价策略。

▶ **实施流程**

流程一 对整个班级进行分组，每组 5 人，每组选择一个具体商品；

流程二 选取某一企业为代表，确定某个商品为调查对象，明确现有商品的定价情况；

流程三 选取 5 个超市开展实地调查，调查竞争产品的价格情况；

流程四 针对竞争产品的实际定价情况，找出之间的差异，进行价格调整，并根据定价策略与定价方法，调整本企业商品的价格，并说明理由。

思考与练习

一、单选题

1. 需求导向定价法是以（ ）对商品价值的理解和需求程度为出发点的定价方法。

A. 企业　　　　　B. 竞争者　　　　　C. 政府　　　　D. 消费者

2. 统一运费定价，是对一些价值高、运杂费占成本比重小的商品，无论买主在什么地方，一切运杂费的承担者是（ ）。

A. 买主　　　　　B. 零售商　　　　　C. 卖方　　　　D. 批发商

3. 以下不属于定价目标的是（ ）。

A. 生存　　　　　　　　　　　　B. 保持或提高市场占有率

C. 获得最大利润　　　　　　　　D. 满足客户需求

二、判断题

1. 在产品投入市场的初期，将价格定得很高，以便在短期内能获得较高的利润，尽快收回成本，这种策略被称为快速撇脂策略。（ ）

2. 市场定价应该快速，不需要核定最优价格。（ ）

3. 某品牌对牛奶制定三种价格：38 元、58 元、68 元，在消费者心目中形成低、中、高三个档次，这种策略叫作产品线定价策略。（ ）

三、简答题

1. 心理导向定价策略有哪些种类？

2. 成本导向定价法包含哪几种计价方法？

项目八
促销策略

▶ **学习目标**

(一) 知识目标

1. 熟悉常见促销方式;

2. 了解中小企业促销策略。

(二) 能力目标

1. 能合理选择促销方式;

2. 能为中小企业制定促销策略。

▶ **学习任务**

任务一　认识常见促销方式;

任务二　制定中小企业促销策略。

任务一　认识常见促销方式

▶ **任务导入**

OPPO 的促销

2022 年 5 月 23 日 OPPO 对外发布了当年"618"活动，大部分机型都有 200—800 元的价格下调。在"618"期间，具体降价优惠活动如下：

（1）OPPO Find N：这款是折叠屏旗舰手机，最高立省 500 元；

（2）OPPO Find X5 pro：这款全内存版本均有 800 元价格下调；

（3）OPPO Find X5：这款全内存版本均有 500 元价格下调；

（4）OPPO Reno8：这款系列预交 50 元定金抵扣 100 元；

（5）OPPO Reno7：这款系列最高立省 300 元；

（6）OPPO K10：这款系列最高立省 200 元；

（7）OPPO K10 pro：这款系列最高立省 300 元。

请思考以下问题：

OPPO 采用了什么促销方式？

这些促销方式实施方式和效果如何？

资料来源：原创

▶ **任务分析**

上述案例中 OPPO 的促销策略在市场上最常见。其实在市场日益广阔、供求变化日益复杂、市场竞争日趋激烈的环境下，促销活动体现着中小企业开拓市场、扩大销售、促进消费的主动精神、进取精神。事实上，现代企业越来越重视促销工作，因为这关系到企业的生存和发展。未来在中小企业不管是作为执行者还是管理者，都需要理解促销的概念、作用，熟悉促销的方式。

▶ **知识准备**

一、促销

（一）概念

促销（Promotion），是促进销售的简称，促销是营销者向消费者传递有关本企业及产品的各种信息，说服或吸引消费者购买其产品，以达到扩大销售量目的的一种活动。中小企业把产品或服务通过各种形式向目标市场上的消费者进行说明，从而唤起消费者的购买欲望、促进和影响并最终促使消费者采取购买行为的活动总称为促销。

（二）作用

1. 刺激消费者需求，激发购买欲望

产品进入市场前，为引起目标消费者的注意，中小企业需要及时向他们提供商品信息，让消费者充分了解商品的信息，并通过实施促销手段引起消费者的注意，引导消费者需求，并激发其购买欲望。另外通过促销活动，中小企业还可以及时了解消费者的意见和建议，使其能够根据市场的变化，不断调整营销策略。

2. 突出产品特色，形成竞争优势

如何在激烈的市场竞争中站稳脚跟，首先是产品要有特性，能在消费者心目中形成独特的价值，能将产品与竞争对手产品有效地区分开来。通过促销活动，中小企业可以宣传本企业产品区别于其他竞争者产品的特点，能使消费者认识到本企业产品给消费者带来的特殊利益，在消费者心目中形成信任感，从而提升中小企业的竞争优势。

3. 强化企业形象，稳定市场地位

良好的企业形象和声誉是中小企业无形的财富。中小企业通过促销活动，可以塑造良好的形象，形成好的知名度、美誉度和信誉度，进一步带动企业产品销量的提升。比如可以通过对本企业产品名、优、特的宣传，塑造产品形象，培养和提高消费者的"品牌忠诚度"，巩固和扩大其市场占有率。

二、促销形式

根据是否有人员参与，促销可分为人员推销和非人员推销两大类。人员推销亦称人

员促销，又称直接促销，是中小企业通过推销人员口头宣传的方式向消费者推销商品或劳务的一种促销活动，主要适合于消费者比较集中的地区；非人员推销又称间接促销，是中小企业通过媒体传递产品或劳务的有关信息，以激发消费者产生购买欲望，包含的形式有广告、公共关系和营业推广等非人际沟通方式。

（一）人员推销

1.概念

人员推销指中小企业通过销售人员运用销售技巧、采用口头陈述的方式直接与潜在消费者洽谈，说服他们购买某种产品或服务，以完成销售的活动。人员推销是最古老的销售方式，但又具有独特的优点，因此在现代营销中被广泛应用。

2.形式

人员推销有以下三种基本形式：

（1）上门推销。上门推销是最常见的人员推销形式，它由推销人员携带产品的样品及相关材料走访顾客，推销产品。这种形式是一种积极主动的、名副其实的"正宗"推销形式。

（2）柜台销售。柜台销售又称门市推销，指中小企业定点设置固定的门市，由营业员接待进入门市的消费者，推销产品。这是一种等客上门的推销方式，容易满足消费者多方面的需求，但是，等待消费者上门也需要配合其他的促销措施才能获得更好的效果。

（3）会议推销／产品说明会。会议推销也叫产品说明会，是利用举办会议的方式向与会人员宣传和介绍产品，开展推销活动。例如，在订货会、交易会、展览会等推销产品。这种推销形式集中、接触面广，可以同时向多个推销对象推销产品，成交额较大，推销效果较好。

3.对象

推销对象是销售人员在推销活动中所要面对的主体，是推销人员要说服的对象。推销对象分为消费者、生产用户和中间商三类。中小企业对消费者推销要充分了解消费者的购物行为，针对不同的消费者采取不同的销售技巧；对生产用户推销要熟悉他的生产情况，充分挖掘其在生产过程中存在的问题，帮助生产用户解决疑难杂症，以取得用户信任；对中间商推销要找到他的利益点，向中间商提供有利信息，建立与中间商的友谊，从而扩大销量。

▶ 练一练 ◀
调研 OPPO 手机如何进行人员推销？

4. 基本策略

中小企业在人员推销活动中，可以采用以下三种基本策略：

（1）试探性策略。推销人员在不了解消费者需求的情况下，可以采用试探性策略，也称为"刺激—反应"策略。推销人员挖掘消费者的潜在需求，再根据其反应采取相应的对策，最终诱发其购买动机，引导其产生购买行为。

（2）针对性策略。针对性策略指推销人员事先收集好消费者需求，通过制定有针对性的方案，对消费者进行宣传、介绍，从而达到成交的目的。因推销人员在事前已根据消费者的信息设计好推销语言，类似医生给患者问诊，故又称"配方—成交"策略。

（3）诱导性策略。诱导性策略指推销人员运用销售技巧，将消费者潜在的需求激发出来，最终诱导消费者产生购买行为。这是创造性推销策略，将消费者的潜在需求转变为现实需求，因此它对推销人员要求较高，要求推销人员能因势利导，诱发、唤起消费者的需求。因此也称"诱发—满足"策略。

（二）广告促销

广告作为促销方式，具有独特魅力，一则优秀广告既要有经济性，还要具备艺术性，这样能够让目标受众印象深刻，流连忘返。通过广告宣传，能够让中小企业的产品家喻户晓，同时也能塑造中小企业品牌。

1. 概念

广告的意思就是广而告之，即广泛地告知社会公众某种事物的宣传活动。关于广告，有多种不同的表述。《中华人民共和国广告法》对"广告"的定义是：商品经营者或者服务提供者承担费用，通过一定媒介和形式直接或者间接地介绍自己所推销的商品或者所提供的服务的商业广告。

2.分类

（1）根据广告内容和目的划分

商品广告。商品广告是为了促进商品销售而展开的大众传播活动。一般投放商品广告的目的有：一是在新产品投入市场时所投放的广告，目的是提升新产品在目标市场的知名度，通过介绍产品的相关要素（产品的用途、性能、质量、价格等）激发消费者对产品的初始需求，让新产品快速切入目标市场；二是针对成熟期的产品投放的劝导性广告，也叫竞争性广告，激发消费者对产品产生兴趣，增进"选择性需求"；三是在产品进入衰退期时不定期地投放提醒性广告，提醒消费者"惯性"购买。

企业广告。企业广告又称商誉广告。这类广告主要宣传中小企业的整体信息，例如企业名称、企业理念、企业精神、企业历史及发展情况等有关企业信息，其目的是提高企业知名度、美誉度和信誉度，塑造企业在社会公众中的良好形象。

公益广告。公益广告是用来宣传公益事业或公共道德的广告，它的出现是广告理念的一次革命。公益广告能够实现中小企业自身目标与社会目标的融合，有利于树立并强化中小企业的良好形象。另外，很多公益广告也为政府相关部门宣扬正能量。

（2）根据广告传播的区域划分

全国性广告。全国性广告指采用信息传播能覆盖到全国的媒体的广告，以此激发消费者产生相应的需求。在全国发行的报纸、杂志以及广播、电视等媒体上所做的广告，均属全国性广告。这类广告适用于全国通用的产品，但因其宣传费用较高，也只适合生产规模较大、服务范围较广的大企业，而对实力较弱的小企业实用性较差。

地区性广告。地区性广告指选取区域性的广告媒体，在其上面投放广告，区域性媒体只能覆盖一定区域的市场。这类广告投放费用较小，可比较有针对性地刺激某些特定地区消费者对产品的需求。在省市县级的报纸、杂志、广播、电视上所做的广告，均属此类广告；路牌、灯牌上的广告也属于地区性广告。

此外，还有一些分类。例如，按广告的形式划分，可分为文字广告和图画广告；按广告的媒体不同，可分为报纸广告、杂志广告、广播广告、电视广告、网络广告等。

▶ 找一找 ◀
选择一款手机调研它的广告促销。

（三）公共关系

1.概念

公共关系是指组织机构与公众环境之间的沟通与传播关系。在市场营销学体系中，公共关系是中小企业唯一一项用来建立公众信任度的工具。根据菲利普·科特勒的定义，作为促销手段的公共关系是指这样一些活动：中小企业在从事市场营销活动中正确处理企业与社会公众的关系，以便树立企业的良好形象，从而促进产品销售的一种活动。

2.特征

公共关系往往是营销活动的第一步，它贯穿于中小企业整个营销活动中，公共关系作为促销组合的一个重要组成部分，具有以下特征：

（1）塑造形象

公共关系的目的是为企业塑造良好形象，形成良好口碑效应，最终实现企业经营目标。中小企业采用公共关系这种促销方式，为中小企业在社会公众中形成知名度、美誉度和信誉度，让他们信任中小企业，最终促使中小企业完成销售目标。

（2）传播信息

公共关系是企业与其相关的社会公众之间的一种信息交流活动，企业开展公关活动，能让企业与消费者之间形成互相理解、互相信任与支持的氛围，协调和改善企业的社会关系环境。公共关系可利用媒体来讲述一些情节，以吸引人们对某产品质量、服务或创意的注意力。

（3）建立信任

通过公共关系塑造中小企业良好的形象能够增强中小企业销售团队和中间商的信心，增强他们的信任感，有助于刺激销售队伍和经销商热诚。通过公共关系造势活动，能够为销售队伍和中间商开拓产品市场提供有利帮助。

（4）服务社会

公共关系是一项长期坚持的活动，它立足于现在，着眼于长远。公共关系是企业战略性行为，中小企业想要树立良好的社会形象和声誉，要做好打持久战的准备，不能拘泥于一时一地的得失，因为公共关系的效果不是急功近利的短期行为就能达到的。

3. 途径

（1）利用新闻媒体宣传报道

中小企业可以利用新闻媒体来宣传企业及产品，这是常用的公共关系手段。公共关系专业人员要充分创造对中小企业有利的新闻，让新闻媒体进行正面的报道。专业的公共关系人员要具备优秀的营销技巧、商务礼仪和人际交往能力，获得媒体单位报道并参与到相关新闻活动中。

（2）策划新闻事件

策划新闻事件是营销公共关系最常见的一种活动方式。公司可以通过一些特殊事件，制造"热点新闻"或者紧跟现有的社会事件（"蹭热点时事"）来吸引新闻媒体和社会公众的注意和兴趣，达到提高社会知名度、塑造企业良好形象的目的。这些事件要具有一定的炒作或轰动效应，引起社会公众的关注，以接近目标公众。

（3）参与社会公益活动

通过参与各种公益活动和社会福利活动，协调企业和社会公众的关系，树立中小企业的良好形象，需要指出的是，因公益活动形式多样，中小企业应根据自身的实际情况进行选择，并长期坚持下去。

（4）公开出版物

公司可以通过各种传播材料去靠近和影响其目标市场，包括公开公司的年度报告、发放小册子、撰写文章、制作视听材料以及在相关杂志上宣传。

（5）加强与企业外部公众的联系

企业应同政府机构、社会团体以及供应商、中间商等建立公开信息联络，获取他们支持，也可以借助他们宣传，提高企业及其产品信誉和形象。

> ▶ 练一练 ◀
> 列举 2022 年与手机有关的公共关系事件。

（四）营业推广

1. 概念

营业推广又称销售促进，是指除人员推销、广告宣传、公共关系以外的，能有效激发消费者购买和提高促销效率的一切促销活动。它包括的范围较广，界限也不如广告、人员推销和公共关系清晰，是一种行之有效的辅助性促销措施。营业推广是不同于广告及人员推销的一种促销手段，是在一个比较大的市场中，为了刺激早期需求而采取的能够迅速产生鼓动作用的活动。营业推广一般很少单独使用，常常作为广告或人员推销的一种辅助手段。特别是在推出一种新的品牌或新的商品时，为争取中间商合作，鼓励他们进货时所需要强化的广告宣传效果。营业推广的主要作用是吸引顾客，为不适时令的商品打开销路，也可以提高推销员或中间商的积极性，扩大企业的影响。

2. 方式

根据目标市场的不同，企业的营业推广方式可分为面向消费者、面向中间商、面向企业内部员工的推广，三种推广方式如下：

（1）面向消费者的营业推广方式

面向消费者的营业推广主要作用包括：鼓励老顾客继续使用、促进新顾客使用、培养竞争对手顾客对本企业的偏爱等。可以采用以下方式：

赠送促销：向消费者赠送样品或试用品，赠送样品是介绍新产品最有效的方法，缺点是费用高。样品可以选择在商店或闹市区散发，或在其他产品中附送，也可以公开广告赠送，或入户派送。

折价券：在购买某种商品时，持券可以免付一定金额的钱。折价券可以通过广告或直邮的方式发送。

包装促销：以较优惠的价格提供组合包装和搭配包装的产品。

抽奖促销：顾客购买一定的产品之后可获得抽奖券，凭券进行抽奖获得奖品或奖金，抽奖可以有各种形式。

现场演示：企业派促销员在销售现场演示本企业的产品，向消费者介绍产品的特点、用途和使用方法等。

联合推广：企业与零售商联合促销，将一些能显示企业优势和特征的产品在商场集中陈列，边展示，边销售。

参与促销：引导消费者参与各种促销活动，如技能竞赛、知识比赛等活动，来获取企业的奖励。

会议促销：通过各类展销会、博览会、业务洽谈会期间的各种现场产品介绍、推广和销售活动进行销售。

（2）面向中间商的营业推广方式

主要目的是鼓励中间商积极进货和推销，引导零售商扩大经营。常用的方式有：

批发回扣：企业为争取批发商或零售商多购进自己的产品，在某一时期内给经销本企业产品的批发商或零售商加大回扣比例。

推广津贴：企业为促使中间商购进企业产品并帮助企业推销产品，支付给中间商一定的推广津贴。

销售竞赛：根据各个中间商销售本企业产品的实绩，给予优胜者以不同的奖励，如现金奖、实物奖、免费旅游、度假奖等，以起到激励的作用。

扶持零售商：生产商对零售商专柜的装潢予以资助，提供 POP 广告支持，以强化零售网络，促进销售额增加；可派遣厂方信息员帮助销售或代培销售人员。生产商这样做的目的是提高中间商推销本企业产品的积极性和能力。

（3）面向内部员工的营业推广方式

主要是针对企业内部的销售人员，鼓励他们积极推销产品或处理某些老产品，或促使他们积极开拓新市场。一般可采用的方法有销售竞赛、免费提供培训、技术指导等形式。

3. 途径

在企业促销活动中，一个有效的营业推广方案一般要考虑以下 5 个因素。

（1）确定推广目标。营业推广目标的确定，就是要明确推广的对象是谁，要达到的目的是什么。只有明确推广的对象，才能有针对性地制定具体的推广方案。例如，是以培育忠诚度为目的，还是鼓励大批量购买为目的。

（2）选择推广工具。营业推广的方式方法很多，但如果使用不当，则适得其反。因此，选择合适的推广工具是取得营业推广效果的关键因素。企业一般要根据目标对象的接受习惯、产品特点和目标市场状况等来综合分析选择推广工具。

（3）整合推广安排。营业推广要与营销沟通等其他方式如广告、人员销售等整合起来，相互配合，共同使用，从而形成营销推广期间的更大声势，取得单项推广活动达不到的效果。

（4）确定推广时机。营业推广的市场时机选择很重要，如季节性产品，节日、礼仪产品，必须在季前节前做营业推广，否则就会错过时机。

（5）确定推广期限。即营业推广活动持续时间的长短。推广期限要恰当，过长，消费者新鲜感丧失，产生不信任感；过短，一些消费者还来不及接收营业推广的实惠信息。

▶ **任务实施**

此次任务可以通过如下途径实现：

（1）阅读 OPPO 手机的 "618" 促销案例，思考：OPPO 采用了什么促销方式？这些促销方式实施方式和效果如何？

（2）列举 2022 年 OPPO 手机的广告和公共关系事件。

（3）通过小组讨论分析，总结 OPPO 的促销策略，结合调研成果，总结产品促销的方式及其特征，派出代表在课堂上进行汇报分析。

▶ **任务小结**

在任何情况下，促销都要遵守国家法规，遵守商业道德；以产品为核心，优化促销组合；讲究促销艺术，提高促销效果；实事求是，以理服人。促销可分为人员推销和非人员推销两大类。人员推销亦称人员促销，又称直接促销，是中小企业通过推销人员口头宣传的方式向消费者推销商品或劳务的一种促销活动，主要适合于消费者比较集中的地区；非人员推销又称为间接促销，是中小企业通过媒体传递产品或劳务的有关信息，以激发消费者产生购买欲望，包含的形式有广告、公共关系和营业推广等非人际沟通方式。

任务二　制定中小企业促销策略

▶ **任务导入**

"认养一头牛"的成功入围

说起中国乳业市场，一方面，近年来，无论是产业素质还是产业规模都获得了长足的发展。媒体报道的数据显示，2021年1—7月，全国乳品产量增长14.2%，全国580多家乳企的收入同比增长13.2%、利润增长49.17%，多家乳企正在筹划IPO。另一方面，蒙牛、伊利、光明、君乐宝、三元等这些家喻户晓的传统乳制品企业占据了庞大的市场规模，乳业品类市场趋向平稳。但恰恰就是在这样一个成熟的品类市场中，"认养一头牛"撕开了一道口子，在消费者心目中树立起"数字化乳企"的品牌形象。

"认养一头牛"自2016年创立以来，成绩亮眼。先后斩获天猫、京东乳制品旗舰店年销量冠军，2020年天猫"双十一"期间，创造了破亿销量，成功迈进亿元俱乐部；2021年"618"期间，在天猫平台的乳品销售排名中仅位列伊利、蒙牛两大品牌之后，其品牌旗舰店销售排名位列行业第一；2021年底，在由网易财经主办的"网易·新能量乳制品行业峰会"上获评"2021年度最具成长力新锐品牌"；目前，"认养一头牛"正接受中信证券上市辅导，筹划A股上市……行业竞争如此激烈，新兴品牌"认养一头牛"为何能够成功突围？

请思考以下问题：

"认养一头牛"的促销策略是什么样的？它的促销策略和其他乳业有什么不同？

资料来源：曹流芳."认养一头牛"：在成熟品类市场，新兴乳业品牌如何突围？[J].国际品牌观察，2022（04）：46-48.

▶ **任务分析**

"认养一头牛"能成功地在资本环绕的乳品市场分得一杯羹，离不开品牌不走寻常路的促销策略。通过富有成效的促销活动，有助于扩大企业及其产品的知名度，树立企业的独特风格和产品的独特个性，树立企业及其产品的良好形象和信誉。因此，作为未来中小企业创业与经营者，要理解促销组合的核心及影响因素，结合产品实际，合理实施推式策略、拉引策略或推拉结合策略。

▶ **知识准备**

一、促销组合

（一）基本概念

促销组合是指中小企业在市场营销活动中根据产品的特点和综合营销目标，有计划、有目的地把人员推销、广告促销、营业推广和公共关系这些具体的促销方式结合起来，以达到良好的促销效果，最终提升中小企业竞争力，实现产品销量稳定增长的目的。促销组合体现了现代市场营销理论的核心思想——整体营销，只有促销组合的有效实施，才能稳定地实现中小企业的营销目标。

（二）影响因素

制定中小企业促销组合策略应考虑以下影响因素：

1.营销目标

营销目标直接影响中小企业的促销活动选择，相同的促销方式运用于不同营销目标，产生效果也不一样。营销目标不同，促销活动内容也不同。例如，A企业营销目标是增加产品的销量、扩大市场占有率，该企业应更多地运用人员推销、营业推广和广告促销等促销形式；B企业营销目标是树立企业形象，则应运用公共关系、广告促销等促销形式。

微课堂：
促销与促销组合

> ▶ 想一想 ◀
> "认养一头牛" 2016 年以来每年营销目标有什么不同？

2. 产品性质

（1）产品特征

消费者的购买动机和购买行为各不相同，这时候根据不同产品的特征需要采用不同的促销组合策略。例如，日用消费品由于其价格较低、技术性弱、买主多且分散可采用广告和终端门店促销相结合等方式；而工业品和高档消费品因其技术性强、购买频率低、专业性强等特点，可采用人员推销结合广告促销进行。

（2）产品生命周期

产品的生命周期一般要经历导入期、成长期、成熟期和衰退期，产品处于不同的生命周期，中小企业所采取的促销方式也不同。

在导入期，由于新产品刚上市，消费者还不甚了解，此时中小企业营销目的主要是提高产品知名度，主要采用广告促销和公共关系促销方式。

在成长期，中小企业产品逐渐被消费者所接受、产品的知名度有所提升，这时营销的重点是提高消费者对产品的偏好程度，从而提高销售量。此时促销方式仍以广告促销作为重要手段，宣传的重点可以放在产品的特征、效用等上，树立产品的特色，为中小企业争取更多的品牌忠诚者。

在成熟期，中小企业竞争对手逐渐增多，为了保持现有市场占有率，中小企业应提高促销费用。这一阶段可能出现了改良产品，促销手段还是以广告促销为主，同时辅助营业推广，继续吸引消费者，以巩固其在成熟期的成果；若产品没有新用途或改良产品，则可采用终端门店销售配合公共关系的促销组合方式。

在衰退期，产品特色已被消费者熟悉，消费者偏好已经形成，中小企业应把促销费用降低，以保证足够的利润。这阶段中小企业可以做一些提示性的广告促销与营业推广，维持产品的销售量。

由此可见，在整个产品生命周期，中小企业所采取的促销组合策略各有不同，在引入期和成长期，促销活动十分重要；在成熟期和衰退期，可降低促销费用的支出，缩小促销规模，以维持正常的利润。

> ▶ 想一想 ◀
>
> "认养一头牛"在不同时期的促销策略有何不同？

3. 市场特点

不同的市场区域，由于消费者集中程度的不同，会显现不同的市场特点，因此中小企业所采用的促销组合策略也不一样。比如在地域狭小、消费者比较集中、交易额大的目标市场，可采用人员推销为主，配合广告促销的促销组合；在地域广大、消费者比较分散、交易额小的目标市场，宜以广告为主配合营业推广的方式进行。同理中小企业应注意不同消费者的消费特征，选择适当的促销方式进行组合。

4. 促销预算

中小企业用于促销的预算总是有限的，这有限的费用自然会影响促销组合的选择。因此中小企业在选择促销组合时，首先要根据企业的财力及其他情况进行促销预算；其次要对各种促销方式进行比较，以尽可能低的费用取得尽可能好的促销效果；最后还要考虑到促销费用的分摊。

5. 企业自身因素

根据企业的规模与资金状况不同，选用不同的促销组合。一般情况下，中小企业资金力较为薄弱，支付大额的广告费用比较困难，应更多地运用费用较低的促销方式，如一些小零售常用的宣传单、POP 广告等方式。

二、促销组合策略

促销组合主要有三大策略：推式策略、拉引策略和推拉结合策略。

1. 推式策略

推式策略即人员推销策略，指中小企业以中间商为主要促销对象，把产品推入分销渠道，最终推向市场。企业推销员把产品推荐给批发商，再由批发商推荐给零售商，最后由零售商推荐给最终消费者。推式策略运用的前提是企业与中间商对商品的市场前景一致看好，双方愿意合作。运用推式策略对企业来说风险较小。

推式策略的适用条件：传播对象比较集中，目标市场的区域范围较小；处于平销状态，市场趋于饱和；品牌知名度较低；投放市场已有较长时间的品牌；需求有较强选择性的产品（如化妆品）；顾客购买容易疲软的产品；购买动机偏于理性的产品。

2. 拉引策略

拉引策略指以最终消费者为主要促销对象，中小企业运用营业推广、公共关系等促销方式，向消费者展开强大的促销攻势，激发消费者对商品的兴趣，使其向经销商询问这种商品，从而达到扩大销售的一种策略。企业将消费者引向零售商，再将零售商引向批发商，最后将批发商引向生产企业。一些新产品上市时，中间商往往因过高估计市场风险而不愿经销，这时，企业只能先向消费者直接推销，然后引拉中间商经销。

拉引策略的适用条件：目标市场范围较大，销售区域广泛的产品；销量正在迅速上升和初步打开销路的品牌；有较高知名度的品牌；感情色彩较浓的产品；容易掌握使用方法的产品；有选择性的产品；经常需要的产品。

▶ 议一议 ◀

"认养一头牛"如何使用促销策略？

---

3. 推拉结合策略

当前市场竞争越发激烈，单独采用推式策略或拉引策略还不能完全满足中小企业促销的要求，因此，在营销预算足够的情况下，中小企业应把上述两种策略结合起来。因此中小企业采用先推后拉、先拉后推或推拉同步的方式，来展开对中间商和消费者的促销攻势，均称为推拉结合策略，以此来达到、实现中小企业的营销目标。

听一听：
促销的意义

▶ **任务实施**

完成此次任务，可以通过如下途径实现：

（1）调研"认养一头牛"企业发展整体概况。

（2）通过文献检索法、调研方法分析"认养一头牛"2016年以来每年营销目标，思考目标差异点对促销策略的影响。

（3）分析"认养一头牛"在产品发展的不同时期的促销策略。

（4）通过小组讨论，分析"认养一头牛"应该如何使用促销策略，讨论后形成汇报稿件，派出代表分享。

▶ **任务小结**

制定中小企业促销组合策略应考虑营销目标、产品性质、市场特点、促销预算、企业自身因素等影响因素。常见的促销组合策略包含推式策略、拉引策略和推拉结合策略。

技能提升训练 企业主营产品促销的分析与评价

▶ **训练目标**

通过实训，加深对促销的理解，掌握促销组合策略设计、执行和控制。

▶ **实施流程**

流程一 按行政班级进行分组，每组5人，按组进行调查

每组选取一个企业，不同组选取不同企业调查企业产品的促销现状，站在消费者的角度分析其促销实施效果。

流程二 分析所在企业的促销活动

课堂总结调查企业所做的促销活动，针对企业促销过程进行讲解与分析总结。

流程三 提交分析报告

提出产品促销策划与运作的建议，提交分析和评价报告，演示课题成果。

思考与练习

一、单选题

1. 促销组合的影响因素不包含（　　　）。

Λ. 营销目标 　　　　　　　　　　B. 产品性质

C. 促销预算 　　　　　　　　　　D. 员工情绪

2. （　　　）的促销重点为提高消费者对产品偏好程度，从而提高销售量。

A. 导入期 　　　　　　　　　　　B. 成长期

C. 成熟期 　　　　　　　　　　　D. 衰退期

二、判断题

1. 促销的实质在于企业与用户之间的信息沟通。（　　　）

2. 企业在促销活动中，如果采取"推"的策略，则广告的作用最大。（　　　）

3. 人员推销是指企业的销售人员用口头陈述的方式直接与可能购买的顾客交谈，帮助和说服顾客购买某种产品或服务，以促进扩大销售的活动。（　　　）

三、简答题

1. 促销组合常见的基本策略有哪些？

2. 公共关系的活动方式有哪几种？

项目九
渠道策略

▶ **学习目标**

（一）知识目标

1. 了解渠道概念、职能、分类；

2. 熟悉渠道设计影响因素、渠道设计方法；

3. 了解渠道管理内容、批发商管理、零售商管理常识。

（二）能力目标

1. 能合理设计分销渠道；

2. 能有效管理渠道。

▶ **学习任务**

任务一　认识分销渠道；

任务二　设计分销渠道；

任务三　实施渠道管理。

任务一　认识分销渠道

▶ **任务导入**

吉利汽车的分销渠道

吉利汽车的营销渠道主要包括营销店、网络销售、车展，这也是其他经销商普遍采用的营销渠道。

（1）营销店

吉利汽车目前销售渠道以4S店为主，由于吉利汽车新车型推出较快，吉利为保证每一个4S店都有足够的资源和精力推广新车型，对新车型采取分网销售的方式。吉利目前共有900多家营销店，分为G、L、E三大销售网络，实现了对全国330多个地区的覆盖。其中G网和L网各400多家。而E网作为吉利汽车对旗下新能源汽车打造的全新销售网络，主要负责吉利汽车旗下新能源汽车的销售。为了更严格地要求各4S店的建设和服务水平，吉利汽车制定了3.0标准，2018年底符合3.0标准的4S店已达500多家，占比达60%。吉利汽车所有4S店在2019年底完成3.0标准建设工作。

吉利4S店根据规模主要分为A、B、C三级，为了适应未来不断增加的车型需求，将增加建设A+级和S级的店，S级代表了最高的等级店，除规模比较大之外，地理位置也要非常优秀，服务功能要健全，装修档次要高。

除4S店外，吉利在一些县城和郊区还拥有二级经销商和小型汽车销售店铺。

（2）网络销售

目前国内的汽车网络销售大部分采用"O2O"模式，也就是"Online To Offline"模式，由于汽车产品高价值的特性，汽车产品的网络销售一般为先在网上支付订金，然后线下体验并最终成交的方式。

吉利汽车也是采用的这种网络销售方式。吉利汽车在天猫已经建立旗舰店，但在天猫旗舰店购车也只是预付订金的形势，实际交车流程还要到实体营销店实现。同时吉利汽车在京东等网上商城也有自己的代理店铺，不过也主要是预交订金的形式。

（3）车展

车展营销是各大汽车经销商的传统营销方式，吉利也不例外。车展营销一方面可以起到品牌推广的作用，另一方面车展上活动价格往往比较便宜，能为经销商带来不错的销量。

请思考以下问题：

吉利汽车分销渠道有什么特点？存在什么问题？

资料来源：江庆贺.吉利汽车国内市场营销策略研究[D].长安大学，2019.

▶ **任务分析**

交易的最终达成，除了需要符合消费者需求的产品和服务，消费者可以接受的价格，还需要一个传递的渠道。渠道具有非常重要的作用，既可以作为最接近客户的销售平台，又可以承接厂商的售前或售后服务。渠道对于企业取得市场的成功至关重要，并且会对其他所有营销决策产生影响。未来在中小企业不管是作为执行者还是管理者，都要清楚分销渠道内涵、职能和分类，能根据企业的产品和服务实际选择合适的分销渠道。

▶ **知识准备**

一、渠道

（一）概念

渠道是商品分销活动的载体，渠道的形成和运作受到许多方面因素的影响和制约。根据美国市场营销学权威菲利普·科特勒的定义："一条分销渠道是指某种货物或劳务从生产者向消费者移动时取得这种货物或劳务的所有权或帮助转移其所有权的所有企业和个人。"营销渠道是产品或服务在生产环节之后所经历的一系列途径，终点是被最终使用者购买并消费。因此，一条营销渠道主要包括商人中间商和代理商、作为起点的生产商和作为终点的消费者。

买进产品、取得产品所有权，然后再出售的中间机构被称为商人中间商，如批发商和零售商；而有些中间机构则是寻找顾客，有时也代表生产商同顾客谈判，但是不取得产品所有权，它们被称为代理商，如经纪人、制造商代理人和销售代理人；还有一些中间机构支持分销活动，但它们既不取得产品所有权，也不参与商品交易谈判，这些被称为辅助机构，如物流公司、独立仓库、银行、广告代理商等。

不同类型的渠道选择对于中小企业取得市场的成功至关重要，并且会对其他所有营销决策产生影响。营销管理者应该从生产—分销—销售—服务的全流程视角出发，对于不同类型的营销渠道进行评价与选择，实现商品从生产厂家到最终消费者之间的信息沟通、所有权转移和实物转移等功能。

> ▶ 想一想 ◀
> 吉利汽车分销渠道组织和它自身组织有什么不同？

（二）职能

渠道执行的工作是把产品从生产者那里转移到消费者手里，它弥合了产品、服务和其使用者之间的缺口，主要包括时间、地点和持有权等缺口。具体来说，渠道的功能主要包括以下几点：

1. 信息：即收集和传递营销环境中有关潜在与现有顾客、竞争对手和其他影响力量的营销调研信息；

2. 促销：即设计和传播有关商品的信息，鼓励消费者购买；

3. 谈判：即代表买方或者卖方参加有关价格和其他交易条件的谈判，以促成最终协议的签订，实现产品所有权的转移；

4. 订货：向制造商进行有购买意图的反向沟通行为；

5. 融资：即收集和分散资金，以负担分销工作所需的部分费用或全部费用；

6. 风险承担：即承担与从事渠道工作有关的全部风险；

7. 物流：商品实体从制造商转移到最终消费者的储运工作；

8. 付款：买方通过银行和其他金融机构向卖方付款；

9. 所有权转移：物权从一个组织或个人转移给其他人。

上述功能具有三个共同特点：一是它们都使用稀缺资源；二是它们都通过专业化，会更有效率；三是它们可以在渠道成员之间互相转移。

渠道的这些必要的功能由谁来执行是中小企业需要关注的问题。当制造商来承担这些功能时，制造商的成本增加，其产品的价格也必然上升。当若干功能转移给中间商时，制造商的费用和价格下降了，但是中间商的费用开支必须增加，以负担其工作。而由谁来执行各种渠道功能的关键是一个有关效率和效益的问题。渠道的变化很大程度上是由于发现了更为有效的集中或分散经济功能的途径。

（三）分类

渠道的分类方法很多，可以按照不同的标准，从不同的角度进行划分，不同的渠道类型，其渠道模式也不一样。

1. 直接渠道和间接渠道

根据产品在流通过程中经过的流通环节的多少，可以把渠道划分为直接渠道和间接渠道两种类型。

（1）直接渠道

直销渠道指中小企业没有通过中间商，直接将产品销售给消费者。一般来说，工业品和线上模式均会采用直销渠道进行分销，例如大型设备、专用工具及技术复杂需要提供专门服务的产品，都采用直接分销的方式；消费品中有部分也采用直接形式，如保健品或化妆品公司，安利公司推销代表就以上门推销形式直接向消费者销售产品。直接分销的三种主要形式是：上门推销、邮购和生产企业开设自营门店等。

直接渠道的优点：

①购销双方可以有效地直接对话，实现沟通，让生产企业可以按需生产，更好地满足目标顾客的需要。

②"没有中间商赚差价"，由于去掉了产品流转的中间环节，减少了中间环节的层层分润，可以更好地让利于终端消费者。

③购销双方的合作比较稳定，生产企业的市场掌控力更强。一般来说，按直销渠道进行商品交换，交易双方的信息交互比较及时和稳定，双方的合作关系比较稳定。

④促销效果较好。中小企业进行上门推销，可以直接推进用户订货，同时又扩大了中小企业和产品在市场中的影响力，进一步促进中小企业的销售。

直接渠道的缺点：

①销售渠道建设周期较长。消费者的消费需求存在着多样化和个性化，生产者仅凭自己的经验去广设销售网点，往往力不从心，也很难使产品在短期内广泛分销，这意味

着中小企业容易失去目标顾客和市场占有率。例如当年格力空调与国美电器合作失败，格力电器被迫自建渠道，虽然格力电器最终自成一派，但也费尽周折。

②市场占有率不足。中间商在销售方面更能了解顾客的需求和购买习性，往往比生产企业经验丰富，并在当地具有较强影响力，在产品流转中起着不可缺少的桥梁作用。生产企业自销产品失去中间商协作，很有可能将失去某些细分市场。

③广告宣传力度不够。通过直销渠道到达目标消费者，由于中小企业宣传力度不足，需要中小生产企业加大广告宣传力度，消费者才能更好地获得生产企业及产品的相关信息，这无形当中也会增加中小企业的营销成本。

（2）间接渠道

间接渠道指中小企业经过一个以上的中间商向消费者销售产品的分销渠道。目前市面上消费品的销售以间接渠道居多。

间接渠道的优点：

①有助于中小企业迅速地占领市场。中间商往往在当地具有一定资源，中间商介入，能够节省中小生产企业的营销成本，减少中小企业资金占用和耗费。

②有助于中小企业扩大产品销售区域。中间商的介入，能够帮助中小生产企业扩大销售区域，甚至占领生产企业无法到达的市场区域，有利于所有社会生产者和消费者。

③有利于中小企业的专业化协作。现代工业化大生产的专业化分工日益精细，中小企业之间只有广泛地进行专业化协作，才能更好地集中精力进行生产，促进中小企业间的专业化协作，提高生产经营的效率。

间接渠道的缺点：

①可能形成"需求滞后差"。中间商购买了产品，并不意味着产品已经从中间商手中销售了，中间商很有可能销售受阻，这样就出现了"需求滞后差"，即需求在空间或

微课堂：
分销渠道

时间上滞后于供给，但因为中小企业的生产规模既定，人员、机器、资金等照常运转，生产难以剧减，会导致产品供大于求，有可能造成市场疲软。

②可能导致终端销售价格的提高。增加流通环节的同时也会提高储存或运输成本，这部分最终都要转嫁到终端价格中，无形中加重消费者的负担。

③不利于信息的有效传达。如果与中间商协作不好，制造商难以从中间商处及时了解和掌握消费者对产品的意见、竞争者产品的情况、目标市场状况的变化趋势等，难以保持较高的营销效益。

> ▶ 活学活用 ◀
> 举例说明吉利汽车的直接渠道和间接渠道。

2. 长渠道和短渠道

针对间接渠道，根据介入中间商层次的多少可将渠道分为长渠道和短渠道。一般根据中间商介入的层次，将分销渠道按级数来进行划分。

（1）零级渠道

零级渠道指生产企业直接将产品销售给消费者，无任何中间商介入，实际上属于直接渠道。

（2）一级渠道

一级渠道指生产者直接将产品卖给零售商，再由零售商转卖给消费者，其中只有一个层次的中间商介入。

（3）二级渠道

二级渠道指生产企业和消费者（或用户）之间，含有两个营销中介机构。在消费者

看一看：
分销渠道的功能

市场，一般是批发商和零售商；在产业市场，通常是销售代理商与批发商。

（4）三级渠道

三级渠道指生产企业和消费者（或用户）之间，含有三个营销中介机构。

基本上中间商渠道控制在三级的渠道体系已经属于长渠道，实际运营中可能还有层次更多的渠道，但一般不太常见。而且从生产企业的立场来看，层次数越少越好控制；相反，层次数越多，渠道就越复杂。

3. 宽渠道与窄渠道

从横向来分析，可以根据中小企业在同一层次介入的同类中间商的多少，把中小企业的分销渠道分为宽渠道与窄渠道。

若中小企业介入的同类中间商多，那么产品在市场上的分销面就比较广，称为宽渠道。若中小企业介入的同类中间商少，那么产品在市场上的分销面就比较少，分销渠道窄，称为窄渠道，它一般适用于专业性强的产品或贵重的耐用消费品。正常情况下由一家中间商统销，其他几家中间商负责经销，这样能够使生产企业相对容易控制分销渠道，但市场分销范围会受到一定的限制。

4. 立体渠道

随着互联网飞速发展，任何一家中小企业已经无法置身于互联网之外，因此，在中小企业建设渠道网络的过程中，就要把线上与线下渠道综合考虑进去，将线上和线下渠道相融合，我们称之为立体渠道。不管是传统企业还是现代企业，均要根据自己的实际情况建设好线上和线下渠道，这样才能在市场竞争中立于不败之地。

看一看：
分销渠道的结构类型

▶ **任务实施**

此次任务可以通过如下途径实现：

（1）阅读吉利汽车分销渠道的案例，思考吉利汽车分销渠道有什么特点？存在什么问题？

（2）浏览企业官网、微信公众号、中国知网等，获取吉利汽车营销实例，查看专家、学者对其分销渠道设计的总结和观点。

（3）通过小组讨论分析，总结吉利汽车不同分销渠道优缺点，提出整改意见，派出代表在课堂上进行汇报分析。

▶ **任务小结**

分销渠道是商品分销活动的载体，渠道的形成和运作受到许多方面因素的影响和制约。渠道执行的工作是把产品从生产者那里转移到消费者手里，它弥合了产品、服务和其使用者之间时间、地点和持有权等缺口，包括信息、促销、谈判、订货、融资、风险承担、物流、付款、所有权转移等功能。从不同维度可以将分销渠道分为：直接渠道与间接渠道、长渠道与短渠道、宽渠道和窄渠道、立体渠道。

任务二　设计分销渠道

▶ **任务导入**

洽洽与经销商

"洽洽"对渠道精耕细作，首要重点不是终端突破，而是放在了经销商上。因为只有让经销商主动要求卖货，产品才能在终端有突出的表现。

为了使经销商积极配合公司的推广，"洽洽"给经销商预留了足够的利润空间，并定下原则：一定要让经销商赚钱。"洽洽"特意做了一种新的纸箱包，在箱子的封口处印着"圆劳金"几个字，每箱里面都有 2 元现金，表达"进我们的产品就有赚""这是感谢您对我们的支持"等意思；并且向经销商保证"每箱都设奖，箱箱不落空"，奖项大小不限，完全满足了经销商的获利要求，这些方法大大满足了经销商"快速赚钱"的心理。

经销商乐意配合企业，纷纷购入"洽洽"的产品，将"洽洽"瓜子铺满了各种各样的小铺，让消费者能以最快的速度接近它。这样，竞争对手的产品就被无形之中阻击于渠道之外了。

请思考以下问题：

假设你是"洽洽"的营销总监，你会如何设计分销渠道？

资料来源：孙勇，刘博. 市场营销 [M]. 南京：东南大学出版社，2017.

▶ **任务分析**

渠道的设计与选择受到市场、产品、管理、财力、中间商等影响因素的制约。作为未来中小企业市场营销从业者，要学会渠道设计的影响因素和基本流程，为完美设计分销渠道打下基础。

▶ **知识准备**

渠道设计就是指中小企业对各种备选渠道结构进行评估和选择，创建全新市场营销渠道，或者改进现有渠道的过程所做的决策。广义的营销渠道的设计包括在公司创立之时设计全新的渠道以及改变或再设计已存在的渠道。对于后者，现在也称为渠道再造，是从事营销者更经常要做的事。

一、渠道设计的影响因素

渠道设计时，必须认真分析、权衡各项因素，对每一渠道及其成员的选定与布局，都应依据其所针对的目标市场的需求特点、需求潜力即盈利规模进行。

（一）企业因素

中小企业在选择分销渠道时，先要考虑自身情况，综合衡量企业的规模、声誉、管理能力、人力资源和营销能力等多方面因素。若综合能力各方面都较强，对渠道的掌控力强，则可采取较短的分销渠道或建立多渠道体系，自由选择中间商，甚至建立起自己的销售系统直接销售；反之，实力较弱的企业则要选择较长的分销渠道，采用区域代理等方式，依托当地比较有实力的渠道商建设渠道网络。

（二）产品因素

中小企业除了考量自身因素外，还应根据产品的不同特性，来构建不同的分销渠道体系，比如：

1. 产品价格

一般而言，产品单价越高，就应该注意减少渠道环节，否则会造成产品单价的提高，影响销售。而单价较低、市场较广的产品，则通常采用多环节的间接分销渠道。

2. 产品的自然属性

产品的自然属性指根据产品的不同特点，包括储存要求、包装要求、运输要求等来设计渠道网络，对于不易储存、易腐坏的产品，像生鲜、果蔬类产品，通常需要建设直接渠道；对于贵重、包装要求高的产品，也应尽量减少中间环节，最大限度地避免损耗。

3. 产品的体积和重量

产品的体积和重量也能够影响中小企业渠道网络设计，一般来说，体积比较小、易于运输的产品,可以采用较长渠道,例如日用品等;反过来,对于体积和重量比较大、不易于运输的产品,应该采用较短渠道,比如大型的机械设备等。

> ▶ 想一想 ◀
>
> 假设你承包了几个苹果园,会如何设计分销渠道?

(三) 目标市场因素

对于外部因素而言,目标市场是中小企业设计渠道最应该考虑的因素。针对不同的目标市场应建立不同的渠道网络,具体如下:

1. 目标市场的范围

如果目标市场范围广,一般情况下应建立长渠道;反之,应建立短渠道。

2. 消费者的集中程度

如果消费者分布比较分散,一般情况下应建立长而宽的渠道;反之,应建立短而窄的渠道。

3. 消费者的购买习惯

如果消费者习惯小批量购买产品,购买频率又比较高,则应建立较长渠道,也就是说,当消费者人数较集中时,生产者应倾向于每一层次都有中间商的长渠道。

4. 商品的季节性

具有季节性的商品应采取较长渠道,要充分发挥批发商的作用。

5. 竞争性商品

同类商品一般应采取同样的分销路线,较易占领市场。

(四) 中间商特性

1. 中间商的数目

按照中间商数目的不同,可以选择密集分销、选择分销或者独家分销。

2. 消费者购买数量

如果消费者购买数量少,次数多,则选择间接销售渠道,利用中间商来满足消费者需求,弥补厂家的不足;反之,选择直接销售渠道。

3. 竞争者状况

生产企业要尽量避免和竞争者使用一样的分销渠道。一方面，如果竞争者控制着传统的渠道，生产企业就应当选择其他不同的渠道或途径推销其产品。另一方面，由于受消费者的购买模式的影响，有些产品的生产厂商不得不使用竞争者所使用的渠道。例如，消费者购买食品往往要比较品牌、价格等，因此，食品制造商就必须将其产品放在有竞争者的产品的零售商店里出售，这就是说，不得不使用竞争者所使用的渠道。

（五）环境因素

宏观环境也会对分销渠道的选择产生影响，包括经济、技术、法律环境等营销环境。当经济萧条时，生产者更倾向于采用更有效的方式将其产品送到市场的方法，因此采用较短的渠道，可以减少流通环节，适当降低商品价格，提高中小企业的竞争力。另外，关于商品流通的政策和法规也会影响分销渠道的选择。例如，当国家或主管部门明令应严格控制的产品或专卖性产品，其分销渠道的选择必然也会受到制约。

> ▶ 考考你 ◀
> "洽洽"总监设计分销渠道时会考虑哪些因素？为什么？

二、渠道设计方法

在考虑上述各种因素的基础上，可以着手进行渠道设计。

（一）分析服务产出水平

这是设计营销渠道的第一步，其目的是了解在其所选择的目标市场中消费者购买什么商品（What）、在什么地方购买（Where）、为何购买（Why）、何时买（When）和如何买（How）。营销人员必须了解为目标顾客设计的服务产出水平。影响渠道服务产

看一看：
渠道设计

看一看：
渠道设计与改进

出水平有这样一些因素：

1. 批量的大小

所谓批量是营销渠道在购买过程中提供给典型顾客的单位数量。一般而言，批量越小，由渠道所提供的服务产出水平越高。

2. 顾客的等候时间

即渠道顾客等待收到货物的平均时间。顾客一般喜欢快速交货渠道，但是快速服务要求一个高的服务产出水平。

3. 空间便利的程度

如果顾客能够在他所需要的时候不需要花费很大的精力时间，就能获得所想要的产品或服务，那么，我们认为这个渠道的空间便利程度是较高的。

4. 商品的种类

一般来说，顾客喜欢较多的花色品种，因为这使得顾客满足需要的机会增多了。

5. 能提供的服务后盾

服务后盾是指渠道提供的附加的服务（信贷、交货、安装、修理）。服务后盾越强，渠道提供的服务工作越多。

营销渠道设计者必须了解目标顾客的服务产出需要，才能较好地设计出适合的渠道。当然，这并不是说，提高了服务产出的水平就可以吸引顾客。因为，高的服务产出水平，也意味着需要较高的渠道成本增加和为了保持一定利润而必须制定的相对较高的价格。折扣商店的成功表明了在商品降低价格时，消费者将愿意接受较低的服务产出。

（二）设置和协调渠道目标

无论是创建渠道，还是对原有渠道进行变更，渠道设计者都必须将公司的渠道设计目标明确地列示出来。这是因为公司设置的渠道目标很可能因为环境的变化而发生变化，只有明确列示出来，才能保证设计的渠道不偏离公司的目标。在这种情况下，明确地列示出渠道目标比言传意会更有效。

渠道目标因产品特性不同而不同。体积庞大的产品一般采用运输距离最短、移动搬运次数最少的渠道布局；非标准化产品和单位价值高的产品一般由公司销售代表直接销售，很少通过中间商。

　　渠道策略作为公司整体策略的一部分，还必须注意渠道的目标和其他营销组合策略目标（价格、促销和产品）之间的协调，注意与公司其他方面目标（如财务、生产等）的协调，避免产生不必要的矛盾。

（三）明确渠道的任务

　　在渠道的目标设置完成之后，渠道设计者还必须将达到目标所需执行的各项任务（一般包括购买、销售、沟通、运输、储存、承担风险等）明确列示出来。

　　渠道任务的设计中应反映不同类型中介机构的差异，及其在执行任务时的优势和劣势。如使用营销中介机构使得制造厂商的风险降低，但中介机构的业务代表对每个顾客的销售努力则低于公司销售代表所能达到的水平。两者各有优势，因此要多加斟酌。除此之外，在进行渠道任务的设计时，还需要根据不同产品或服务的特性进行一定的调整，以最大限度地适应渠道目标。

（四）确立渠道结构方案

　　在确立了渠道任务后，设计者就需要将这些任务合理地分配到不同的营销中介机构中去，使其能够最大限度地发挥作用。由于不同的设计有不同的优劣之处，因此我们设计产生若干个渠道结构的可行性方案以供最高层进行选择。

　　一个渠道选择方案包括三方面的要素确定：渠道的长度策略、渠道的宽度策略以及商业中介机构的类型。

1. 渠道的长度策略

　　渠道的长度是指渠道的级数是多少。一般而言，渠道的级数至少有零级，也就是我们所说的直接销售。最多可以达到五级甚至五级以上。一般而言，渠道选择会产生2—3种方案，这些方案也受到诸如制造商的活动、市场的性质和规模、中间商的选择和其他因素的限制。有时，对于所有的制造商而言，渠道结构中级数的选择是一致的，但在某些时期内会呈现一定的灵活性。

2. 渠道的宽度策略

　　渠道的设计者除了要对渠道总的级数做出决定，还必须对每个渠道级上使用多少个中间商做出决定，这就是渠道的宽度策略。渠道的设计者有3种基本的策略可供选择：广泛分销、独家分销和选择性分销。制造商们在不断地引导着从独家分销或选择性分销走向更密集的广泛分销，以扩大他们的市场覆盖面和销量。

3. 中介机构的类型

第三个需要渠道设计者加以考虑的是如何对渠道内的中介机构进行具体的选择。中小企业应该弄清楚能够承担其渠道工作的中介机构的类型。比如，生产测试设备的公司可以在公司直接推销、制造代理商和工业分销商中间选择适合它的渠道。

中小企业也可以寻找新的营销渠道。如 TIMEX 在推出其新式手表时，就放弃了传统的珠宝店这样一个渠道而采用了大众化商店这一个行业的新渠道，结果取得了意想不到的效果。究其原因，主要是由于在进入新渠道时，公司遭遇的竞争程度不是很激烈。

（五）选择"最佳"的渠道结构

从理论上讲，中小企业可以在所有备选方案中找出最优方案，得到最好效果。即要求用最小的成本来确定各渠道任务在中间商之间的分配是最有效的。但在实际中寻求最优的方案是不可能的。因为这意味着设计者将考虑所有的可能因素，列示出所有可能的方案，这样成本就太高了。因此，我们在此所说的最佳方案实际是指在已经列示出的方案中的最好的选择，它将对渠道的任务做出相对比较合理的分配。评估方案的方法有财务信息分析法、储运成本法、管理科学方法和加权计分法等。

▶ **任务实施**

完成此次任务，可以通过如下途径实现：

（1）分析"洽洽"服务产出水平，了解消费者购买什么商品、在什么地方购买、为何购买、何时买和如何买。

（2）设置和协调渠道目标，将"洽洽"公司渠道设计目标明确地列示出来，保证设计的渠道不偏离公司的目标。

（3）明确渠道的任务，将达到目标所需执行的各项任务（含购买、销售、沟通、运输、储存、承担风险等）明确列示出来。

（4）确立渠道结构方案，将任务合理地分配到不同的营销中介机构。

（5）采用财务信息分析法、储运成本法、管理科学方法和加权计分法选择"最佳"的渠道结构。

▶ **任务小结**

　　渠道设计就是指中小企业对各种备选渠道结构进行评估和选择，创建全新市场营销渠道，或者改进现有渠道的过程所做的决策。渠道设计的影响因素包括企业因素、产品因素、目标市场因素、中间商特性、环境因素。创新渠道设计可以通过分析服务产出水平、设置和协调渠道目标、明确渠道的任务、确立渠道结构方案、选择"最佳"的渠道结构五个步骤实现。

任务三　实施渠道管理

▶　任务导入

三只松鼠渠道转型

三只松鼠作为全互联网坚果销量领先品牌，凭借线上渠道高速发展，"从 0 到 1"打造国内首个百亿规模的休闲零食品牌。自 2018 年以来，面对线上新流量获取成本高、同业竞争激烈等难题，三只松鼠积极开拓线下渠道，构筑了"线上 + 线下"全渠道的营销模式，打造三只松鼠投食店、以零售通为代表的 2B 分销渠道和松鼠联盟小店。2021 年 10 月，开启中度分销计划，积极与有实力的大经销商合作，从商超和便利店渠道入手，进行分销专供产品的升级与开发，以中度分销模式进入线下主流渠道带来新增长，最终发展成为"线上渠道各平台平衡发展、线上线下全渠道均衡发展"的整体格局。

请思考以下问题：

三只松鼠的渠道管理的成功经验有哪些？

资料来源：江俊彦 . 战略转型下的三只松鼠财务绩效研究 [J]. 现代营销（下旬刊），2022（11）：85-87.

▶　任务分析

渠道管理的成败，直接影响到中小企业的成败。作为中小企业未来经营者要提前熟悉渠道管理的内容和方式方法，掌握批发商、零售商的特征及管理策略。

▶　知识准备

一、渠道管理内容

渠道管理指制造商为实现中小企业的营销目标而对现有渠道进行设计、管理，以确保渠道成员之间和中小企业能够相互协调。具体的渠道管理要求包括以下主要内容：

（一）建立标准

中小企业在选择渠道成员时要建立相应渠道成员选择标准：包括渠道成员的市场经验、经营产品范围、盈利及发展状况，以及财务支付能力、协作愿望与能力、信誉等级等。当然，由于中小企业自身实力的不同，在选择渠道成员时的难易程度也各不相同，实力强的中小企业其渠道掌控力较强，选择渠道成员也相对容易；实力较弱的中小企业渠道掌控力较弱，容易受到渠道成员的反掌控。

（二）实施激励

渠道成员与中小企业之间合作最根本的目的是赚取中间利益，其本质还是唯利是图，因此激励渠道成员是渠道管理中最基本也是最重要的一个方面。在渠道管理时，激励机制是中小企业为培养渠道成员和为制造商实现分销目标相互协作而采取的行动，因此，在实施激励时要尽量避免激励过度或激励不足。激励渠道成员，使其具有良好的表现，必须从了解各个中间商的心理状态与行为特征入手。

（三）考核评价

生产企业选择合适的渠道成员后，在对渠道成员管控过程中，除了激励手段以外，还要定期评估他们的绩效，衡量是否有必要对渠道成员进行调整，包括对渠道成员处罚与退出机制等。具体评估内容包括：

1. 定期考核渠道成员完成的销售量、市场覆盖率。

2. 调查渠道成员推销本企业产品的积极程度。

3. 调查渠道成员是否同时经销竞争者的产品。

4. 统计渠道成员的平均订货量。

5. 调查渠道成员对商品的定价情况。

微课堂：
渠道管理的原则

6. 调查渠道成员为用户服务的态度情况，是否令用户满意。

7. 计算渠道成员本产品的销售量在企业销量中的占比。

通过上述诸方面评估，企业可鉴别出贡献较大的渠道成员，从而给予特别关注，建立更密切合作伙伴关系，同时也可以鉴别出不胜任的渠道成员，必要时做出相应调整。

> ▶ 活学活用 ◀
> 请举例说明三只松鼠如何考核他们的渠道商？

（四）冲突管理

1. 渠道冲突类型

（1）横向渠道冲突。横向渠道冲突是指渠道中同一层次的渠道成员之间发生的冲突，如同级批发商或者同级零售商之间的冲突。表现为窜货、压价销售等。

（2）纵向渠道冲突。纵向渠道冲突是指经销商与渠道上游的厂家或与下游的客户（二级批发商或终端零售商等）的冲突，具体表现为：与厂家在代理区域划分、经销权限和销售政策等重大问题上的冲突；平时市场运作中问题处理不当引起的冲突，如在市场秩序维护和市场推广执行中，双方的责任与利益失衡；与下游的客户在应收账款、配送服务和库存处理上的冲突。

（3）多渠道冲突。多渠道冲突是指厂家建立了两条或两条以上的渠道，向同一市场销售产品而发生的不同渠道之间的冲突。现实中，这种冲突主要表现为新兴渠道对传统分销渠道的冲击，如互联网渠道与传统分销渠道之间的冲突。

2. 化解渠道冲突的对策

低层次的渠道冲突对分销效率没有影响，但高水平的渠道冲突可能导致渠道崩溃，所以应尽可能坚决化解高水平的渠道冲突。

积极的对策有以下 4 种：

（1）做好渠道成员的沟通工作。如何促成渠道成员之间的相互理解、相互信赖乃至紧密合作，是渠道冲突管理工作的一个重要方面。

（2）激励分销商。激励分销商的措施有：开展促销活动、资金资助、协助分销商做好经营管理、提供情报、与分销商结成长期的伙伴关系等。

（3）建立长期合作关系。精明的中小企业常会与分销商建立长期的合作关系，既可以激励分销商，又可以有效化解渠道冲突，把分销商的利益与中小企业的利益良性地捆绑在一起。

（4）建立产销战略联盟。所谓产销战略联盟，是指从中小企业的长远角度考虑，制造商与分销商之间通过签订协议的方式，形成风险利益联盟体，这也是管理渠道冲突最有效的解决方法。

除了以上谈到的积极对策以外，要解决渠道冲突，还有以下消极的方法：

（1）谈判。谈判的目的在于停止成员间的冲突。谈判是渠道成员讨价还价的一个方法。在谈判过程中，成员之间互相让步，从而避免冲突发生。

（2）调解。有效的调解可以消除误解，澄清事实，保持双方的接触，寻求达成共识的可能基础，促使双方同意某些提议，监督协议的实施。

（3）仲裁。仲裁可以是强制的或自愿的。强制性的程序是：双方必须按照法律规定服从于第三方，由他做出最终和综合的决定。而自愿仲裁的程序是：双方自愿服从于第三方，由他做出最终和综合的决定。

（4）法律手段。当冲突通过谈判、劝说等途径无效时，为了保证渠道畅通，就要通过诉诸法律的手段来强制解决。

（5）清除渠道成员。对于不遵守游戏规则、屡教不改的渠道成员，就必须采用清除渠道成员的方法了。

3.窜货管理

（1）窜货的种类

窜货，又称为倒货、冲货，也就是产品跨区销售，是渠道冲突典型表现形式。根据窜货表现形式及其影响危害程度，可以把窜货分为以下几类：

①自然性窜货。自然性窜货是指经销商在获取正常利润的同时，无意识地向辖区以外的市场倾销产品的行为。这种窜货在市场上是不可避免的，同种商品只要存在市场分割从而导致价格存在地区差异，或者只要在不同市场的畅销程度不同，就必然产生地区间的流动。它主要表现为相邻辖区的边界附近互相窜货，或是在流通型市场上，产品随物流走向而倾销到其他地区。

②良性窜货。良性窜货是指中小企业在市场开发初期，有意或无意地选择了流通性较强的市场中的经销商，使其产品流向非重要经营区域或空白市场的现象。在市场开发初期，良性窜货对中小企业是有好处的。一方面，在空白市场上中小企业无须投入就提高了知名度；另一方面，中小企业不但可以增加销售量，还可以节省运输成本。

③恶性窜货。恶性窜货是指为获取非正常利润，经销商蓄意向辖区以外的市场倾销产品的行为。经销商向辖区以外市场倾销产品通常是以价格为手段，主要是以低价向非辖区销货，以加大自己的出货量从而取得厂家所规定的销售奖励或达到其他目的。恶性窜货给中小企业造成的危害是巨大的，它扰乱了中小企业整个营销的价格体系，引发了经销商之间的价格战，降低了产品的通路利润，使得经销商对产品失去信心，丧失经营产品的积极性甚至最终放弃经销此种产品。混乱的价格将导致中小企业的产品、品牌、信誉失去消费者的信任和支持，从而导致中小企业的衰败和破产。

经销商销售假冒伪劣产品是一种更为恶劣的窜货类型。假冒伪劣产品以其超低的价格、巨大的利润空间诱惑着经销商铤而走险。经销商往往将假冒伪劣产品与正规渠道的产品混合在一起销售，挤占正规产品的市场份额，或者直接低于市场价进行低价倾销，打击了其他经销商对此种产品的信心。

综上所述，可以看到不是所有的窜货现象都具有危害性，也不是所有的窜货现象都应该加以制止。根据以往的销售经验表明：没有窜货的销售是不红火的销售，大量窜货的销售也是很危险的销售。适量的窜货会形成一种红红火火的热烈销售局面，这样有利于提高产品的市场占有率和品牌知名度，需要严加防范和制止打击的是恶性窜货。

▶ 想一想 ◀

三只松鼠分销渠道在什么情况下可能会出现窜货？如何解决？

（2）治理窜货现象的对策

①加强自身销售队伍和外部中间商队伍的建设与管理。中小企业自身销售队伍建设一方面要严格招聘和培训制度；另一方面还要设计合理的考核、激励制度。经销商队伍

的建设也要在选择上下大功夫，绝不能让不合格的经销商或代理商滥竽充数。

②堵住制度上的漏洞。既要防止制度缺失，更要防止制度不合理。例如，要严格窜货的处罚规定，销售目标要在调查的基础上做到切实可行，建立合理的差价体系等。

③签订不窜货乱价协议。协议是一种合同，一旦签订就等于双方达成契约，如有违反就可以追究责任，为加大窜货处罚力度提供法律依据。例如，奥普浴霸为防止窜货，与经销商签订了《防窜货市场保护协议》和《控价协议》，明确双方的责任权利，较好地维护了市场秩序。

④归口管理，权责分明。中小企业分销渠道管理应该由一个部门负责。多头负责、令出多门容易导致市场混乱。

⑤加强销售通路监控与管理。第一，要时刻观察销售终端，及时发现问题；第二，信息渠道要畅通，充分收集受窜货危害中间商的反馈信息；第三，出了问题及时严肃处理。

⑥包装区域差异化。即厂家对销往不同地区相同的产品采取不同的包装，可以在一定程度上控制窜货。主要措施有给予不同的编码、外包装印刷条码、文字识别、采用不同颜色的商标或不同颜色的外包装等。

二、批发商管理

批发商主要是相对于零售商而言，是指介于生产者和零售商之间，满足其产品销售、商业用途需要的专业化、大批量采购经营的中间商，它是不直接服务于个人消费者的商业机构。

（一）作用

1. 促进销售职能

批发商通过其掌握的当地资源及销售人员的业务活动，可以让中小客户更有效地传递接触到生产企业的产品或服务，从而有效地发挥促进销售的作用。

2. 整买零卖职能

批发商向生产企业整批地购进货物，然后根据零售商需求的数量再批发给零售商，虽然这样会提高零售商的采购成本，但是零售商不用大批量进货，也适当地降低了零售商的资金压力。

3. 提供仓储服务职能

批发商需要将货物储存到出售为止，因此他们会根据市场的变化进行囤货，这样在一定程度上能够降低供应商和零售商的存货成本与风险。

4. 提供运输服务职能

批发商一般是当地比较有实力的中间商，他们大批量采购货物是为了赚取售卖给零售商的差价，同时他们还能承担当地的运输职能，可以快速地将货物送到零售商手中，满足最终消费者的需要。

5. 提供融资服务职能

有条件的批发商可以直接向零售商提供信用条件和融资服务，同时也可以通过提前订货付款，为供应商减轻资金服务。

6. 提供信息职能

由于批发商在当地拥有强大分销网络，他们可以及时地收集到相关的市场信息，并反馈给生产企业和零售商，这样可以避免制造商盲目生产、零售商盲目进货带来的损失。

7. 调节产销关系职能

批发商通过大量的商品存储，可以起到调节产销关系的"蓄水池"的作用，有利于实现均衡生产和消费，缓解市场经济运行中供求之间的矛盾。相反一旦批发商大批量囤货炒作市场，也有可能造成终端价格的上升，造成市场的恐慌，例如之前的"蒜你狠""姜你军"这些事件都是被批发商炒作引起的。

▶ 考考你 ◀
三只松鼠是否需要批发商？为什么？

（二）主要类型

批发商主要有两种类型，即商业批发商和制造商设立的分销机构以及零售商的采购办事处。

1. 商业批发商

商业批发商是批发商的主要类型，也称独立批发商，指独立经营、专门从事批发经营业务，拥有产品所有权并承担相应风险的中小企业或个人。

2.制造商设立的分销机构以及零售商的采购办事处

制造商设立的分销机构以及零售商的采购办事处，属于卖方或买方自营批发业务的内部组织。

三、零售商管理

零售商也称终端销售商（终端销售渠道），是指直接向最终消费者销售商品或提供服务的最终中间商。零售商的对象是最终消费者，在分销渠道体系中，零售商居于终点位置，零售商从生产者或批发商处小批量购进商品，再直接售卖给消费者，因此，它每次销售的量小，但交易频率高，在交易过程中或结束后要向购买者提供相应的销售服务。

（一）作用

零售商是生产企业或批发商与消费者之间的中间环节，其职能主要体现在以下两个方面：

1.服务生产者

零售商对于生产者来说，是承担所有权风险的买卖中间商。零售商可以利用人员推销、广告宣传等各种营销手段来促进产品销售，扩大市场占有率，还能向生产者提供有关零售市场上消费者、竞争者和市场状况等有价值的信息。

2.服务消费者

零售商可以将不同生产者的产品汇集在一起供消费者挑选，通过各种促销手段向消费者传递商品信息，能在适当条件下提供送货上门服务，甚至也可以向消费者提供赊购和分期付款等信用条件。

（二）类型

零售商的类型多种多样，会随着经济的发展、城市的变迁和人们消费习惯的改变而不断发生着变化。根据国家国内贸易局《零售业态分类规范意见（试行）》的规定，我国零售业态具体划分为以下9种类型。

1.百货店

百货店指那些规模较大、经营范围较广、服务项目较多，包括较多产品种类和规格的大型综合商店，大多设在城市繁华区和郊区购物中心。

2. 超级市场

超级市场指采用自选形式，以销售生鲜食品和日常必需品为主的零售业态。超级市场是一种大规模、低成本、低毛利、消费者自我服务的零售经营形式。超级市场最早起源于 1930 年的美国纽约，被誉为商业上的第二次革命，这种形式被推广到许多国家。

3. 大型综合超市

大型综合超市指采取自选销售方式、以销售大众化实用品为主，并将超级市场和折扣商店的经营优势合为一体的、满足消费者一站式购全的零售业态。近年来，大型综合超市在各大中城市发展迅猛，覆盖面广，还有连锁经营，例如大润发、沃尔玛等。

4. 便利店

便利店（方便店）指以满足消费者便利性需求为主的零售业态。

5. 专业店

专业店指经营某一大类商品为主，并且备有丰富专业知识的销售人员和提供适当售后服务的零售业态。

6. 专卖店

专卖店指专门经营或授权经营制造商品牌和中间商品牌的零售业态。

7. 购物中心

购物中心指中小企业有计划地开发、拥有、管理运营的各类零售业态、服务设施的集合体。

8. 仓储商店

仓储商店指在大型综合超市经营商品的基础上，筛选大众实用商品，实行储销一体以提供有限服务和低价格商品并采取自选方式销售的零售业态。

9. 家居中心

家居中心指以与改善、建设家庭居住环境有关的装饰、装修等用品、日用杂品、技术及服务为主的、采取自选方式销售的零售业态。

> ▶ 考考你 ◀
>
> 如何成为三只松鼠的分销渠道？

四、销售代理管理

销售代理是为自己的委托人代购代销商品，按销售额提取一定比例手续费提成的商人。销售代理主要包括代理商和经纪人。代理商是指长期代表买方或卖方的中间商，根据委托人的不同，代理商还可分为制造代理商、销售代理商和采购代理商。而经纪人则是为买方或卖方提供短期服务的中间商，它的主要作用是为买卖双方牵线搭桥，协助他们进行交易谈判，然后从中赚取一定比例的手续费，例如房产经纪人等。

▶ **任务实施**

此次任务可以通过如下途径实现：

（1）阅读三只松鼠的案例，思考三只松鼠渠道管理的成功经验有哪些？如何成为三只松鼠的分销渠道？渠道管理包含哪些内容？针对批发商、零售商和销售代理的管理有什么区别和联系？阅读教材理解分销渠道管理的内容和分销渠道成员管理的方法。

（2）浏览企业官网、微信公众号、中国知网等，获取三只松鼠渠道管理的详细信息，查看专家、学者对其营销渠道做法的评论。

（3）通过小组讨论分析，总结三只松鼠渠道管理的成功经验，分享如何成为三只松鼠的分销渠道，派出代表在课堂上进行汇报分析。

▶ **任务小结**

渠道管理主要包含建立标准、实施激励、考核评价、冲突管理，分销渠道成员主要包含批发商、零售商和销售代理。

技能提升训练 不同类型企业渠道网络建设案例剖析

▶ **训练目标**

1. 学会分析不同企业的渠道网络特点;

2. 掌握设计渠道网络的方法和技巧;

3. 能够独立管理区域渠道市场。

▶ **实施流程**

流程一 根据学习的知识分析企业的渠道网络建设情况

通过查阅相关资料,记录下不同企业的渠道网络建设情况;

选取某一企业为代表,记录下网络搜索的企业的渠道网络建设情况,整理结果。

流程二 找出企业渠道网络建设中存在的优点和不足之处

通过对所选取的企业渠道网络构建情况进行分析,找出其优点及不足。

流程三 帮助企业重新规划设计渠道网络体系

根据该企业存在的渠道网络体系的不足,结合企业的实际发展要求,帮助企业重新规划设计渠道网络体系。

思考与练习

一、单选题

1. 批发商的主要经济职能不包括（　　　）。

A. 促进销售职能

B. 零买整卖职能

C. 提供运输服务职能

D. 提供仓储服务职能

2. 以下不属于直接渠道缺点的是（　　　）。

A. 广告投入少

B. 直接销售渠道建设周期较长

C. 市场占有率不足

D. 同行竞争者乘虚而入

3. 影响渠道设计的主要因素不包括（　　　）。

A. 企业因素

B. 目标市场因素

C. 定价因素

D. 环境因素

二、判断题

1. 在互联网发展充分的情况下，商品生产者可以根据自身的实际来设定销售渠道的长短。（　　　）

2. 从横向来分析，可以根据企业在同一层次上使用的同类中间商的多少，把企业的分销渠道分为长渠道与短渠道。（　　　）

3. 批发商通过其掌握的当地资源及销售人员的业务活动，可以让中小客户更有效地接触到生产企业的产品或服务，从而有效地发挥促进销售的作用。（　　　）

三、简答题

1. 分销渠道的特征有哪些？

2. 大型综合超市的业态特点有哪些？

3. 构建好立体渠道体系需要注意的事项和满足的要求是什么？

项目十
市场营销新发展

▶ **学习目标**

（一）知识目标

    1.了解市场营销发展趋势；

    2.熟悉市场营销新方式。

（二）能力目标

    1.会分析市场营销发展趋势；

    2.会使用新方式开展市场营销。

▶ **学习任务**

    任务一　探索市场营销发展新趋势；

    任务二　体验市场营销新方式。

任务一　探索市场营销发展新趋势

▶ **任务导入**

从小米手机看市场营销发展新趋势

近年来，小米手机的市场营销发生了不少变化，不管是市场面，与客户的关系，还是合作方式都呈现出新的特点。

首先，小米逐渐走出国门。例如根据印度销售相关部门在 2021 年的预算，小米智能手机销量在 2021 年和 2022 年两年将分别达到 4000 万和 4500 万部，同比增长 7% 和 13%。而且目前小米已经在 54 个国家和地区销量排名前五了。

其次，小米不再是单项式影响，非常注重双向互动。小米会在官网论坛建立话题，收集到较多消费者的意见，了解消费者对新产品细节的建议。例如小米的 M4 系列、红米 Note 系列手机和 MIUl6 系统，不管是外观还是硬件都听取了大量消费者的意见，这样的一波操作也使得小米手机的销量增大。

再次，小米加强互联网新技术的使用。我们不难知道，每当小米公司要推出新产品，它的官网、微博和论坛都会对新产品进行话题讨论，吸引广大消费者的注意。它最常用的是限量、限时抢购等饥饿营销的方式，引起消费者的购买欲望，从而创造了良好的销售业绩。

最后，跨界合作营销。小米公司深挖消费者需求，对当下流行的 App 企业进行调研，与他们合作并提供优惠政策，大大促使消费者在选购时倾向小米手机。当然比如美团外卖、刀塔传奇等一些平台也会给小米手机平台上的用户提供优惠活动，例如红包、礼券、游戏道具礼包等，从另一方面积极影响了小米手机营销。

请思考以下问题：

在新经济时代小米公司的市场营销有哪些新的策略？当下市场营销发展有哪些新趋势？

资料来源：原创

► **任务分析**

　　新经济时代是以知识经济、虚拟经济和网络经济为标志，传统产业与知识经济、虚拟经济和网络经济的全面结合。新经济的高技术化和全球化特征使得市场营销也发生较大变化。以小米手机为例，它突破地域限制，走向全球；通过网络平台，让消费者亲自参与产品设计；在创新营销策略中加强对网络的应用；通过战略合作、互利共赢来创造更大的社会价值。与传统市场营销相比，更多元、更开放，也更加有生命力。那么作为未来中小企业创业与经营者可以通过了解市场营销的发展历程，结合当下的新技术、新经济、新形势学习和预测市场营销发展新趋势。

► **知识准备**

　　市场营销是一门注重实践的学科，营销目的是从消费者的需求出发，协助企业为消费者提供服务，最终达到为企业创造价值的目的，因此，随着市场和消费者需求的不断变化和发展，营销的思维也需要与时俱进。

一、营销 1.0 时代：产品为导向的 4P 时代

　　20 世纪 50 年代到 80 年代前期，是产品的导向时代，当时是传统经济初期的思维模式，特点是企业以生产为中心，认为企业主要是要把生产质量合格的产品销售到市场上，因此企业遵从大量生产和销售的理念，当时企业的营销思维是通过广告宣传来推动销售商品，主要奉行一种营销哲学——4P 理论。所谓 4P 理论就是产品（Product）、价格（Price）、渠道（Place）、促销（Promotion）的简称。企业要把产品销售出去，就

微课堂：
市场营销发展趋势

课件：
市场营销发展趋势

要先思考这个产品的"定位"，比如有哪些卖点，以及它的功能符合消费者的哪些潜在或现实的需求，当产品定位清晰以后，其他三个P（价格、渠道、促销）为产品定位服务，围绕着产品的特性来推导出其运营规则。

———————————— ◆ 案例分享 ◆ ————————————

基于4P理论看两面针产品要素

1. 两面针牙膏的特点及优势

中草药牙膏，天然、安全、健康。专业中药，护龈健齿，有效解决口腔问题。有临床试验数据支持，近30年的中药牙膏品牌，强大的中药研究技术做后盾支持是两面针牙膏的优势所在。功效型牙膏标准的即将出台，中草药牙膏标准的起草以及相关技术工作的有效开展，也是两面针牙膏不可多得的优势资源。然而，两面针公司的产品弱势也是比较明显的，防蛀、美白、清新口气、脱敏等方面略显不足，品牌不够年轻化，有时品牌支撑力感觉后劲不足等，都是需要解决的问题。

对于竞争品牌，各品牌的专长也是很突出的。防蛀方面Crest、Colgate做得最好，脱敏方面冷酸灵独树一帜、上海防酸持续跟进，美白方面Colgate产品很丰富、中华依靠"健齿白"打了一场漂亮的翻身仗并在不断扩大市场份额。清新类Colgate、黑人做得比较出众，特别是黑人"茶倍健"倍受消费者欢迎。LG利用竹盐概念，在市场红火；云南白药异军突起，这几年也是产销两旺。但是，竞争品牌的弱势也比较明显，在中药护龈、药物防蛀、固齿、美白等方面，基本上没有很大的技术支持，只是停留在概念层面上的产品。

2. 在产品方面如何进行突围？

建议两面针公司进一步增强护龈的理念宣传，巩固和扩大护龈牙膏市场；品牌年轻化，吸引更多的年轻消费者；在药物防蛀、固齿、美白方面，探索新的思路；扩大产品线，在美白牙齿、清新口气、情感类消费品上力争有新的建树，今年"御方姜盐"牙膏的推出就较好地补充了产品线；扩大市场、消费者调研，挖掘新颖的牙膏概念，继续开发新的功能性产品。

资料来源：张进源. 基于4P理论对牙膏产品进行分析 [J]. 牙膏工业，2008（04）：35-36.

二、营销2.0时代：消费者导向的4C时代

20世纪90年代以后，市场进入一个竞争更为激烈的时期，企业的生产力大幅提升，产品同质化越来越严重，此时企业要关心消费者到底要什么，而不能仅仅关注自己想卖什么，至此4C的概念便应运而生。

所谓4C就是消费者（Customer）、成本（Cost）、便利（Convenience）、沟通

（Communication）的简称，这四个词一一对应更新了 4P 理念。首先，消费者思维取代了产品思维，企业要先了解消费者需要什么，再生产产品，因此需要对市场进行区隔（市场细分）；其次，成本思维取代了价格思维，当市场从卖方市场向买方市场转变，企业无法掌控定价权，就必须在合理控制成本的基础上来设计产品和功能；再次，4C 的便利延伸了 4P 的渠道，在构建渠道体系时要优先考虑消费者的便利程度；最后，4C 的沟通发展了 4P 的促销，4C 强调信息的双向沟通，因此，中小企业的促销方式和内容是消费者所需要的，这样才能满足消费者的需求。

◆ 案例分享 ◆

基于 4C 理论看丁香医生的成本要素

Cost（成本）不单单是指企业的成本，同时还包括消费者愿意支付的成本。消费者为了满足自己的需求所愿意支付的成本，不仅是指这个商品的价格，即消费者的货币支出，同时还包括消费者购买该商品需要耗费的时间成本、精力成本和购买风险，同时也包括需要承受的心理压力。

1. 免费模式和收费模式相结合

矩阵开展的知识服务包括免费内容和付费服务。在知识分享的免费服务方面，"丁香医生"公众号推出"健康日历""要不要""专家说""每日真相"等栏目，以简短、通俗的文字和短视频并举的形式向用户推送科普知识。消费者只需要结合个人需求和对栏目的了解，便可以高效选择自己感兴趣或需要的内容。

获取信息之痛是"丁香医生"公众号用户此前的普遍问诊体验——看病难，求医三千里，挂号三星期，排队三小时，看病三分钟。而个人在网上获取信息的手段有限，得到的信息未必全面真实，从而难以信任。相较于线下问诊，线上在一定程度上能及时回应消费者的需求；相较于百度等网站平台，"丁香医生"问诊路径更加科学可信，消费者购买其产品的心理压力较低。"丁香医生"公众号开辟了三类付费服务，即一元问诊、问医生、极速问诊，形式有图文问诊和语音急诊。在服务类型中，开创性的特惠一元问诊有一定的名额抢购限制，如果其他人想看，支付一元钱就可以看答案，以此可参照借鉴。此类抢购问诊在金额上几乎不会造成消费者的成本压力，还在质量上能够达标，呈现出服务 3000 万用户，医生平均响应为 15 分钟，好评率 99% 的效果。

2. 可信赖的专业内容与优质的专业人才相结合

从消费者的成本策略出发，更需要生产者或企业平台尽量达到生产产品高质量的要求。"丁香医生"公众号的推文内容多来自专业医生的投稿，通常是科普常见健康问题——此类问题能代表专业医生的普遍观点，相关阐述经专业机构的医生、营养师等审核评议，甚至有参考文献列表可查证。通过阅读此类专业性、权威性文章，读者心中逐渐形成"丁香医生"专业、靠谱的品牌画像，对其信任度不断提升。

成功的知识付费，离不开做内容的专业人才。"丁香医生"问诊栏目的入驻医生均由平台人工审核资质后邀请入驻，为三甲医院在职主治及以上医生，可对用户的科学育儿、美容护肤、心理健康、孕产护理、饮食运动、疾病健康等方面进行科学指导。每位医生的职称、单位、教育经历、从业年限、擅长方向以及在平台上的回答次数、响应时间和评分评价都在平台上有所显示。为贯彻以最优质的专业医生为用户提供高质量的知识服务为宗旨，平台还不定期对平台医生进行遴选。

资料来源：张乐. 基于 4C 营销理论的自媒体营销策略分析：以"丁香医生"微信公众号为例 [J]. 新闻前哨，2022（06）：20-23.

三、营销 3.0 时代：消费者关系管理的 4R 时代

21 世纪进入了互联网时代，企业可以通过大数据获得消费者信息，形成更精准的消费者画像。在营销 3.0 时代，消费者思维则强调的是目标消费者的个性问题，进入了私人订制时代。也就是菲利普·科特勒所说的"人本营销时代"。

营销 3.0 时代就是以 4R 为代表的时代。4R 就是关联（Relevance）、反应（Reaction）、关系（Relationship）、报偿（Reward）的简称。所谓"关联"指企业与消费者是密切联系的，是同一战线的命运共同体，企业想发展得更好，必须不断关注消费者，让消费者受益，同时企业也要不断为消费者提供更高的服务。这个时代也就是我们常说的客户关系管理（Customer Relationship Management, CRM）时代，企业与消费者"关系"的好坏成为衡量企业营销活动好坏的标准之一，企业关心消费者，消费者反馈以忠诚。

◆ 案例分享 ◆

《乡村爱情》IP 的回报

营销的最终目的就是获得一定的收益与回报。《乡村爱情》IP 系列剧在营销过程中，最先获得回报的就是其本身。随后，伴随着系列剧不断播出，积累了大量粉丝与关注度，由此开发出的 IP 剧衍生品才会产生回报。《乡村爱情》IP 选择在剧集播出第 15 年时开始制作盲盒系列产品和广播剧，就是对衍生品的开发与创新。

1. 潮玩盲盒的试探：利用受众的二次传播扩大影响力

在《乡村爱情》推出盲盒的事件中，其官方首先是在微博进行预热，提前 5 天发布海

报，做悬念式的铺垫，为活动预设惊喜，引发粉丝群体的关注。其次官方发布正式的盲盒预售消息，引爆话题，变成了一次营销事件。大量用户参与互动后，提升了话题的讨论度和影响力，利用受众形成二次传播。盲盒的探索不仅吸引了原影视剧的粉丝群体，增强了用户黏性，还吸引了盲盒的收集群体，抓住了年轻人追求潮流的心理，是一次非常成功的结合。

2.初入广播剧市场：通过"耳朵经济"获取注意力

"耳朵经济"指人们用耳朵的听力消费信息所衍生的相关产业，以听觉为主要对象，只通过调动人的听觉器官来获取信息。2021年初，《乡村爱情》IP开始向广播剧市场布局，推出全新创作的《乡村爱情之象牙山寻亲记》广播剧，延续其影视剧的原本剧情，保持喜剧基调，给受众带来全新的体验与感受。

伴随着技术的变革，移动听一听自然地融入大众生活的碎片化场景中，实现内容的多场景伴随，充分发挥了听力资源的作用，能够为不同场景中的用户提供个性化服务。此外，本次《乡村爱情》IP进入广播剧领域所选定的时间很好，在疫情期间，人们在网络上付出的时间增多，而影视剧行业的拍摄计划不可避免地受到一些影响，广播剧的开发周期更短、成本更低，此时拓展听一听领域即是一种最优选择。

资料来源：赵杨馨萌.4R营销理论视角下探究《乡村爱情》IP持续火爆的原因[J].视听，2021（07）：108-109.

四、营销4.0时代：整合营销的时代

2010年以后，传统电子商务开始爆发，慢慢随着通信行业的发展，移动互联网技术逐渐成熟，电子商务已经转入移动购物阶段，出现了各种新的社交形式，包括社交媒体（博客、微博、微信等）、自媒体（抖音、小红书等）、直播（娱乐直播和带货直播）等各种新的形式，中小企业的营销环境发生了巨大变化。

案例分享

小红书品牌构建中的整合营销传播策略

1.渠道与内容的整合

整合营销传播活动包括从形式到内容的全部过程。用户和品牌发生了最大限度的接触，实现无障碍交互沟通的前提是传播内容与渠道的一致性。在内容方面，在整个传播的过程中符号出现的信息是对等的。小红书最新的宣传语是"一切小美好，都值得被标记"，鼓励用户分享生活中各方面的点点滴滴，契合它的企业宗旨，满足用户各方面的需求。"专业、精致"的宣传精神与品牌形象不谋而合。除对普通用户日常生活分享的鼓励外，明星、网红进行内容营销的同时，分享内容也较为日常，种草自然，呼应"分享生活"的主题，提高用户参与性。在渠道方面，用户接收信息的渠道即是小红书商品售卖的渠道，用户在接触内容的

同时自发性完成销售过程，实现了传播内容与渠道的完美融合，从而创造品牌资产。

2. 传播媒介的整合

20 世纪 90 年代，奥美国际基于 IMC 推出"360 度品牌管理"理论。该理论强调将品牌作为全部工作的中心，把品牌的认知贯彻到与消费者的每一个接触点上，确定接触点的四个维度是时间、地点、行为和态度，从而进行有效的品牌传播。小红书以传播媒介一体化，合理地将品牌接触渠道和品牌传播媒介进行结合，虚拟社区承担的就是传播媒介的角色。在小红书虚拟社区中，用户对于好物的分享可以随时随地进入其他用户视野中，但其他用户又感受不到"被营销"，而是主动接收信息，并对信息进行二次传播。后台运营所收集的数据经分析可以清晰地感受到用户的行为和态度，用户在分享信息的同时承担着传播媒介的责任，完美地契合麦克卢汉的观点——媒介：即人的延伸。小红书在创建品牌形象的过程中，将本体与用户完美结合，最大效率地进行传播媒介的整合，实现品牌信息的有效传达。

3. 品牌理念的整合

整合营销传播在品牌构建过程中的核心作用是品牌理念的整合。品牌理念的一致性主要包括品牌定位、品牌行为、品牌文化、品牌价值等各方面的一致。品牌形象创立的初期就是宣传，而宣传品牌就是从宣传产品的各个部分开始，从而在各个部分中提取出相似或相同的精华内容，形成一致性的品牌理念。20 世纪 50 年代，美国 Grey 广告公司提出"品牌性格哲学"理论。日本小林太三郎教授提出"企业性格论"，形成了广告创意策略中充满生命力新策略流派——品牌个性论，该理论强调品牌人格化、品牌个性，期望通过不同品牌独特的个性吸引特定人群，同时又能促进品牌形象的塑造。小红书社区是既是一个"种草"平台，又是一个"爆款制造机"，通过用户普通生活的分享来吸引其他用户的关注，同时产生购物的渴望；小红书商城又是针对社区"种草"的供货平台，让用户方便地获得好物，一系列消费转化过程都在小红书中完成，创建了推荐—购买—分享的消费转化闭环，形成了小红书在用户心中独特的品牌形象，同时也形成了小红书的品牌理念——用口碑促成消费。

资料来源：周也馨. 整合营销传播理念下小红书品牌建设探究 [J]. 新媒体研究，2021（14）：52-54.

> ▶ 想一想 ◀
> 小红书的市场营销策略对中小企业有什么启发？

新媒体的出现让中小企业既能与消费者直接沟通，又没办法直接"买到"这些不同的媒体，基于消费者行为的多样性和差异化，中小企业需要在新媒体层面上寻求突破，并采用不同的方法进行有效的管理。与此同时，传统媒体也无法被企业完全抛弃，它应该是被整合的。于是，菲利普·科特勒在 2013 年提出营销 4.0 的概念，他认为未来将是一个整合运用媒体的时代。整合营销传播可与建立品牌形象、提高品牌知名度及维护品牌资产进行完美契合，从而使中小企业定位更加精准，以最少成本取得最大收益。

▶ **任务实施**

完成此次任务，可以通过如下途径实现：

（1）阅读小米手机的营销案例，思考在新经济时代小米公司的市场营销有哪些新的策略？当下市场营销发展有哪些新趋势？

（2）通过文献检索法，了解专家、学者对小米手机营销策略的评论和观点，了解其对市场营销发展新趋势的预测和分析。

（3）通过小组协作，归纳不同阶段小米手机的营销策略和特征，梳理当下市场营销发展新趋势，派出代表在课堂上分享。

▶ **任务小结**

根据市场和消费者需求的不断变化和发展，市场营销大致经历了四个阶段：一是产品为导向的4P时代：产品（Product）、价格（Price）、渠道（Place）、促销（Promotion）；二是消费者导向的4C时代：消费者（Customer）、成本（Cost）、便利（Convenience）、沟通（Communication）；三是消费者关系管理的4R时代：关联（Relevance）、反应（Reaction）、关系（Relationship）、报偿（Reward）；四是整合营销的时代，整合营销传播可与建立品牌形象、提高品牌知名度及维护品牌资产进行完美契合，从而使企业定位更加精准，以最少成本取得最大收益。

任务二 体验市场营销新方式

▶ **任务导入**

大闸蟹如何精准营销？

大闸蟹是河蟹的一种，学名为中华绒螯蟹，产地从辽河南至珠江，分布广泛，其中长江水系是大闸蟹的主要产区，该区域的大闸蟹口感最为鲜美。2020 年，我国大闸蟹养殖产量约为 80.6 万吨。其中，华东地区占比最大，其次是华中地区，两地约占全国总产量的 90%。智研咨询发布的《2021—2027 年中国大闸蟹养殖行业市场供需规模及投资前景预测报告》显示，2019 年国内大闸蟹养殖产量最多的地区是江苏省，产量为 36.48 万吨。2020 年，安徽省共出口大闸蟹 218.1 吨。

请思考以下问题：

如何使用第三方电商平台数据，针对不同年龄段、不同购物目的和可接受的价格范围开展精准营销？如何使用短视频、直播等手段对江苏省大闸蟹开展营销？

资料来源：张瑞娟. 基于数据挖掘的生鲜农产品精准营销策略研究：以江苏省大闸蟹为例 [J]. 中国商论，2022（20）：68-72.

▶ **任务分析**

我国已经进入大数据时代，数据挖掘和应用对社会经济发展产生了很大的影响，成为社会发展的重要助力。在此背景下，精准营销进入人们的视野，短视频营销、直播营销等方式为营销活动注入新的活力，极大改变了中小企业市场拓展方式。本任务以江苏省大闸蟹为例，探究怎样开展精准营销，大胆尝试新方式进行营销策划，希望对未来中小企业的经营者市场营销提供参考。

▶ **知识准备**

如今科技和数字手段不断地更新换代，市场营销也呈现出各种新的方式。

一、精准营销

（一）定义

所谓精准营销，是指使用信息技术精准定位客户，在企业获得客户信息、市场反馈信息后，再进行全面的分析和筛选，结合精细化营销流程分类市场，并基于客户喜好精准投放广告，提高客户点击率和产品销售率的一种营销方法。运用精准营销数据，中小企业能够建立个性化的客户关系管理，保持和客户的永久关联。同时，还能帮助中小企业实现低成本、高回报的营销渠道，提高中小企业的市场竞争优势。

精准营销与传统营销的最大区别就是，精准营销提倡更多维度地使用现代化的信息技术和手段，将信息技术运用在每一个营销环节，从而让营销环节逐渐被更清晰地掌握。精准营销不是一味地摒弃传统营销的理念和方式，而是要在传统营销的基础上，帮助企业利用好现有的资源，用数据思维提升企业效率，从而获得成功。

（二）对象

当前，越来越多的企业通过精准营销模式，精准找到客户需求，从而拉近企业和客户间的距离。据不完全统计，一线至五线城市居民的数字生活围绕 4 个梯队展开：一是游戏；二是购物、社交和视频；三是新闻、音乐和教育；四是旅游和健康。其中，居民对娱乐性 App 的产品需求量增加，游戏类 App 用户明显下沉，其次是视频类和社交类 App。总的来讲，在上述产品用户中，城市层级越低，用户对产品的需求量越大。一方面，低层级城市娱乐设施少，线上产品可以满足居民对社交、娱乐的需求。另一方面，一线、二线城市的社交和娱乐 App 产品大量投放，同类 App 在短期内接近饱和。因此，新用户群体不断下沉至一线、二线以下的城市，且需求呈现逐年增长的态势。

（三）内容

1.客户的精准

从企业的经营来看，资源是有限的，不管企业有多么大的体量和规模，不可能满足消费者所有的需求，因为顾客的需求也在不断变化。中小企业在营销过程中，为了获取更多消费者的关注，产生购买欲望，就不得不加大力度进行宣传、促销、活动来获客。然而每一个公司的销售费用投入是有限的，那么如何将有限资源投放到真正产生效益的地方就至关重要。选择精准的客户人群，进行精准的营销，减少浪费，确定目标客户的需求、消费习惯，利用有限的资源进行广告、活动、促销的结合投入，从而提升了品牌在消费者中的曝光度、美誉度，进一步刺激消费者购买的可能。市场的竞争是激烈的，从竞争的角度来看，中小企业必须对客户进行分析，在目标市场，通过定位后集中资源，进行投入，才能得到更大的收益。例如知名汽车品牌蔚来汽车，在确定了顾客群体为男性精英阶层后，所进行的从产品到品牌宣传，再到顾客的服务都在围绕着这一男性精英阶层进行，倡导"创造愉悦的生活方式"，围绕此主题，进行各式各样的线下活动，并在腾讯体育这一男性收视率极高的体育赛事直播软件上进行了精准的广告投放。

> ▶ 考考你 ◀
> 大闸蟹消费者年龄段、消费购物目的如何划分？

2. 产品的精准

产品是企业进行精准营销的载体，精准营销的目的就是让真正有购买需求的消费者体验到企业的产品。产品指的是可以提供给市场的，可以满足人们欲望和需求的任何事物，包括了实物、服务、场所、组织、思想等。为更好地满足市场需要，提高质量、提升包装形象、加大力度宣传都是需要的。因此能够使企业所服务的客群更好地体验到企业的产品、服务，并对此产生依赖，是一家企业成功营销的前提，如果只是有大力度的宣传，而产品却不能够满足企业对应客户的需求，那么会造成老顾客的失望，造成品牌的负面影响。

例如新兴品牌元气森林，在经过充分调研后，发现有大量年轻人热衷于喝碳酸饮料，却担心发胖这一需求。针对此消费需求，率先推出元气森林零蔗糖、零卡路里、零脂肪概念产品，完美匹配了这部分消费者的需求，销售额在 2020 年达到 20 亿元。

> ▶ 考考你 ◀
> 大闸蟹满足了消费者的哪些需求？

3. 技术的精准

精准营销离不开目前的互联网技术，精准的客户的前提是要有互联网技术做支撑，用互联网大数据来提供顾客的年龄、性别、购物习惯，从而精准地确定目标群体。利用 LBS 定位系统，在进行 O2O 的时候就可以给目标顾客推荐附近的门店，从而方便消费者进行购买和门店进行配送。在进行广告投放的时候，也离不开互联网技术，广告投放可以利用大数据资源将广告推送给目标年龄、性别的消费者，从而达到广告转化效果的提升。在进行老客户维护的时候，利用会员系统，可以实现老客户购买记录的保存，从而达到跟踪消费者购买频次的功能，对沉默客户进行唤醒，对新客户进行及时回访，间接提升复购率。

▶ 考考你 ◀
大闸蟹精准营销需要哪些平台数据，如何开展数据挖掘？

（四）原则

1. 问题导向

精准营销对于不同中小企业而言有着不同的方案设计，有些中小企业已经掌握了许多数据，可以直接针对这些数据进行分析，从而制定相应的精准营销政策。只有先获取消费者运营相关信息后，再进行精准营销，才可以解决中小企业的营销问题。

2. 消费者导向

消费者的选择对于中小企业非常重要，企业只有以消费者喜好为导向，制定针对消费者喜好的一系列政策，包括广告投放政策、会员运营政策、产品研发政策、市场政策，才可以实现消费者的口碑相传，进而达到用较少的投入实现更高的销售。

3. 运用新技术

当前的大数据技术已经应用在许多领域，利用大数据进行的数字化自动化营销对传统行业帮助很大。数字自动化指的是利用软件将消费者信息自动筛选、自动归类后进行属性分析，进一步结合产品本身属性，分析消费者购物习惯、购物频次、购买能力。从而实现针对消费者的属性精准地、自动地推送内容，促进再次购买。只有数字自动化，才可以针对不同消费者制定定制化的服务，减少消费者沟通成本，减少中小企业的人员成本。

4.以业绩增长为目标

中小企业的任何政策制定都要以长期或者短期的业绩增长为目标,因此,精准营销方案的设计必须能够为中小企业带来业绩的增长。中小企业新客户的开发政策和老客户的维护续购,如果可以通过精准营销,那么实现业绩增长是必然的趋势。

二、短视频营销

随着信息碎片化、时间碎片化的趋势,短视频的制作简单、互动和社交性强使其迅速成为一种新型的网络营销载体。Quest Mobile 发布的《2021 中国移动互联网年度大报告》显示,截至 2021 年 12 月,短视频行业月活跃用户数已达 9.20 亿人,同比增长 5.5%,月人均使用时长为 3192 分钟。数据表明,短视频使用时长已超越即时通信,成为人们网络使用时间最长的娱乐项目,增长势头迅猛。短视频的产生与流行符合大众的行为模式。

(一)定义

短视频营销的概念分为狭义和广义两种。狭义的短视频营销是指通过数码技术将产品营销现场实时视频图像信号和企业形象视频信号传输至因特网上;广义的短视频营销是指企业将各种视频短片以各种形式放到互联网上,达到一定宣传目的的营销手段。短视频广告的形式类似于电视广告,平台却在互联网上。短视频的内容可以是企业产品、企业形象等直观内容,也可以是一些间接信息,如公益宣传、动画影像等。

(二)特征

1.碎片化观看,用户高效接受

短视频与传统视频的一大区别是播放时间变短,时长从几秒到几分钟不等。随着信息化时代的发展及人们生活节奏的加快,用户的空闲时间越来越趋于碎片化,工作与休闲、学习与娱乐之间的界限越来越模糊,大多数人在获取信息时追求更加高效、迅速的消费模式。短视频与短视频营销正是抓住了这一特点,片段式的视频内容让用户可在短时间内完成观看并理解视频的含义,内容集中、言简意赅的短视频更容易被用户观看和分享,避免了传统视频时间长、连贯性要求较强的特点,在碎片化内容时代日益占据主流。例如,快手开放了短剧入口,开启内容赛道;星芒计划升级为星芒短剧,和创作者、机构共同打造良性的短剧生态池;抖音发布了抖音短剧新番计划 2.0、抖音短剧千万爆款俱乐部计划，助力创作者及机构开创抖音短剧之路。

2. 制作简单，交互性强

短视频与传统长视频的另一个重要区别是制作门槛低，不需要专业的设备，非专业人士也能制作。通过手机拍摄，经过简单处理就可以发布并获得流量与关注。于是创作者迅速增加，每个人既可以是视频的观看者，又可以是视频的制作者与传播者，这为大众提供了一个自我展现的平台，互动形式从评价到内容也有了全面升级，在传播日常内容时有了更强的对话感，更加有利于公众积极参与互动。

3. 优质内容是核心竞争力

短视频并非简单地将长视频进行压缩和选取，而是将更精彩的内容在较短的时间内呈现在观众面前，抓住观众眼球呈现出最有价值的信息，"内容为王"依旧是准则。其内容可以聚焦于幽默搞笑、时尚潮流，也可以基于内容场景和情感式共鸣。例如，陈可辛导演在2018年春节前用iPhone X拍摄的短视频作品《三分钟》，基于中国春节背景，展现了一位火车乘务员母亲利用火车到站停靠的三分钟，在站台与孩子相见的过程，短片中时间倒计时的推进、孩子背得并不流利的九九乘法口诀及母爱的流露，深深牵动着观众们的心。短视频一经播出，就成为大家关注的焦点，引起强烈反响。此次春节期间的营销，iPhone利用《三分钟》的短视频，瞬间成为最大的赢家。

▶ 练一练 ◀
以小组为单位，为大闸蟹营销制作一条1分钟的短视频。

（三）模式

目前短视频营销主要有四种模式：贴片广告、"病毒"营销、UGC模式和视频互动模式。

1. 贴片广告模式

贴片广告指的是在短视频片头片尾或插片播放的广告，以及背景广告等。作为最早的短视频营销模式，贴片广告可以算是电视广告的延伸，其背后的运营逻辑依然是媒介的二次售卖原理。现在比较流行的是网络独播剧中定制的相关产品视频广告，因为订制化、趣味强，受到用户喜爱。

2. "病毒"营销模式

"病毒"营销是另一种重要的短视频营销模式，借助好的视频广告，中小企业的营销活动可以实现无成本的互联网广泛传播。短视频"病毒"营销的发生原理可以概括成"内容即媒介"，好的短视频自己会传播，能够不依赖需要购买的媒介渠道，靠无法阻挡的魅力俘获无数网友作为传播的中转站，以"病毒"扩散的方式蔓延。如何找到品牌诉求的"病毒"是企业营销人员需要重点思考的问题，最好的办法就是在进行短视频创意时尽力使广告更加软性化、可乐化、轻松化，这样才能更好地抓取消费者眼球并促成"病毒"。

3. UGC 营销模式

UGC（User Generated Content）是用户产生内容，简而言之，这种模式就是调动民间力量参与视频的积极性，主动产生作品。最简单的形式就是以征文的形式征集与企业相关的视频作品。虽然 UGC 营销模式超越了普通的单向浏览模式，让用户与品牌高度互动，将品牌传递方式提升到用户参与创造的高度，增加了用户黏性，深化了广告效果。但是 UGC 这种网络视频营销模式也有一些潜在的"风险"，比如那些希望借力网络视频的公司必须放弃一些对于言论的控制，而且必须为观众可能的回应做好准备。

4. 视频互动模式

视频互动模式类似于早期的 Flash 动画游戏。借助技术，中小企业可以让短视频、短片里的主角与网友真正互动起来。用鼠标或者键盘就能控制视频内容，这种好玩有趣的方式，往往能让一个简单的创意取得巨大的传播效果。随着手机、无线网络的加入，这种互动模式还在继续开发中。

◀ 案例分享 ▶

东鹏特饮联手抖音，创营销新思路

东鹏特饮除创作优质的创意短视频资源外，还利用大数据围绕抖音用户展开精准投放，通过站内信、开屏广告、信息流广告＋发现页 banner、热搜词等抖音广告产品矩阵，逐一渗透全站人群。当用户浏览视频时，通过品牌＋达人超强大的号召能力，发挥"1+1>2"的聚合效应，更全面覆盖用户，大大激发粉丝流量的转化，助力品牌曝光的同时，实现品牌与用户之间的对话，达成情感共鸣、连接用户，提升品牌影响力。

东鹏特饮此次以能引发年轻人探讨的"困了、累了"为话题点，吸引年轻用户创造趣味、带有拼搏精神的共创内容，戳中年轻人对困点、累点的印象，不仅向消费者传达"累了困了喝东鹏特饮"的品牌理念，同时也让品牌的年轻化形象更深入人心，实现挑战内容的深度传播，品牌名声的持续发酵，让更多用户产生共鸣，积极参与挑战。

创新不仅能直击人心，也是唯一奏效的营销"捷径"。2019年东鹏特饮从TVC到抖音竖屏大赛，这一波操作都证明了东鹏在向品牌年轻化战略转型。当许多功能类饮料仍旧停留在定位阶段时，东鹏特饮正在建立极具表达力和年轻化的内容IP，未来，相信东鹏特饮还会解锁新的营销姿势，用更多创新思路诠释品牌理念，发挥品牌的影响力，与用户玩在一起，"抖"出营销新未来。

抖音作为现在最流行的短视频App，在广告投放这方面备受广告主青睐，此次东鹏特饮在抖音也投放了广告，广告以一群年轻人玩游戏，其中一个人精力已经用光，处于即将睡的状态，最后发出"游戏中场喝一口，继续奋战一整宿"的广告语，这也直接代表了东鹏特饮这款功能饮料的特点，借用游戏调侃年轻人，年轻就要醒着拼，给年轻人力量。

虽然利用游戏为主题，但也是直接呼吁年轻人"始终保持最佳状态投入战斗，告别昏昏欲睡"，找到某种期待已久的归属感，引发消费者共鸣，在疲惫不堪的时候来一瓶东鹏特饮给自己提神醒脑。现在年轻人玩游戏已成为一种常见现象，利用这个作为引点，吸引用户注意。

抖音是年轻人最喜爱的时尚短视频社交App之一，抖音大多用户都是"90后"，喜欢玩游戏且经常熬夜，像东鹏特饮功能饮料，是适合年轻人的饮料，投放在抖音里，用户关注度会很高。

资料来源：石妍.网络营销实训[M].南京大学出版社，2020（7）：218.

▶ 想一想 ◀
东鹏特饮的上述做法，对大闸蟹短视频营销有什么启发？

（四）策略

1. 网民自创策略

网民的创造性是无穷的，在视频网站，当网民不再只是被动地接收信息，而且能自制短片进行上传发布时，这种创造性就被发挥到了极致。事实上，很多网民喜欢上传自制短片并和别人分享。因此，中小企业完全可以把广告片以及一些有关品牌的元素、新产品信息等放到视频平台上来吸引网民的参与，甚至向网民征集视频广告短片，或者对一些新产品进行评价等。这样做不仅可以让网民充分发挥自己的创意思维并获得一些收入，同时也是一个非常好的宣传手段。

2."病毒"营销策略

短视频的厉害之处在于精准传播，观众首先对视频产生兴趣，关注视频，其次由关注者变为传播分享者，而被传播对象势必是有着和他一样特征兴趣的人，这一系列的过程就是在精准筛选目标消费者进行传播。网民看到一些经典的、有趣的、轻松的视频总是愿意主动去传播，通过受众主动自发地传播企业品牌信息，视频就会带着企业的信息像"病毒"一样在互联网上扩散。"病毒"营销的关键在于中小企业需要有好的、有价值的视频内容，然后寻找到一些易感人群或者意见领袖帮助传播。

3.事件营销策略

事件营销一直是线下活动的热点，国内很多品牌都依靠事件营销取得了成功。其实，策划有影响力的事件，编制一个有意思的故事，将这个事件拍摄成视频，也是一种非常好的方式。而且，有事件内容的视频更容易被网民传播，将事件营销思路放到短视频上将会开辟出新的营销价值。

4.整合传播策略

由于每一个用户的媒介和互联网接触行为习惯不同，这使得单一的视频传播很难有好的效果。因此，短视频首先需要在中小企业的网站上开辟专区，吸引目标客户的关注；其次，应该跟主流的门户、视频网站合作，提升视频的影响力。对于互联网的用户来说，线下活动和线下参与也是重要的一部分，因此通过互联网上的短视频，整合线下的活动、线下的媒体等进行品牌传播，将会更加有效。

新媒体时代不断发展的情况下，短视频与短视频营销受到越来越多的广告主的青睐，其内容的高潮和爆点中心化的方式使其形成"一击即中"的效果，在显著度上有着天然的优势，短视频的发展势不可当。

------ ◆ 案例分享 ◆ ------

2019年12月20日，中国农村青年致富带头人协会聘请李子柒担任"中国农村青年致富带头人推广大使"。2019年时YouTube的李子柒频道共有799万粉丝，当时全球影响力最大的媒体之一CNN的粉丝数为806万，仅比她多7万。那时她一共发布了103个视频，总播放量超10亿次。每个视频的播放量都在500万次以上，不少视频更是达到了千万次级别。而

当时 CNN 共发布 147299 个视频，是李子柒的 1000 倍；平均每个视频的播放量为 10 万次，总播放量为 57 亿次，仅为李子柒的 5.7 倍。根据相关联盟榜单数据显示：2019 年李子柒单月广告联盟收入高达 465 万元，仅此一项，其年收入约 5000 万元。

资料来源：石妍.网络营销实训 [M].南京大学出版社，2020（7）：218.

三、直播营销

（一）定义

直播营销是一种以直播平台为载体，在直播的同时发生和传播直播事件的营销方式。让观看者与主播实时互动的同时，可以实现购买行为。与其他在线营销方式相比，网络直播的营销方式更实时、更有趣、更具互动性，可以显著提高客户留存率。网络直播是一种新的营销形式，中小企业可以通过直播取代传统媒体，可以利用网络数据了解和把控产品的售前、售中、售后环节。

（二）作用

随着社会移动网络的发展以及智能手机的普及，人们已经无法离开移动终端设备，网络直播也得到快速持续的蓬勃发展。一方面，由于直播营销实时互动性强，消费者可以随时就关于商品感兴趣的部分进行提问，并且能够得到即时的解答，从而获得一种身临其境的购物体验。另一方面，参与到直播间观看直播的消费者都具有很强的购买需求，故而也提升了营销的精准度。鉴于直播营销具有众多的先进性，各个行业都选择通过"直播 +"这一种新的营销手段，使每一个观看者都成为潜在的消费者，以此来拓宽自我的销售渠道。商家通过设计别出心裁的视频直播内容，实时的互动方式，送福利等沉浸式的体验来抓住消费者的眼球，提高消费者的参与度，完成自有品牌或形象的树立、推广，并最终获得销量的提升，推动了经济的发展。

（三）特点

直播营销已然成为一种中小企业在新常态下的全新的营销模式。直播营销能够为消费者提供实时互动性强的沉浸式购物体验，从而激发了消费者的购买动机，并且通过直播营销可以更好地做到精准营销。

1. 提供实时互动性强的沉浸式购物体验

传统的电商模式通常是以文字、图片或者视频的形式向消费者介绍产品的信息、特点、功能等。由于上述形式存在可编辑、修改的可能，所以消费者对于图文介绍是否与实物完全一致存在疑虑，这种对于卖家产品信息是否真实的不确定性会降低消费者的购买欲望。网络直播的模式能够动态地、实时地向消费者展示产品的细节，包括讲解示范、现场试用、试穿等，能够使消费者全方面更立体地感知产品的真实信息，从而增加对产品的信任度，提升消费者的购买欲。直播营销的互动性使得消费者可以随时向主播提问，了解关于产品的相关细节信息，主播可以根据消费者的要求，不断地调整直播的内容，让消费者有一种认同感。消费者通过更直观的购物感受，对于商品进行更综合的判断，降低因信息错误而带来的潜在的退货损失风险，得到更完美的购物体验。

2. 激发消费者的购物动机

直播营销更加符合当下整个社会群体的消费习惯。首先，直播的主要观看渠道为移动设备，提供消费者随时进行直播的观看的条件。其次，网络直播一般会选择目标消费者空闲的时间段，增加直播的关注度。最后，消费者观看直播大多是以购物为目的，因此，直播营销能够更好地促进消费者产生购买行为。直播间除了对于商品的介绍之外，还会设置各式各样的促销形式，比如发放优惠券、各种赠品等形式，从而达到降低产品价格，吸引消费者眼球，以低价格促使消费者产生购买行为的目的。为了使直播间更具有趣味性或者吸引力，很多品牌会邀请明星做嘉宾带货，在线表演才艺、与粉丝互动、赠送大牌礼物等，很大程度带动了直播间的气氛，利用名人公信力，激发消费者的购买动机。直播营销中，很多直播间会通过营造限量特价的氛围，使得现场消费者在观看直播时产生一种紧迫感，并且他们可以同时收到其他消费者的购买信息，使得这种紧张感更加浓厚，进一步促使消费者快速下单，完成由观看直播到成交的转换。

3. 更好地进行精准营销

当代社会，消费者都习惯于通过网络获取热点信息，了解自身最感兴趣的资讯。中小企业可以通过在网络直播中分享相关的热点信息，从而达到精准定位潜在目标消费者的目的。随着越来越多的消费者对网络的深度依赖，潜在消费者的规模在极速地爆发式增长，同时网络直播技术也在不断优化，为企业进行精准营销带来强劲的发展动力。中小企业可以通过将产品的特点与直播用户的日常行为数据相结合，以及创新直播内容，吸引直播间观众的眼球。网络直播可以通过分析用户的需求，对产品进行更细化的分类，针对不同的消费者策划不同的营销内容，有针对性地去锁定目标消费群体，进行更精准的广告信息推送，更好地实现精准营销。

> ▶ 练一练 ◀
>
> 假设中秋节到了，某企业要做大闸蟹直播销售，请以小组为单位做一份直播营销方案。

（四）模式

直播营销作为一种新兴的营销形式，凭借与消费者的较强的互动性、可视性、实时性等特点，让消费者获得更真实的购物体验，并且网络直播传播速度快、效果好的优势也越来越受到企业和大众的青睐。直播营销目前主要有以下三种经典模式。

1.品牌 + 直播 + 名人

名人进驻到直播间为品牌进行直播带货是目前相对较为成熟，且更容易取得营销效果的一种模式。名人本身具有很强的号召力，拥有庞大的粉丝群体。名人效应能够快速地吸引消费者的关注，在直播过程中产生巨大的流量，为品牌带来真金白银的销量，同时直播品牌运营商通过直播活动获得了庞大的直播用户群体。因此，很多企业的第一选择便是通过选择和自身品牌形象定位一致的名人进行直播，以此来塑造和强化自己的品牌。名人也可以通过直播获得物质的奖励，同时也可以提升自己的直播影响力。

2.品牌 + 直播 + 发布会

传统的新品发布会是我们常见的各种大型的线上和线下媒体联合举办的活动。在这个过程中，企业需要为发布会场所支付高额的租金，邀请各类名人和媒体机构等，整体的成本较高。随着网络直播的发展，越来越多的企业已经开始慢慢转型，转向以线上网络直播的形式举办发布会。直播平台上的发布会与之前的发布会大不相同，发布会地点可以是企业的某个办公室，而不必局限在会场，这样大大降低了企业的成本。

与此同时，参与的观众覆盖率更广，大家的互动方式也更多样化，更有趣。这种单纯的在线直播的新品发布会除了实现了原有的发布会的效果，它还是一场成功的营销活动，可以实现较强的品牌的话题性。

3.品牌 + 直播 + 企业日常

在这个人人直播的时代，我们生活中的各种日常活动都可以用来直播，作为个人IP 的打造和宣传。同样地，对于中小企业来说，随着网络直播的发展，直播同质化的问题越来越突出。消费者对于直播的套路已经了解得比较深入，对企业精心打磨的宣传视频已无新鲜感，反而是真实地记录企业日常活动的直播越来越受到消费者的喜爱。中小企业的日常活动可以包括企业研发或者生产的过程、企业开会的状态、员工的工作环境等，这些都可以做为直播的素材。消费者通过网络直播，可以更好地了解中小企业的产品详细信息，了解企业的"机密"。网络直播在吸引观众注意力，满足消费者好奇心的同时，也进行了很好的企业品牌营销，达到了良好的宣传效果。

───────────────── 案例分享 ─────────────────

　　2020年4月20日，当事人在抖音号为"yanyuanlixiaolu"的抖音平台直播间内以李小璐、李桃和上海韩束化妆品销售服务有限公司共同直播推介的形式对"韩束类蛇毒多肽钻石精华霜"进行宣传推广及销售，并在直播间中对该商品含有"法国稀有钻石微粉"成分进行宣传，根据"韩束类蛇毒多肽钻石精华霜"中金刚粉的出厂检测报告及《中华人民共和国海关进口货物报关单》，上述产品宣传中的钻石微粉原产地为美国，且一瓶"韩束类蛇毒多肽钻石精华霜"（125克）中钻石微粉的实际含量是0.00000125克。综上，在直播间宣传的内容与实际情况不符，构成对商品作虚假商业宣传的行为。2020年10月30日，北京市海淀区市场监督管理局，依据《中华人民共和国反不正当竞争法》第二十条之规定，责令停止违法行为，并决定作出罚款40万元的行政处罚。

　　来源：吕雪. 我国网络直播营销的行政法规制研究 [D]. 中共重庆市委党校，2022.

┌───┐
│　▶▶ 考考你 ◀◀   │
│　我国直播相关法律条款有哪些？   │
└───┘

　　不同于以往带货的主播仅局限于网红或者明星，现在的主播来自各行各业，快手上的

微课堂：
直播营销

主播男女老少、年龄各不相同，其带货的范围和种类也形态各异。另外，现在的直播平台呈现出越来越多元化的趋势，快手、抖音、小红书、淘宝等均为直播销售提供了很好的平台，而且这些直播销售在很多方面均有细微差异。就价格来说，各个直播平台上主播销售的商品价格并不完全相同；就管理方式来说，不同直播平台的管理方式也存在差异。

直播营销有一个完整的链条，包括直播平台、电商公司、企业或品牌方、MCN 代理机构等。目前带货平台有淘宝、抖音、快手、京东、拼多多等。首先，相比传统的电商模式，直播带货更加直观、生动地展示了商品；其次，这也是一种新的推广模式，利用主播本身流量，转化为商品推广渠道，让主播流量变现，让商家卖出了产品，实现双赢；最后，直播带货属于新兴产业，提供了更多的就业机会，解决了一大批人的就业问题。

▶ **任务实施**

完成此次任务，可以通过如下途径实现：

（1）阅读大闸蟹相关数据，思考如何使用第三方电商平台数据，针对不同年龄段、不同购物目的和可接受的价格范围开展精准营销；如何使用短视频、直播等手段对江苏省大闸蟹开展营销。

（2）以小组为单位，为大闸蟹营销制作一条 1 分钟短视频。

（3）阅读东鹏特饮的做法，讨论大闸蟹短视频营销怎么做。

（4）以小组为单位，为某企业大闸蟹中秋佳节直播销售做一份方案。

（5）通过文献检索法，了解我国直播相关法律条款。

（6）选出代表，在课堂上分享大闸蟹的短视频、短视频营销做法、直播销售方案和相关直播法律条款。

▶ **任务小结**

和大闸蟹一样，许多产品可借助大数据技术进行精准营销，可以更大程度地激发消费者购买欲望，满足不同消费群体的实际需求。未来中小企业创业与经营者需要掌握更加科学的精准营销策略，提升短视频、直播、软件营销基本技能。

技能提升训练 数字营销策划撰写

▶ **训练目标**

1. 掌握短视频营销、直播营销等数字营销基本技能；
2. 锻炼方案策划和演讲能力。

▶ **实施流程**

流程一 锁定营销对象，明确营销目标

与小组成员讨论确定一个产品作为营销对象，明确本次营销的目标。

流程二 选择营销方式，开展营销策划

在充分分析产品的基础上，从短视频营销、直播营销中选择 1 种方式，结合产品实际制定 1 份可行的营销策划。

流程三 制作汇报材料，选派代表发言

按照"什么企业、什么产品、什么方式、怎么策划"四个部分制作汇报材料，选派代表分享策划方案。

思考与练习

一、多选题

1.市场营销的 4P 包括（　　　）。

A. 产品　　　　　　　　B. 价格　　　　　　　　C. 分销　　　　　　　　D. 促销

2.市场营销的 4R 包括（　　　）。

A. 关联　　　　　　　　B. 反应　　　　　　　　C. 关系　　　　　　　　D. 沟通

3.市场营销的 4C 包括（　　　）。

A. 消费者　　　　　　　B. 成本　　　　　　　　C. 报偿　　　　　　　　D. 便利

二、判断题

1.建立与客户之间的良好关系来最终达到销售目的，完成企业营销目标，这就是多维营销。（　　　）

2.品牌营销即企业将产品塑造成品牌来获得某一类消费者的认同，最终形成对该品牌的忠诚度，让企业拥有源源不断的消费者，完成企业的营销目标。（　　　）

3.新零售模式的核心是以用户为中心，通过打通会员、支付、库存、服务等各个方面的数据而形成的销售模式。（　　　）

三、简答题

1.什么是数字营销？

2.市场营销思维发展的四个阶段是什么？

3.数字营销的新发展有哪些？

参考文献

1. 郑华，席世昌，桂久强，劳帼龄，田鼎 . "新零售"进入新赛道，群雄角逐战正在上演 [J]. 大数据时代，2021（11）：47–57.

2. 赵杨，馨萌 .4R 营销理论视角下探究《乡村爱情》IP 持续火爆的原因 [J]. 2021（07）：108–109.

3. 邢成 .A 机械制造公司服务营销策略优化研究 [D]. 山东财经大学，2022.

4. 王兰苹 .G 银行远程银行中心服务营销策略研究 [D]. 河北经贸大学，2022.

5. 杨帆 .W 科技型中小企业初创期产品战略研究 [D]. 华东理工大学，2013.

6. 陈洪安 . 对中小企业实施顾客满意度战略的探讨 [J]. 淮南工业学院学报（社会科学版），2000（02）：9–12.

7. 陈荣 . 服务，让消费者感动——"人、情、实"服务战略管理模型 [J]. 清华管理评论，2014（09）：72–77.

8. 王永贵，焦冠哲，洪傲然 . 服务营销研究在中国：过去、现在和未来 [J]. 营销科学学报，2021（01）：127–153.

9. 沈丹 . 关于服务营销策略在证券营业部的应用 [J]. 中小企业管理与科技（下旬刊），2021（10）：112–114.

10. 黄云湖，陈若，张晓鹏，包莉丽 . 后疫情背景下新零售发展面临的困境与对策 [J]. 现代商贸工业，2022（04）：39–41.

11. 王芸 . 互联网经济背景下市场营销发展趋势及应对策略 [J]. 财富时代，2020（06）：140.

12. 王政萌 . 互联网时代市场营销新发展 [J]. 大众投资指南，2019（15）：47.

13. 张乐 . 基于 4C 营销理论的自媒体营销策略分析：以"丁香医生"微信公众号为例 [J]. 新闻前哨，2022（06）：20–23.

14. 张进源 . 基于 4P 理论对牙膏产品进行分析 [J]. 牙膏工业，2008（04）：35–36.

15. 金梭 . 基于服务营销理论的客户服务管理策略探析 [J]. 现代营销（下旬刊），2022（03）：104–106.

16. 焦玲玲 . 康养酒店服务营销优化策略研究 [J]. 现代营销（经营版），2021（09）：176–177.

17. 陈若湘 . 论大数据环境下的新媒体服务营销模式 [J]. 中国市场，2022（21）：127–129.

18. 杨大海 . 论中小型企业市场调研的运行模式 [J]. 中小企业管理与科技（下旬刊），2011（06）：59.

19. 吴燕君 . 美团外卖公司服务营销策略研究 [D]. 广州大学，2022.

20. 农产品社交新零售模式怎么做 [J]. 湖南农业，2020（12）：39.

21. 王志红 . 浅述企业战略管理中的服务战略 [J]. 民营科技，2008（02）：48.

22. 博慧 . 浅谈我国中小企业市场营销策略 [J]. 商展经济，2022（06）：57–59.

23. 曾鸣 . 浅析中小企业 CS 营销战略的实施 [J]. 煤矿现代，2005（04）：7–9.

24. 潘文莉 . 浅析中小企业市场调研现状与策略 [J]. 中国集体经济，2012（10）：70–71.

25. 何珺子 . 我国中小企业品牌战略选择研究 [D]. 贵州财经学院，2009.

26. 袁孝祥 . 新零售背景下立邦涂料的营销策略优化研究 [D]. 重庆工商大学，2022.

27. 周勇，池丽华，袁美琴 . 新零售从 1.0 走向 3.0[J]. 上海商学院学报，2022（03）：83–95

28. 白祎洁，周浪，牛立保 . 新零售模式现状、问题及发展研究 [J]. 全国流通经济，2022（18）：4–7.

29. 周也馨 . 整合营销传播理念下小红书品牌建设探究 [J]. 新媒体研究，2021（14）：52–54.

30. 谢泗薪，薛求知，王君诃 . 知识社会中以服务战略为导向的营销架构模式 [J]. 中国民航学院学报
（综合版），2002（05）：23–28.

31. 李亚子 . 中小企业品牌策略研究 [J]. 品牌，2015（09）：7.

32. 唐世超 . 中小企业品牌培育路径及初创、成长期培育战略研究 [D]. 吉林大学，2014.

33. 中小企业如何做好市场调研 [N]. 中国高新技术产业导报，2004–03–12.

34. 陈宏军 . 中小企业市场竞争的利器：顾客满意度战略 [J]. 广西经济管理干部学院学报，2000(02）：
12–14.

35. 刘红晓 . 中小企业市场营销策略研究 [J]. 现代营销（下旬刊），2018（06）：50–51.

36. 左雪梅 . 重庆 SFHY 公司发动机产品战略研究 [D]. 桂林理工大学，2021.

37. 尼尔马利亚·库马尔，[荷] 简—贝内迪克特·E.M. 斯丁坎普 . 自有品牌：狼来了 [M]. 段纪超，
译 . 北京：商务印书馆，2010.

38. 加里·阿姆斯特朗，菲利普·科特勒 . 市场营销学 [M]. 赵占波，译 . 北京：机械工业出版社，
2013.

39. 菲利普·科特勒，凯文·莱恩·凯勒 . 营销管理 [M].15 版 . 何佳讯，译 . 上海：格致出版社；上海
人民出版社，2016.

40. 史蒂芬森 . 中小企业营销完美指导手册 [M]. 屈云波，毛圆媛，王林建，译 . 北京：企业管理出版

社，2007.

41. 毕思勇.市场营销 [M].北京：高等教育出版社，2020.

42. 所罗门，卢泰宏，杨晓燕.消费者行为学 [M].10 版.北京：中国人民大学出版社，2013.

43. 刘永炬.新产品营销 [M].北京：京华出版社，2004.

44. 凯文·莱恩·凯勒.战略品牌管理 [M].4 版.吴水龙，何云，译.北京：中国人民大学出版社，2014.

45. 郭国庆.市场营销学通论 [M].7 版.北京：中国人民大学出版社，2017.

46. 艾·里斯，杰克·特劳特，定位：争夺用户心智的战争 [M].顾均辉，译.北京：机械工业出版社，2017.

47. 何俊锋.疯卖：如何让你的产品、品牌和观念飞速传播 [M].北京：机械工业出版社.2019.

48. 成智大兵.营销心理战：掌握 36 种购买心理，直击客户内心 [M].杭州：浙江大学出版社，2020.

49. 李政权.弱势品牌如何做营销 [M].北京：中华工商联合出版社，2014.

50. 瓦拉瑞尔 A.泽丝曼尔，玛丽·乔·比特纳，德韦恩 D.格兰姆特.服务营销 [M].张金成，白长虹，杜建刚，杨坤，译.北京：机械工业出版社，2018.

51. 林海.新媒体营销 [M].北京：高等教育出版社，2019.

52. 吴文娟，李军委，周秋利.市场营销理论与实务 [M].南京：南京大学出版社，2021.

53. 鲁建华.定位屋：定位从观念到体系 [M].上海：东方出版中心，2015.

54. 迈克尔·波特.竞争优势 [M].陈丽芳，译.北京：中信出版社，2014.

55. 缥缈.2020 中国数字营销案例 TOP30[J].互联网周刊，2021（04）：34-37.

56. 刘东珲.浅析短视频与短视频营销 [J].商展经济，2022（14）：47-49

57. 营销品牌官.10 个营销小故事 [J].企业观察家，2020（01）：110-111.

58. 王秋玉.旅游景区淡季营销现状及策略探讨 [J].商业经济研究，2018（19）：185-186.

59. 李娟，牟琼等.贵阳市蜂蜜市场调研分析 [J].现代农业科技，2022.

60. 仲才.2020"格力式直播"背后的逻辑 [J].协商论坛，2021（03）：39-40.

61. 封智勇.鸿星尔克河南洪灾捐款事件的反思 [J].国际公关，2021（12）：157-159.

62. 杨喆.基于 SWOT 分析法的单面铜版纸市场营销策略 [J].造纸装备及材料，2022（05）：192-194.

63. 黄骞."0 元云购"网站创建市场环境分析 [J].湖北函授大学学报，2015（02）：86-87.

64. 李晓燕.市场细分正当时：鞋类企业布局市场细分领域 [J].中外鞋业，2019（08）：73-78.

65. 方文宇 . 海天味业的焦虑 [J].21 世纪商业评论，2022（06）：70–71.

66. 闵丽菁，甘胜军 . 娃哈哈饮料产品差异化战略误区浅析 [J]. 全国商情（理论研究），2010（11）：33–34.

67. 辛运宏 . 福耀玻璃产品营销策略研究 [D]. 吉林大学，2014.

68. 艾·里斯，杰克·特劳，顾均辉，苑爱冬 . 定位：争夺用户心智的战争 [J]. 商学院，2016（01）：116.

69. 何俊锋 . 疯卖：如何让你的产品、品牌和观念飞速传播 [M]. 北京：机械工业出版社，2019.

70. 吕微，牛琪彬 . 论市场营销学中的满意与忠诚 [J]. 中共山西省委党校省直分校学报，2005（04）：13–14.

71. 用心服务让客户满意　奇瑞荣获"2015 中国汽车服务金扳手奖——客户满意度奖" [J]. 汽车与驾驶维修（汽车版），2016（01）：125.

72. 张迎燕，陶铭芳，胡洁娇 . 客户关系管理 [M]. 南京大学出版社，2021.

73. 刘永焕，郝静 . 市场营销理论与实务 [M]. 大连理工大学出版社，2017.

74. 小米 . 将脑袋打开一毫米 [J]. 求学，2014（11）：18.

75. 张凤玲 . 完美日记：美丽人生不再设限 [J]. 中国品牌，2023（02）：40–41.

76. 杜锐 . 淘品牌三只松鼠的营销模式浅析 [J]. 纳税，2017（20）：138.

77. 曹流芳 . "认养一头牛"：在成熟品类市场，新兴乳业品牌如何突围？ [J]. 国际品牌观察，2022（04）：46–48.

78. 汪庆贺 . 吉利汽车国内市场营销策略研究 [D]. 长安大学，2019.

79. 孙勇，刘博 . 市场营销 [M]. 南京：东南大学出版社，2017.

80. 江俊彦 . 战略转型下的三只松鼠财务绩效研究 [J]. 现代营销（下旬刊），2022（11）：85–87.

81. 张进源 . 基于 4P 理论对牙膏产品进行分析 [J]. 牙膏工业，2008（04）：35–36.

82. 张乐 . 基于 4C 营销理论的自媒体营销策略分析：以"丁香医生"微信公众号为例 [J]. 新闻前哨，2022（06）：20–23.

83. 赵杨馨萌 .4R 营销理论视角下探究《乡村爱情》IP 持续火爆的原因 [J]. 视听，2021（07）：108–109.

84. 周也馨 . 整合营销传播理念下小红书品牌建设探究 [J]. 新媒体研究，2021（14）：52–54.

85. 张瑞娟 . 基于数据挖掘的生鲜农产品精准营销策略研究：以江苏省大闸蟹为例 [J]. 中国商论，2022

（20）：68–72.

86. 石妍. 网络营销实训 [M]. 南京大学出版社，2020.

87. 吕雪. 我国网络直播营销的行政法规制研究 [D]. 中共重庆市委党校，2022.